函館の大火

昭和九年の都市災害

宮崎揚弘
Akihiro Miyazaki

法政大学出版局

函館の大火——昭和九年の都市災害／目次

第一部

函館の環境

第一章　自然環境

その位置

函館は北海道南部にある渡島《おしま》半島の南東端に位置する。それは現在の市役所の位置で見ると、北緯四一度四六分、東経一四〇度四三分である。瀋陽、ローマ、シカゴとほぼ同緯度にあり、青森、硫黄島、アデレードとほぼ同経度にある。市域の南側は津軽海峡で、日本海と太平洋を分ける国際海峡をなしている。海峡は東西約一〇〇キロメートル、南北約二〇―五〇キロメートルである。海峡の南北をへだてる最短距離は市内戸井地区の汐首岬から下北半島の大間崎《おおまざき》までで、一七・五キロメートルである。晴れた日には、下北半島は指呼の間にある。

市域の東側は太平洋、北側は内浦湾《うちうら》に面している。市域が広大なのは平成の市町村合併で函館市、戸井町、恵山町、椴法華村《とどほっけ》、南茅部町《みなみかやべ》が合併したからである。西側のみ陸地で北斗市、七飯町《ななえ》、鹿部町と接している。全体的に見れば、函館を基点に上海岸《かみかいがん》は他の自治体の区域で、下海岸《しもかいがん》のみが函館市内というこ

となる。市域は六七七・八六平方キロメートルである。(1)

海流

函館の南海岸を洗うのが津軽海流（津軽暖流）である。それは日本海を北上する対島海流（暖流）を源としている。対島海流はその流量の五〇—七〇％が津軽海峡に流入して、日本海側から太平洋側（西から東）へ流れる。海流としては中央部で強く、流速二—四ノット内外とみられている。

海流は三本の潮流からなっている。ひとつは龍飛《たっぴ》の汐《しお》で、津軽半島の龍飛岬をまわって海峡へ入り、東へ流れて佐井、大間崎といった下北半島に達している。二つ目は中の汐で、海峡の中央部を流れ、本流をなしている。三つ目は白神《はくしん》の汐で、北海道沿岸を洗い、函館半島や汐首岬に達している。それらの潮流は太平洋にでた後、東北地方沿岸を金華山沖まで南下し、親潮と融合して消滅する。(2)

龍飛の汐も白神の汐も半島や岬に流れを押えられて反流を生むが、白神の汐の場合は函館付近では函館半島と汐首岬が立ちはだかって反流を生んでいる。それは潮目（早さの違う潮の流れがぶつかり合う場所）を生み、流れを複雑にしている。そのため、物品や遭難者の遺体がどこを漂流してどこへ漂着するか正確に予測はつかないが、それでもある程度一般的な傾向をみてとることができるのである。(3)

たとえば、青函連絡船が運航されていた時代、連絡船は海峡の特定の地点を通過する際、使用していた石炭《コークス》を海中に投棄していたが、燃え殻に混ざった石炭の粒が反流にのり、必ず根崎の限られた場所にのみ漂着したのだった。付近の漁師はそれを拾い集め、真水で洗って燃料にしていた、とのことであった。それは地元民にとって予期せぬ恵みであったが、根崎には海岸の地形と反流のためか自然に昆布など海藻類の流れ着く所があり、時化《しけ》のあとはそれを拾う人で一杯であったという。大火の際、大森浜と東川町の護岸で高潮にさらわれた犠牲者が漂着したのは湯の川から志海苔にかけての海岸で、根崎はその中心であった。

地形

函館の市域東部は三森山（八四二メートル）、毛無山（六三〇メートル）、恵山（六一八メートル）等のつらなる亀田山脈で、大合併で市内に編入された三町一村の集落が散在するだけである。西部は平野が広がり、その奥に市域最高峰の袴腰岳《はかまごしだけ》（一一〇八メートル）がひかえている。市街地は南西にある函館山山麓から扇状に広がっている。函館山は標高三三四メートル、海中に噴出した火山が隆起したもので、本土とは砂州でつながって、典型的な陸繋島をなしている。それは要塞が建設されて削られるまでは牛が寝そべる姿に似ていたところから、臥牛山《がぎゅう》とも呼ばれている。市街地は最初その山麓に広がったが、対岸の亀田側の集落ともつながり、発展した。西側には津軽海峡に開口する函館湾がある。湾の形があたかも水がうずを巻いて外へめぐるかのように見えるところから、巴《ともえ》湾とも呼ばれる。それは水深のある天然の良港をなしている。市街地はこの湾にそって発展し、ほとんど途切れることなく、隣接の北斗市内へつらなっている。また、下海岸方面でも、市街地はほとんど途切れることなく銭亀沢の先まで続いている。市街地の中央部は平野とはいえ次第に高度を増し、七飯町へ上って行く。

全体的には、広大でなだらかな地形である。そのため、雄大で美しい景観をなしている。特に函館山の山頂からは眼下に市街地が広がり、南は下北半島、津軽半島を望み、道内有数の景勝地をなしている。夜景は日本三大夜景（函館、神戸、長崎）、世界三大夜景（函館、香港、ナポリ）、のひとつとして有名である。しかし、夜景は函館山が市民に開放された現在についてのみ言えることである。昭和九年の大火当時、函館山には明治三二（一八九九）年以来設置された函館要塞（後に津軽要塞と改称）があり、民間人は立入り禁止であった。そのため、美しい景観は知られていなかった[4]。

生物分布

函館に分布する生物をみると、その生物相は東北地方から北上してきた温帯的要素と大陸や樺太から南下してきた亜寒帯的要素が混交しているように思われる。それは明治期に提唱されたイギリス人貿易商トーマス・ライト・ブラキストンの所謂《いわゆる》ブラキストン線（津軽海峡で動物相は断続している）を一応肯定した上で、より広く生物分布という見地からみたとき言えることであろう。

では、そのどちらの要素が濃厚であるかということになると、それは温帯的要素ということになろう。たとえば、函館では、種の数は約七五％が本州北部と共通種であるという。

ところで、函館は未開であった北海道の中にあっては早くから和人が進出し、海岸や内陸に手を加え、自然に影響を与えていた。さらに、明治時代以降になると、農地と牧地の拡大、森林の伐採、道路、鉄道やダムの建設、港湾施設の新設、市街地の進出、農薬の散布等自然の後退をうながす事業が増加し、今日に至った。その結果、植物ばかりか動物にも影響が現われて、減少や絶滅の危惧が生じている。

そのような状況下にあって、函館では函館山と亀田山脈の斜面とが生物分布をみるのに適しているであろう。

まず、函館山だが、そこは津軽海峡に突きでた半島をなし、人為的に保護されて昔日の自然を維持してきた。その理由は先述のように明治三二年から昭和二〇年まで五〇年近く陸軍の要塞として使用され、民間人を立入禁止にしてきたからであった。と言っても、全く手つかずの原生林が残されてきたのではない。北東部は緩傾斜地で市街地が発展してきた。そこでは江戸時代に船舶用材の伐採に代り、スギ、アカマツ、クロマツ等が植林され、今日成木になって人工林をなしている。

しかし、全体としてみれば、植物の場合北海道で観察されるそれの三分の一に当たる六〇〇種以上が確認されている。その中には分布の北限とされるもの六種、南限とされるもの七種、固有種八種が含まれている。

動物についてみると、野鳥では一五〇種（夏鳥七〇種、冬鳥三〇種、留鳥五〇種）が確認され、ほ乳類ではキタキツネ、シマリス、ネズミ、コウモリ、ホンドイタチが棲息する。は虫類ではニホンマムシ、アオダイショウ、ジムグリ、ニホントカゲが確認される。中でもマムシが多いとされるが、一説によると、軍が一般人を要塞へ近づけないように多数放ったためとされている。両生類ではエゾアカガエル、アズマヒキガエルが確認されている。

亀田山脈の斜面についてはどうか。市街地の近辺、小河川の河口付近には農地、牧地、作業地が広がり、自然環境が失なわれているが、山地の中腹以上には原生林やそれに近い環境が残っている。中腹までは函館山と同様にスギ、カラマツ、トドマツ、ドイツトウヒ、エゾマツなどの人工林もあるが、標高六〇〇メートルをこえるあたりから亜高山帯の樹種が増加し、エゾノダケカンバ、ヤマハンノキ、ミヤマハンノキ……等が現われる。高山植物は袴腰岳付近の稜線、三森山の岩壁等に若干の生育がみられ、五四種に及ぶ。

動物についてみると、野鳥では特記すべきことはないが、ほ乳類では函館山で確認された動物の他に、エゾヒグマ、エゾタヌキ、エゾユキウサギがいるが、エゾシカはいないか、いても少数と思われる。は虫類ではニホンマムシ、アオダイショウ、シマヘビ、トカゲが確認されている。

両地区に介在する市街地とその周辺にも最近では注目しなければならない。それは近世になって北海道へ上陸してきた帰化植物の存在である。帰化植物は外国から侵入すると在来種を圧倒して進出し、繁茂する。カモガヤ、オオアワガエリ、シバムギ……等四〇種近くになるという。それらは繁殖力が旺盛で、宅地、空地、公園、公道脇に侵入し、次第に在来種を駆逐する勢いである(5)。

気候

ケッペンの気候区分によると、現在の函館は温暖湿潤気候に分類されている。年平均気温等が上昇し、温暖化が顕著になったからであった。しかし、大火当時は現在よりもはるかに気温が低く、亜寒帯湿潤気候に分類されていた。市街地から離れた郊外の市域では、その傾向は一層強かったと思われる(6)。

函館の気候（一年を周期とした規則的に移り変る大気の総合的状態）は市街地を三方から洗う津軽暖流の影響を強く受けて、海洋性であった。以下それに留意しながら、当時の函館の四季をみてみよう。

まず、春はどうか。三月に入ると融雪が始まる。平均気温は零度（以下摂氏）を越え、市街地から雪が消える。三月下旬から四月上旬になっても残雪があるのは函館山の沢筋、五稜郭公園内の松林、郊外の市域等である。三月から六月までの長い春が始まる。

すると、大陸や朝鮮半島で発生した低気圧が日本海でしばしば発達して函館に近づき、春の嵐をもたらす。そのため、日本海や海峡では海難事故が生じる。低気圧が日本海を北上し、函館より高緯度まで達して通過すれば、低気圧に吹き込む風は函館では東ないし東南の風になり、さらに風向きが変って南風、最後に西風になる。昭和九年三月二一日の大火をもたらした暴風雨は後に函館旋風《はこだてせんぷう》と名付けられるが、その典型である。

やがて六月。本州では梅雨に入る。海峡を境に梅雨の雨雲は消散するので、函館には梅雨がないとされている。その代り、オホーツク海に高気圧が現われて、そこから吹きだす風が低温多湿の北東の風となって入ってくる。そうなると、気温は低く、湿っぽい天気が続くことになる。それは青森県、岩手県の太平洋沿岸一帯でも同じである。そうした冷涼な風は八月まで吹くことがあり、ヤマセ（山背）と呼ばれている(7)。

しかし、そうした全国区の気象における時期限定の風の他に、津軽海峡一帯では、固有の表現として一年中一定の方向から吹いてくる風をヤマセと呼んでいる。上磯・函館地区では、北東・東・南東方向から吹いてくる風を漁業関係者はヤマセとする。そのことは松前地区、茅部《かやべ》・亀田地区、下北・上北地区についても言える。しかし、東津軽・青森地区では、東・南東方向から吹いてくる風をヤマセとするし、北・西津軽地区では、東方向から吹いてくる風をヤマセとする(8)。地形と位置により、やや異なるのである。それに気象や農業機構の見解を加えると、複雑になる。たとえば青森県では、気象台は北・北東・東・南東・南々東方向から吹いてくる風を、県の農業試験場は北々西・北・北東・東・南東方向から吹いてくる風をヤマセとしている(9)。もはやそうなると、ヤマセでないのは南風（ミナミ、クダリ）、南西風（シカダ、ヒカタ）、西風（ニシ）、北西風（タマカゼ）だけということになる(10)。

さて、多くの場合、ヤマセが吹きつのる天気が続くことはなく、短いながら夏が始まる。北太平洋高気圧（小笠原高気圧）が発達し、函館もその勢力圏内に入る。東南の季節風が蒸し暑い空気を運んでくる。函館は連日暑い晴天が続き、夏を実感させる。やがて、大陸から前線が南下して雨を降らせるが、北太平洋高気圧も勢力を盛りかえし、晴天をもたらす。この関係は長くは続かない。夏は七、八月で終ってしまう。その内容を振り返ってみると、年間の最高気温は二八・〇度だが、八月の平均気温は二〇・七度と涼しい。

九月、秋が始まる。移動性高気圧と低気圧が交互に通過し、目まぐるしく天気が変化する。低気圧、中でも台風が日本海を北上して函館に接近すると、春の嵐にも似て、東南の風や南風が吹き込み、暴風雨となる。しかし、低気圧が去ると、大陸から張りだした高気圧の勢力圏に入って、函館の一〇月はおだやかな晴天になる。気温は低下し、空気が澄み、すがすがしい気分がみなぎる。

一一月、長い冬が始まる。まだ上旬まではやれ横津岳の初冠雪だの、平地での初雪だのと、冬の便りを耳にするが、中下旬になると本格的な降雪をみる。根雪は早くても一二月からである。

およそ一一月下旬から、北西の季節風が本格的に吹き始め、二月いっぱい続く。それは毎日吹きつけるものではなく、一定の周期で盛衰をくりかえす。その盛衰に乗じて、日本海に低気圧が現われ、北海道を横断していく。函館より北を横断する場合には、気温が上昇するが、通過すると、その北側にひかえていた寒気団が季節風に乗って南下する。すると、気温は急激に下がり、風が強まり吹雪となる。その時の風力は強く、時には台風並に一五―二〇メートルを越えて吹く。[11]

最も多い風向は海峡、市街地、それに後背地の山脈の位置から冬には西風か西北西の風であった。平均最低気温は一二月─三月には低下し、一二月でマイナス三・八度、一月でマイナス五・〇度、二月でマイナス六・七度、三月でマイナス三・七度であった[12]。

以上が函館の四季である。

第二章　都市空間

国、道との関係

　函館は明治政府によって新しく開発されるべき新天地、北海道の一部をなしていた。明治一九年一月二六日、政府は北海道庁を札幌に、支庁を函館と根室に設置すると布告した。それは殖民地を選定し、水産、鉱物資源を調査し、陸海交通を確保し、拓殖事業の拡大を目ざす目的からであった。道庁の首長は長官で内閣総理大臣の指揮監督下に入った。

　支庁制は二〇年一二月に廃止された。主要業務は本庁扱いとなり、その他の業務は郡区役所に任されることになった。函館は北海道庁が設置されたとき、道庁函館支庁函館区になり、支庁が廃止されると、道庁函館区となった[13]。

　明治二一年、内地の府県では市町村制が施行された。日本の地方自治制の基礎が置かれたのである。しかし、この制度は外地である北海道と沖縄には施行されなかった。それに代って、明治三〇年五月、政府は勅令第一五八号「北海道区制」を公布した。それは函館、札幌、小樽の三都市に区制を施行するというもの。それを受けて、明治三二年一〇月一日、自治制の函館区が誕生した。それは市制の前段階にあり、当時の自治制から見れば、まだ完全ではなかった。市制にくらべ議決機関の権限に制約が設けられ、監督官庁の監督・規制が強化されている。一一月三〇日から一二月二日にかけて、函館区は議員定数三〇人の区会議員選挙を行なって実質的に発足した。(14)

かくて、函館は地方自治制において一定の地歩を獲得した。それは都市としての成長が著しいための評価であった。さらに、大正期に入ると、自治権拡大の気運が益々高まり、ついに大正八年、道庁長官は北海道区制を廃止して一般市制を施行するよう内務大臣に上申するに至った。その結果、大正一一年八月一日、内務省告示により、道内五都市と共に函館には市制が施行された。それと同時に、議員定数も三六名へ増加をみた。区長と同様、市長も官選であった。それは市長の銓衡《せんこう》委員会が選考し、決定して推薦する手順であった。市会議員は市長候補者選挙市会で無記名投票により第一、第二、第三候補者を選ぶ。それを内務大臣が統括し任命した。(15)

市制と市議会

大正一一年八月一日、函館には市制が施行され、市議会が発足した。しかし、それは単なる形式であって、函館が目ざす方向性も決まっていなかった。市はどのような都市を目ざそうというのか。言わば市是《しぜ》が問われることになった。それを制定するため、市は市民懇話会を開催し、広くキャンペーンを行うことになる。第一回は大正一五年三月の三日間で、市長みずから講演し、課長たちが担当分野を説明した。この懇話会をかさねた結果、昭和三年一一月二一日、市是が発表された。それは産業都市を目ざすということにあった(16)。

それでは、函館市の行政機構はそれに対応するよう構築されたであろうか。そうした比較研究の紙幅はないが、昭和八年末時点でみるなら以下の通りである。

函館市（市長、助役、収入役各一人）　一二課　三〇五人

総務（秘書、文書、議事、庶務）　兵籍（戸籍、兵事）

産業（商工、水産、統計）　土木（庶務、工務、建築）

衛生　都市計画

教育（教育）　港湾（港湾、技術）

社会　出納

税務（課税、徴税、庶務）　水道（庶務、工務）(17)

他方、市議会は発足以来第三期目で昭和五年一〇月二〇日に選出され、途中で生じた欠員も昭和九年二月一三日の補欠選挙で補充されている。市議会の会派は国会を反映して二大党派と中立、さらに小会派の社会大衆党から成っている。二大党派のひとつは立憲民政党で、もうひとつは立憲政友会である。前者は議会中心主義で、どちらかと言えば進歩的。後者は藩閥官僚、実業家、地主層の結合と財閥との関係に力点を置き、保守的とも受けとれる。それらが市会の中では市民同盟と期成同盟クラブをなしていた。一般

論として言えば、市会では政争が激しく、議論が活発であった。そのため、市長は初期にはなかなか任期を全うすることができなかった。初代市長西岡実太は在職四ヶ月、二代目小浜松次郎は一年一ヶ月であって、五代目坂本森一《しんいち》から大火をはさんで二期八年在職できるようになった。その意味では、昭和九年の大火近くになってやっと市と議会は落着き始めたと言えよう。[18]

市の財政

大正一一年に市制が施行されたとき、財政はすでに火の車であった。原因は市制施行時にすでに巨額の区債を継承していた上に、水道拡張費、学校修築費、災害予防工事費等の費用を要し、旧債の償還さえ市債によらなければならなかったからである。[19] 昭和八年の市歳入決算の合計は七三二万二〇一三円であった。[20] すでに財政は逼迫の度を強め、予算編成の方針は緊縮財政にあったから、目ぼしい新規事業など入ろう筈もなかった。歳入では基本財産収入、雑収入が予定ほど入らず、主力の市税についても九八万一八九五円と、前年度を下廻ったのであった。[21]

歳出は経常部と臨時部に分かれる。経常部の決算は一三五万九九二七円であった。主な歳出は小学校費六〇万六七八二円、市役所費二二万七四一六円、警備費一三万八九三七円、汚物掃除費七万八四九八円、療養所費（柏野療養所）三万二七〇三円、伝染病院費（中橋病院）二万一六四八円等であった。[22]

臨時部の決算は五九六万二〇八六円であった。主な歳出は公債費五三八万八九五三円（内訳は償還金五〇九万七〇四一円、利子二六万七一五九円、諸費二万四七五二円）、高等水産建設費本年度支出額九万三七三六円、失業救済事業費七万一三七三円、訴訟費五万三七九三円、青年会館建設費三万三六三〇円等であった[23]。

その他に、特別会計がある。それには、函館病院費と水道費が入っている。昭和八年度の場合、病院費は歳入三四万三〇一円で歳出は二八万四七三二円。収支は五万五五六八円のプラスである。水道費は歳入四四一万九三〇〇円で歳出は四四一万九三〇〇円、収支はプラスマイナスゼロであった[24]。

以上が昭和八年度の歳入、歳出の決算であるが、その他に、かつて必要な新規事業に着手するため市債の発行をしていた。その市債は水道の拡張、港の修築、小学校の建設、東川町と旭町の護岸工事、工業学校費等のためであった。昭和八年度には、総計でみると、借入金にして一〇二六万六六〇〇円、償還未済額七六九万三六四〇円であった[25]。つまり、借入金の残額は一年分の歳入金額以上であった。

市域と市街地

函館は函館山の裾に形成された都市で、早くから商業地として発展し、その後の市内の西部地区をなすに至った。明治以降その西部地区から人口の膨張が進むと、次第に東へ拡大し、新設された国鉄函館駅を中心にした中央部地区が形成された。加えて、大正から昭和にかけてはさらに奥に東部地区が形成された。それは大正二年東川町と湯の川温泉を結ぶ鉄道が完成してからのことであった。沿線が住宅地として大発展をとげたからである。昭和五年には、戸数七四六〇戸、人口三万五五八一人を数え、中でも千代《ちよ》ケ岱《がたい》が一万五八六四人、湯の川通が六五八七人であった。

そうした発展に押されて、市は東部地区に新しい町名を付すことにする。それが昭和六年九月一三日北海道庁が告示（第一〇一三号）した町名地番区域の改正である。そのとき、新たに千代ケ岱町、中島町、的場町、杉並町、柏木町、五稜郭町……等三一町が登場した[26]。そのときの市の総面積は一九〇・四五平方キロメートルで、市街地は一五二・一三平方キロメートルであった[27]。

衛生・火災予防組合

市内には市民の近隣組織が形成された。今日で言う町内会に相当する。起源は一八世紀にルーツをもつ五人組までさかのぼることもできなくはないが、幕末には消滅していたものと思われる。やがて明治期になって、町内の現実に生じた危機に対処する目的から、政府が自ら乗りだして官製の組織を構築したのであった。危機とは伝染病（コレラ）の流行であり、その対処とは予防と医療体制の構築であった。その組織とは全国の町村に設置が義務づけられた「衛生組合」であった。さらにそこへ火災予防組合が設置されることになる。その結果、道庁は昭和八年五月両者を合体させ、ここに「衛生・火災予防組合」が成立した。函館では、その組合が事実上の町内会であり、昭和一四年一一月一日「函館市町会設置規程」が作成・承認されるまで続いた[28]。

しかし、函館の場合、衛生・火災予防組合は必ずしも政府の決定通り設置されなかった。衛生・火災予防組合連合会の会長井上金之助によると、「函館市の組合を見るに、全市を五四に分ち、五稜と亀田は人家稀薄の為に、数ヶ町を以て一組合を組織せられ、其他二三ヶ町を合して組織せる四五の組合を除く以外は各町毎に組合を設け、中には〔中略〕一町にて二ツの組合に別れてゐる処さへあり[29]」とある。従って、市内の町数は合計八五ヶ町になったが、その数だけ組合は揃っていなかったのである。

道路と橋

市内の道路には、国道、地方費道、準地方費道、市道の四種類がある。この内、国道、地方費道、準地方費道は北海道庁に管理され、市道は市に管理された。大火当時、国道は四号線のみ。東浜町九番地先の元標から札幌の北海道庁正門前まで三〇〇キロメートルの内、函館市内はわずか五三七六メートルのみであった。地方費道は若松町石標一三号から函館駅まで五二メートル等二本、一五三九メートル。準地方費道は若松町の国道分岐から柏木町湯の川村界石標まで等三本、七二八三メートル。他は全て市道で、延長は一三万二九五二メートルであった[30]。

それらの道路の維持修繕費は管理を担当する官庁が負うものであるが、大正八年一一月の勅令によって例外則が規定され、さらに昭和二年四月一日より国道と地方費道は国費から、準地方費道全部は道の、市道は市の支弁となった[31]。

市道の舗装も進められた。市内の道路は大正九年試験的に舗装を実施した後、大正一二年度から着手された。大半は簡易舗装であるが、順次進められた。その間、国道、地方費道、準地方費道も第一期、第二期拓殖計画により舗装を進められた結果、市内における主要道はほぼ舗装の完成をみて昭和七年頃には面目を一新するに至った[32]。

橋梁の多くは亀田川に架けたそれであった。かつて湾に流入していた願乗寺川を廃し、その水を大森浜へ転注するため開削された人工河川である亀田川は当時唯一の河川であった。そこへ架かる橋梁は昭和八年昭和橋と改称したコンクリート橋を別にすれば、全て木造で、大火の際悲劇を生むことになる[33]。

公共的性格の強い施設

公共建築物であるなら、国、道、市が建築し維持管理する工作物であって限定されるが、ここではもう少し枠を広げて大火当時の施設をみてみよう。

第一に挙げるべきは函館港である。大火当時は現代ほど拡張されていない。青函連絡船用の若松埠頭から西部地区の岸壁までである。特色は北洋漁業の根拠地になっていたこともあり、小型漁船の出入りが激しかった。利用の仕方は季節により変化があり、繁忙期と閑散期があった。

こうした漁業中心の港であったため、大型商船（一〇〇〇トン以上の汽船）の横付けできる近代的埠頭はなく、大型船が入港すると港内で貨物を艀に移して岸壁まで運搬しなければならなかったので、埠頭の建設が急務とされた。この要請に応えて実現したのが昭和七年竣工の西浜町岸壁であった。これは西浜町の海岸二万四〇〇〇坪を埋め立て、各種岸壁を建設して、中に初めて三〇〇〇トン級汽船二隻を同時に繫船《けいせん》できるようにした。その結果、海運貨物の運送量は昭和八年に年間三五一万二〇〇〇トンで、全国八位に達した(34)。

もうひとつの特色は青函航路の拠点港であったことにある。元々それは日本郵船が始めたが、実情に即していなかったので、明治四一年鉄道院が新造船を投入して青函連絡船の運航を開始した。以来、連絡船は大発展をとげたが、そうなると連絡船用の桟橋埠頭が必要となった。それに応えて最初に登場したのが明治四三年に完成したT字型桟橋である。さらに、貨物の増加は貨車航送船や貨物専用船の登場を促し、接岸荷役が必要となり、大正一三年若松埠頭が完成した。こうした桟橋や埠頭はただでさえ広くない函館港をますます手狭にした。そのため、もはや初期の時代に期待された国際貿易の拠点港となる余地はなくなってしまった(35)。

次に函館駅が挙げられよう。これは明治三七年完成したが、昭和九年当時利用されたのは大正三年竣工した駅である。駅本屋《ほんおく》だけで一〇九二平方メートル、それに運輸、保線両事務所その他を合せ二〇九六平方メートルで、木造三階建の大きな建物である。道内への中継駅として大発展をとげたが、もはや手狭で老朽化していた(36)。

函館放送局はどうか。放送事業は大正一四年東京、大阪、名古屋の三大都市で始まった。局舎は昭和七年汐見町一番地、函館山の中腹に建設された。放送は二月六日午前六時三〇分のラジオ体操からであった。登録聴取者は昭和八年で六七五〇人。時報、気象通報、ニュースはそれなりに市民生活に貢献したことが知られている。呼出符号はＪＯＶＫで、函館水電から電力を供給された(37)。

放送局は類焼を免れたが、消防本部、警察署、市役所という危機管理に欠かせない公共建築物は焼失した。中でも枢要な位置を占める市役所は豊川町二九番地にあり、その庁舎は明治三五年に落成した木造二階建であった(38)。大火当日は市民が一時謂集《いしゅう》したが、他へ避難を余儀なくされた。

市立函館病院（通称函病）は焼失を免れた。幕末の安政六（一八五九）年に計画された箱館医学所がその前身であるが、大正一一年市制施行により市立函館病院になった。昭和八年当時、診療科目は内科、外科、産婦人科、眼科、耳鼻咽喉科、小児科、歯科の七科で、職員数で見ると、医師一八人、看護婦四一人等合計九二人であった(39)。病床数は分院を別にしても二一八床と相当な規模であった。大火発生時における入院患者一五六人は火が迫った際には西浜町の埋立地に搬送する予定にしていた。火災が二十間坂で止ったため事なきを得たが[40]、その代り、市内の民間病院から類焼のため依頼されて搬送されて来た患者と火災の負傷者で院内は一杯になった。

他の施設としては神社・仏閣、公園、砂山、津軽要塞のような広大な用地が挙げられよう。

寺院では東川町一番地にあった西本願寺函館別院は大火の際早々に焼失したが、東本願寺函館別院を初め他の名刹は焼け残った。東本願寺は度重なる火災にこりて大正四年鉄筋コンクリートにしていた。他の名刹は西部地区でも最深部にあった。最も古いのは寛永二（一六三三）年創建の台町にある高龍寺、正保元（一六四四）年創建の船見町の称名寺、明暦元（一六九九）年創建の実行寺であろう。西部地区の中でも何度か移動したが、敷地も広く、壇家も多く、多くの市民の崇敬を集めていた[41]。

代表的な神社は三社ある。最も古いのは明徳元（一三九〇）年創建され、松前家から蝦夷鎮護神として崇敬された八幡町の亀田八幡宮、次いで古いのは赤川村にあったが、寛政一一（一七九九）年会所町へ移り、さらに明治一三（一八八〇）年谷地頭町へ移り現在に至った函館八幡宮、最も新しいのは明治二（一八六九）年箱館戦争の戦没者慰霊のために創建され、昭和一四（一九三九）年函館護国神社と改称して現在に至った招魂社である。亀田八幡宮は境内が約一五一〇坪、広くはないが閑静な雰囲気の中にある。函館八幡宮は境内が約三万七〇〇〇坪、深山幽谷の趣があるし、招魂社は境内が約五七七〇坪で閑雅な趣がある[42]。

公園はどうか。代表的なそれは二つある。ひとつは五稜郭公園である。それは安政元（一八五四）年函館開港の際、防衛のため武田斐三郎がオランダの築城技術書から学んで設計し、元治元（一八六四）年竣工した。明治元（一八六八）年、箱館戦争において榎本軍が一時占拠したことがある。大正二（一九一三）

年、政府が函館区へ貸与した。そのため翌年から、公園として開放された。内郭と濠溝約五万四一二〇坪、さらに外側の土塁で囲まれた部分約二万八七〇坪から成る広大な空間であった。[43]

函館公園も有名であった。土地の有力者らが外国領事らと語らって寄附をつのり、市民の勤労奉仕で明治一二（一八七九）年完成した。用地は約一万四五三〇坪で、梅、桜一二三五〇本が植えられ、水産館、先住民族館、図書館さらに小動物園も設置された。[44]

砂山も広大な空間を提供した。場所は現在の日乃出町で大火当時砂山町といった。海流と波浪の作用により、自然に形成された砂丘である。東西約一〇〇〇メートル、南北約三〇〇メートルの広大な土地で、最高点は約三〇メートルであった。そこには、逓信省の無線電信塔、電信所、技師の宿舎、工場（魚糟）、従業員宿舎、貧しい人たちの集落（通称乞食部落）、囚人墓地等があって、用事のない人は立入りをためらわれた。土地の所有権は砂鉄会社にあり、昭和四〇年代に砂鉄採集を始めて取崩したため、現在は完全に消滅した。[45]

最後に津軽要塞。それは日清戦争後、函館港を防衛する目的で建設され、日露戦争の開戦直前に完成を見た。しかし、開戦後ロシア艦隊が海峡を往復したにもかかわらず、一発も撃つ機会がなかったため、要塞は戦後整理の対象になった。結局、津軽海峡全体の防衛という見地から廃止に至らず、逆に要塞は増強されることになった。昭和二年、要塞は津軽要塞と改称された。その頃になると、戦術は一変し、敵主力艦隊との交戦はありえないとして、大口径砲台の建設を中止し、対空、対潜の防衛力向上を目ざした要塞の構築が考えられた。重砲兵大隊は要塞用の兵員を管理する部隊で、兵員の大半は要塞へ派遣された。要塞司令部は谷地頭町にあり、八幡宮に隣接していた。[46]

第三章　都市社会

人口とその構成

人口はどの位であったのか。古くは天明五（一七八五）年の数値がある。それによると、戸数四五〇戸弱、人口二五〇〇余人である。その数値から函館を集落と想像させる。[47]

やがて安政四（一八五七）年、人口は一万一七九人に、明治二（一八六九）年、二万五〇〇〇余人に、明治二〇年には五万七二五人に増加した。そこまでくると、日本でも近代都市に必要なさまざまな装置の建設が要請された。函館の場合、たとえば上水道の敷設となって現われた。明治二一年、水道の敷設が行なわれる。それは人口増を見込んで六万人に供給する計画であった。しかし、その後も人口増が続いたので、水道水の需要は急増し、供給量の限界に達し、しばしば断水を余儀なくされた。そこで、市当局は明治二七年、一五万人に供給する計画で、その後は二五万人に供給する計画で、工事を遂行し、大正一二年やっと完成をみたのであった。

その間、人口は大正三（一九一四）年一〇万七五一人とついに一〇万人の大台を突破した。さらに、待望久しい国勢調査が多くの障害を乗り越えて大正九（一九二〇）年一〇月一日実施された。それ以後一〇年おきに本調査をし、五年おきに中間調査を行なっている(48)。

それらの調査結果をまとめた**表1**を見ると、函館は大正九年には一四万四〇〇〇人、大正一四（一九二五）年には一六万三〇〇〇人、昭和五（一九三〇）年には一九万七〇〇〇人、昭和一〇（一九三五）年には二〇万七〇〇〇人、昭和一五（一九四〇）年には二〇万三〇〇〇人と減少に転じている。

そのような状況の函館の人口は全国的な都市レベルで見た場合、どの位の位置を占めていたのか。先の第一回国勢調査によると、函館は広島市につづいて九位であった。それは東京以北最大の人口を擁する都市である。大正一四年には長崎市についで九位、昭和五年には長崎市についで一〇位と順位を下げた。さらに、それは昭和一〇年になると、八幡市についで一三位になり、仙台に抜かれて東京以北最大の人口数の都市ではなくなる。昭和一五年になると、もはや佐世保市についで一七位に転落してしまう。つまり、函館の人口は大正期に横ばいを示し、昭和期に入ると、鈍化や減少を示して、人口成長の限界にきていたことをうかがい知ることができるのである。

その間、国勢調査には反映していないが、昭和九年の大火により一時的な人口変動が生じていた。たとえば、昭和八年の人口は二一万六九〇〇人だが、九年の大火の後には一八万五三九一人に減少している。減少分は大火による死者・行方不明者ばかりか、避難民の転出によっても生じたのであった。しかし、市内の秩序が回復するにつれ、次第に帰還者・新規の転入者が増加し、昭和一〇年には前年より増加に転じていたのである(49)。

表1　人口10万人以上の都市数および上位20位までの都市と人口

（単位：千人）

	大正9（1920）年		大正14（1925）年		昭和5（1930）年		昭和10（1935）年		昭和15（1940）年	
	都市名	人口	都市名	人口	都市名	人口	都市名	人口	都市名	人口
1	東京市	2,173	大阪市	2,114	大阪市	2,453	東京市	5,875	東京市	6,778
2	大阪市	1,252	東京市	1,995	東京市	2,070	大阪市	2,989	大阪市	3,252
3	神戸市	608	名古屋市	768	名古屋市	907	名古屋市	1,082	名古屋市	1,328
4	京都市	591	京都市	679	神戸市	787	京都市	1,080	京都市	1,089
5	名古屋市	429	神戸市	644	京都市	765	神戸市	912	横浜市	968
6	横浜市	422	横浜市	405	横浜市	620	横浜市	704	神戸市	967
7	長崎市	176	広島市	195	広島市	270	広島市	310	広島市	343
8	広島市	160	長崎市	189	福岡市	228	福岡市	291	福岡市	306
9	函館区	144	函館市	163	長崎市	204	呉市	231	川崎市	300
10	呉市	130	金沢市	147	函館市	197	仙台市	219	八幡市	261
11	金沢市	129	熊本市	147	呉市	190	長崎市	211	長崎市	252
12	仙台市	118	福岡市	146	仙台市	190	八幡市	208	呉市	238
13	小樽区	108	札幌市	145	札幌市	168	函館市	207	仙台市	223
14	札幌区	102	仙台市	142	八幡市	168	静岡市	200	静岡市	212
15	鹿児島市	102	呉市	139	熊本市	164	札幌市	196	札幌市	206
16	八幡市	100	小樽市	134	金沢市	157	熊本市	187	佐世保市	205
17			鹿児島市	124	小樽市	144	横須賀市	182	函館市	203
18			岡山市	124	岡山市	139	鹿児島市	181	下関市	196
19			八幡市	118	鹿児島市	137	和歌山市	179	和歌山市	195
20			新潟市	108	静岡市	136	佐世保市	173	熊本市	194
10万人以上の都市数	16		22		28		34		45	

根本直樹「函館の都市人口の実態とその特性」（『はこだて』1997）3頁の表1より

表２　国勢調査年の人口動態の推移

年次	出生率	死亡率	人口数	自然増加数	社会増加数	人口増加数
大正 8	37.95	24.25	136,361	1,868	1,871	3,739
9	38.83	32.01	137,433	938	134	1,072
13	27.69	15.31	161,115	1,994	6,738	8,732
14	27.11	15.16	163,972	1,960	897	2,857
昭和 4	25.80	17.33	180,300	1,527	2,673	4,200
5	24.98	13.09	197,252	2,345	14,607	16,952
9	24.50	22.32	185,391	405	−31,914	−31,509
10	23.88	13.17	207,488	2,222	19,875	22,097

『函館市史統計史料編』72, 74, 76–77 頁より作成

次に、動態的な問題に目を向けてみよう。もとより、人口増加や減少は自然の増減と社会の増減の差に求められる。自然の増減とは出生数と死亡数との差に求められ、社会の増減とは転入数と転出数の差に求められる。その両者を差引してプラスならプラス分だけ増加、その反対ならマイナス分だけ減少ということになる。ただし函館の統計の場合、転入数と転出数が欠如している。そこで、代替措置として、当該年の人口数から前年度の人口数を差引いた分を全体の増減分とみなし、そこから自然の増減を差引いて、社会の増減分を算出することにしたのをお断りしておきたい。

表2は国勢調査年とその前年（社会の増減分を知るため）の人口動態である。それを見ると、以下のように指摘できるであろう。

①大正九年には、出生率三八・八三、死亡率三二・〇一で、自然増加数九三八人、社会増加数一三四人、よって人口増加は一〇七二人であった。

②大正一四年には、出生率二七・一一、死亡率一五・一六で、自然増加数一九六〇人、社会増加数八九七人、よって人口増加は二八五七人であった。

③昭和五年には、出生率二四・九八、死亡率一三・〇九で、自然増加

数二三四五人、社会増加数一万四六〇七人、よって人口増加は一万六九五二人であった。④昭和一〇年には、出生率二三・八八、死亡率一三・一七で、自然増加数二二二二人、社会増加数一万九八七五人、よって人口増加は二万二〇九七人であった。

以上のような人口動態の推移を見ると、大正期には余り世界的事件が国勢調査に反映していなかったように思われる。(50) 大正三年、第一次世界大戦が勃発した。その結果、大正六―七年には戦争景気を反映して多くの人が函館へ集まって来たが、長続きはしなかった。大正九年の国勢調査にはその痕跡すらない。ところが、昭和期に入ると、事件が如実に反映する。たとえば昭和四年、世界恐慌が起り、日本にも波及する。すると、昭和五年には、函館でも社会増加だけで一万四六〇七人を数える。原因は道内、東北、北陸等の地方から多くの困窮民が職を求めて集まって来たからである。つまり経済恐慌を引金に生じた失業者の転入であった。さらに寄留届（本籍地を九〇日以上離れて他所へ住居する場合に出した届で、昭和二六年廃止）も例年の三倍あったという。(51) 昭和一〇年には一層社会増加が目立った。それが前年の大火の反映であったことは言うまでもない。

そうした動態の推移の中に、静態的な産業別構成も見ておこう。函館市民は産業別に見た場合、どのように分布しているのであろうか。それは大正九年と昭和五年という二つの年次について明らかになる。**表3**を見れば明らかなように、

大正九年の就業者数は総数五万四四七四人で、商業（二八・五%）、工業（二五%）、交通業（一七・一%）、水産業（一一・〇%）、その他（八・六%）、公務自由業（七・三%）、農業（二・二%）、鉱業（〇・二%）、家事使用人（〇・一%）であった。

表３　函館・産業別就業者数

産業別	大正９年	昭和５年	増加数（増加率）		構成比	
			T９－S５	（S５）	T９	S５
総　　数	54,474	75,384	20,910	（100）	100	100
農　　業	1,175	1,292	117	（0.6）	2.2	1.7
水 産 業	5,971	9,872	3,901	（18.7）	11.0	13.1
鉱　　業	129	173	44	（0.2）	0.2	0.2
工　　業	13,609	16,711	3,102	（14.8）	25.0	22.0
商　　業	15,504	22,787	7,283	（34.8）	28.5	30.2
交 通 業	9,305	8,001	－1,304	（－6.2）	17.1	10.6
公務自由業	3,959	6,771	2,812	（13.4）	7.3	9.0
家事使用人	47	3,563	3,516	（16.8）	0.1	4.7
そ の 他	4,775	6,214	1,439	（6.9）	8.6	8.5

根本直樹「函館の都市人口の実態とその特性」９頁，表10　函館・産業別就業者数から作成

昭和五年の就業者数は総数七万五三八四人で、商業（三〇・二％）、工業（二二・〇％）、水産業（一三・一％）、交通業（一〇・六％）、公務自由業（九・〇％）、その他（八・五％）、家事使用人（四・七％）、農業（一・七％）、鉱業（〇・二％）であった。

それら両年の就業者別構成の比率には、わずか一〇年の間にいくつかの特色が生じていた。それらは①商業の工業に対する優位の確立、②水産業の交通業に対する地位の逆転、③公務自由業の増加、④家事使用人の著しい増加、⑤農業の減少である[52]。

それらはどのような意味をもたらすのであろうか。二点指摘できよう。ひとつは市の基幹産業分野が明瞭になりつつあること。もうひとつは都市化が進行していること、であろう。

前者は商業の確立、水産業の発展から見てとれる。函館は北海道の玄関口として広く人と物資の集散地の役割をはたしてきたが、道内奥地や北洋漁業に必要な物資の調達と後述する出稼漁夫・雑夫の出入りに伴う日用品・土産品等

の販売と飲食店、花街等での消費といった通常の商売が商業の確立をもたらしたものと思われる。また、水産業についても沿岸漁業の他に、北洋漁業（千島列島と樺太附近の漁業、母船式、工船式の沖合漁業、ロシア〔当時の国名はソヴィエト〕領漁業等）の発展が重要な役割をはたしたと思われる。北洋漁業は水産会社、海産物の取扱い、製造会社、倉庫会社等を発展させたが、他方、青函航路における貨車航送の実現により荷積み、荷下ろしの省力化が図られて交通業の減退をみたのであった。

後者はそれすなわち都市化の進行を意味している。函館は大正一一年八月一日市制施行除外地の「区」から「市」へと改められた。その結果、市会議員の定数は六人増員され、新たに名誉参事会員を六人選出し市の行政の統括を強化することになった。それに伴ない行政サーヴィスが手厚くなり公務自由業が増加した。加えて、市民生活のレベルの向上、意識の変化、家事使用人の増加、耕地や山林の宅地化が進行し、市内から農業が後退したと思われる。

しかし、そうした就業者別構成の比率はあくまで本業者のみを数えたものである。つまり、副業者の数値が含まれていないのである。従って、それだけでは必ずしも市の客観的な職業の分布を示すことにはならない。ところが、副業者の数値は大正九年の国勢調査からしか得られないため、他の年次との比較ができない。それを承知で単年度だけを表にしたのが**表4**である。それを見るならば、大正九年の就業者数は本業者総数五万四四七四人に対し、副業者総数は八万一八〇七人である。副業者総数の内、男性は二万六一四九人、女性は五万五六五八人であった。女性が多く就業する業種はこの表に明示されていないが、根本論文によると、物品販売業（六七・六％）、旅宿・飲食業（六九・六％）、運輸業（六八・七％）であった。物品販売業は主として店員。旅宿・飲食業は接客従業員。運輸業とはモッコをかつぐ女人夫による港湾荷

表4　函館・大正9年職業別人口

	本業			本業ナキ従属者（副業）		
	総数	男	女	総数	男	女
	54,474	46,809	7,665	81,807	26,149	55,658
業主	15,454	12,987	2,467	41,195	13,547	27,648
職員	8,795	8,339	456	13,540	4,124	9,416
労務者	30,225	25,483	4,742	27,072	8,478	18,594

根本直樹前掲論文9頁，表11

役である。[53]それらの副業が本業とどのように関連してくるのか位置づけに苦慮するが、本業のみから一律に市の職業分布と規模を想像するわけにはいかない。

最後に、函館と深く関係し、人口移動の一端を担う季節的移動の存在を指摘しておこう。それは出稼漁夫・雑夫からなる出稼労働の問題であり、函館の就業者別構成にはかかわらない。

函館は大正・昭和期には変ることなく出稼者の中継基地であった。季節的には春、秋に賑わう。出稼者は出身が道内、東北、北陸の諸地方に集中している。それらの地方の漁民は出稼漁夫に、農民は出稼雑夫になる。総称として「ヤンシュ」という。共通しているのは彼らが困窮民であることにあった。彼らは明治期から現われるが、明治・大正期には南北海道沿岸に魚が多く、その漁場で働くためにやって来たのであった。たとえば、明治期の江差地方では鰊漁《にしんりょう》に、さらに大正末期から昭和初期にかけての下海岸（根崎から戸井）地方では鰯漁《いわしりょう》にやって来たのであった。しかし、その後は沿岸漁業が衰退したため、出稼漁夫・雑夫は北洋漁業へ活路を求めて転進した。そうした北洋漁業へ出漁する船の出航地は多くが、関係者の集散しやすい交通の要衝、函館であった。[54]

では北洋漁業とはどのような漁業なのであろうか。それは先に指摘したように多種多様である。島や陸地沿岸もあれば、沖合の漁もある。そうした中で漁区の競売に応じて競落《せりおと》し、経営するロシア領の漁業を例にみてみよう。

それは漁区ごとにロシア沿岸の土地と領海三カイリ（五五五六メートル）以内の水面を利用して行う漁業である。漁区へ出入りする経営者と従業員は旅券を必要としない。ロシア側の規則によって函館に駐在するロシア領事の発給する団体査証だけでよいことになっていた。漁区への往来船舶は函館駐在のロシア領事が発給する航海証書によって函館から直接現地へ赴くことができた。その点が非常に便利であった。漁区の運営上必要な物品、食糧、資材と人員はその往来船舶、つまり出漁船で漁期の初めに輸送した。漁期終了後、出漁船が今度は輸送した一切の物資と漁獲物を持ち帰った[55]。

往来船舶は次第に大型化し、一五〇〇―一六〇〇トンの船を用いることが多くなった。昭和八年には、使用船舶隻数とトン数は一七五隻、三三万五八七トンである[56]。いかに活況を呈していたか明らかになろう。

漁区で働く人員は通訳、医師を含む事務系職員、漁船の乗組員、漁夫、雑夫さらに製缶工程の工員等現業部門系労働者からなり、小漁区で四〇―五〇人、中漁区で一〇〇人、大漁区で二〇〇―三〇〇人規模であった。それは一時的ではあっても、ひとつの完結した共同体をなしていた。日本人の経営する漁区で使用する人員の総数は昭和九年で漁夫一万二二六〇人、雑夫六一八九人、その他一九一五人である。合計すると二万三六四人、約二万人である[57]。それに北千島漁業約七〇〇〇人、母船式蟹漁業約三〇〇〇人、同鮭鱒漁業約五〇〇〇人、合計すると約三万五〇〇〇人になる。出稼漁夫・雑夫はその約八〇％程度と思われる[58]。

北千島漁業と母船式蟹漁業に従事する船は四月頃、ロシア領漁業と母船式鮭鱒漁業に従事する船は五―

六月頃に函館に勢揃いして漁場に向かう。やがて、それらは八月末から九月末にかけて順次戻ってくる。漁獲品の製品価格は約七〇〇〇万円（海外輸出分五〇〇〇万円、国内消費分約二〇〇〇万円）である(59)。

漁撈に従事した出稼漁夫・雑夫に限って言えば、募集は前年一一月から翌年一月までに縁故によるか、周旋業者によってなされた。出稼側は前借を当にして応募した。基本賃金、労働時間、医療、旅費、賠償金等は日ソ漁業条約と附属議定書等に規定されているが、雇主との雇傭条件は雇傭契約書によっている。漁夫の給付金は一漁期一人当り給料一〇〇円内外、配当金四〇―五〇円、賞与金二〇円、合計一六〇―一七〇円である。その他に、帰郷に際しては土産として鮭鱒の塩引《しおびき》（塩漬けにしたもの）や缶詰等が与えられる習慣であった。漁夫・雑夫の待遇はかつて雇主次第であったが、改善された。特に昭和八年日魯漁業会社に統制されて以来、いちじるしく向上した(60)。

北洋に働きに出た漁業関係者が戻ってくると、函館の街は賑いを取り戻す。中でも出稼漁夫・雑夫は人口統計上の増減に関係なくても、経済的な消費にひと役買っていた。彼らはつらい労働や命がけの危険から解放されて生還できた喜びから、安心感や解放感にひたり、反動で酒や女にひきつけられる。せっかく稼いだ金は函館で湯水の如く使われ、我を取り戻したときには無一文になっていたりする。郷里に戻ろうにも戻れない漁夫や雑夫が続出した。函館側から見ると、彼らは金を落してもらう大切な客で、「神様」として扱われた。しかし、無一文の出稼者を生みだすことは社会問題になった。そのため、行政や組合の整備・確立にともない、昭和九年から会社は給付金を函館で手渡さないで、帰村してから役場を介して手渡す方法に切り換えたのである(61)。その方法は留守家族保護のためには有効であったが、出稼者の消費を当てにしていた函館には経済的痛手となったのであった。

産業

まず商業から見ていこう。それは大正時代に第一次世界大戦後の経済的反動がもたらした不況を受けて低迷を続けていたが、さらに昭和に入ってから世界恐慌が加わって益々昏迷の度を深めていた。やがて景気の回復を見るのは昭和六年に生じた満州事変以後のことである。その状況を示す格好の数値がある。函館市卸売物価指数である。**表5**（昭和四年一二月を基準にしている）を見ると、卸売物価指数総平均は昭和四年以来低落傾向にあり、四年に発生した世界恐慌の影響を受けて、五—六年と下降し、六年に底を打って満州事変を契機に回復基調に入り、八年には四年の指数へ向って上昇し、一一年に至って四年に迫るのである。

そのような商業界では、流通に介在するさまざまな障害や不合理を排除し、中間経費の削減、手数料の節約等を実現し、企業の提携や系列化によって合理化を推進した。

その典型を海産物市場における一連の動きに見ることができる。たとえば、ロシア領の漁区漁業は入札業者が入り乱れ、乱雑な経営と混乱が見られたが、次第に成長した企業間に合併・統合が生じ、横暴な個人業者が淘汰され、日魯漁業が頭角を現わした。それはほぼ独占企業へ成長した(62)。

一方、漁獲物を冷蔵品や塩蔵《えんぞう》鮭鱒にして販売するに当り、業者の組織化が問題になった。その際、全く新しく組織を立ち上げるのではなく、従来から営業してきた海産物問屋を束ねて統一会社を設立する手法をとることになった。その結果、多少の紆余曲折はあったが、昭和五年、函館水産販売会社が設立された。それは資本金五〇万円で、日魯漁業製品の独占的な販売権を得ていた(63)。

他方、日魯漁業は昭和七年ロシア領の漁区漁業の合同を実現したが、母船式鮭鱒漁業や北千島の鮭鱒漁業も傍系会社を通じて傘下において北洋漁業の寡占を実現するに至ったのであった(64)。

ところで、市内全体の小売業界に目を転じてみるなら、それもまたその頃には次第に形をなしてきていた。昭和五年の国勢調査の結果から業種別小売商数を表にしたのが**表6**である。小売商の総数は五一五一人である。第一位は小間物・履物・雨具・雑貨販売業の七三七人で、以下表のように続く。一店舗当りの人口は三六人で東京の三七人に近い。しかし、函館の業種別販売構成は東京と違い、市民による消費の他に、近隣町村からの買い出しと北洋漁業の消費を期待しているとみるべきであろう。近隣町村からの買い出しがないと肥料販売業者が三五一店もあることの説明がつかないし、まとめ買いを必要としたり、一時

表５　卸売物価指数総平均

年次	平均指数
昭和四年	一〇九・九
五年	九〇・八
六年	七九・五
七年	八二・〇
八年	九四・二
九年	九四・一
一〇年	一〇〇・二
一一年	一〇五・七

『市史統計史料編』1064–1065 頁

表６　主な小売商数

業種	業者数
小間物・履物・雨具・雑貨販売業	七三七
魚介・海藻類販売業	五六二
茶販売業	四二七
蔬菜・果実販売業	四一四
織物・被服類販売業	三六二
肥料販売業	三五一
その他飲食品販売業	三一九
酒・調味料・清涼飲料販売業	二六二

『市誌』576–577 頁の表より

的に大量消費する北洋漁業がないと、織物・被服類販売業、その他飲食品販売業、酒・調味料・清涼飲料販売業等の業者の多さについて理解が得られないであろう。

公認市場は生鮮食料品を市民に安く提供するため大正七年の物価高騰に際して開設された。昭和八年には恵比須町と高砂町の二ヶ所あった。それらに刺激され、私設市場も続々と開設された。しかし、乱立気味で過当競争に陥ったので道は規制に乗りだしている(65)。

その他には、小売業の新しい業態とも言うべき百貨店が登場した。もとより、北海道では明治四五年札幌の五番館が初めて百貨店形式を採用したが、函館では大正一二年丸井が、一五年には金森森屋《かねもりもりや》が百貨店になった。さらに、昭和六年には荻野商店も鉄筋コンクリート構造四階建の新店舗を構築して百貨店形式を採用した。そこでは、百貨に恥じない多数の品揃えで客を迎え、多彩で豪華な雰囲気で盛り上げたのであった(66)。

かくて、商業は小売商の業種別で明らかなように、同業者の競合、百貨店の新商法と圧力等のため競争が激化し、前途多難を思わせた。そこへ、さらに難題が生じようとしていた。それは先の北洋漁業の出漁者約三万五〇〇〇人の給付金が昭和九年から居住地の役場で支給されるように切換えられたので、昭和八年を最後に函館で金を落してもらえなくなることにあった。

次に、水産業は函館における産業の根幹をなしていた。それは近海漁業から北洋漁業まで及ぶ多様な分野に渡っていた。近海漁業の場合、その水産物の取引に主力が注がれ、加工・製造まで十分手が及んでいなかったが、昭和に入ってからは次第に昆布加工、鮭鱒缶詰製造、フィッシュミール(魚粉)生産が進み、特産品の増加をみるに至った。「函館沿岸漁獲高(昭和八、九年度)」という統計表によると(67)、昭和八年の収穫高は四五四万九九四七貫（一位は鰯で三四五万六八二〇貫）、価格四九万四〇一〇円であった。

北洋漁業の場合、事情がかなり変ってくる。漁場によって漁獲物が違ってくるし、漁場から消費地まで遠く時間がかかるので、どうしても加工・製造が必要になってくるからである。

樺太漁業の場合、最も獲れたのは鰊、ついで蟹、鱒で鮭はわずかである。生産物は蟹缶詰、鱒缶詰、鰊粕、鱒鮭塩蔵である。流通は次第に小樽商人の手に移って函館と疎遠になり始めている。「樺太からの移入総額と水産物価額」という統計表をみると、[68]特に移入総額において長期低落傾向にあるが、それでも昭和八年における函館へ移入された水産物は二四三万三三八九円であった。

北千島漁業の場合、最初は沿岸漁業であったが、沖取漁業に転じ、黄金時代を迎えることになった。最も獲れたのは鱈、ついで鮭、鱒、蟹であった。「北千島漁獲高」という統計表をみると、[69]昭和八年には、たらば蟹三七万二一二〇尾、一一・八％（大正五年の漁獲高を一〇〇％とする）、鱈四三〇万九九三八尾、三三九％、紅鮭八六万七三〇七尾、二万一五七五％、白鮭一七一万八七八六尾、一万一一四六％、鱒二六六万五八七六尾、二五一六％であった。漁獲物は全て北千島で処理された。鮭鱒は六〇％が缶詰、残余のほとんどは塩蔵になった。鱈は開鱈が多く、二〇％が棒鱈、一〇％が塩蔵で蟹は一〇〇％が缶詰であった。

ロシア領漁業の場合、漁区の競売がウラジオストクで実施され、落札した業者が経営した。漁区は朝鮮国境に近いトマン川からベーリング海峡に至るロシア領沿岸に及び、特にカムチャツカ半島に集中していた。日本人業者が経営を担っている漁区は昭和八年でほぼ半数の三五七（ロシア人業者の漁区は三五二）を占めていた。「邦人経営漁区漁獲高数」という統計表によると、[70]昭和八年には、最も獲れたのは鱒とモナコ二一七九万八〇〇〇尾であって、以下鮭と銀鮭一〇七八万八〇〇〇尾、紅鮭とショマ四二六万八〇〇〇尾、蟹二五四万六〇〇〇尾、鰊九二万三〇〇〇尾、鱈一五万二〇〇〇尾と続く。漁獲物は全て現地加工であった。鮭は紅鮭の大部分と銀鮭の一部が缶詰になるが、大部分が塩蔵と改良漬になる。蟹は一〇〇％缶詰にされる。鰊は多くが魚粕にされる。

工船蟹漁業は昭和七年日本合同工船一社へ統一され、一社体制になった。漁場は日本海からベーリング海まで十区に分割され操業されるが、工船が最も集中するのはオホーツク海東部とベーリング海である。工船は船中に缶詰工場を備える大型船だが、他に蟹の調査や漁撈に使用される小型船を搭載し、さらに漁撈用の独航船も従えていた。「蟹工船缶詰製造高数」という統計表によると、[71] 昭和八年にはカムチャツカ半島の西側で六六二万四八一八尾、西側以外で二八三万六七六九尾で、いずれも船内で缶詰にされた。数量にすると、一五万三七一二個であった。

母船式鮭鱒漁業はオホーツク海、ベーリング海等の沖取漁業である。母船には搭載船の他に独航船を従えていた。「漁獲高」という統計表をみると、[72] 昭和八年には、最も獲れたのは紅鮭二〇三万三六七三尾、鱒一七九万二六〇七尾、鮭一七九万二〇九六尾、銀鮭六三九一尾、鱒《ます》ノ助《すけ》（キングサーモン）一〇六四尾であった。漁獲物は全て母船で加工された。「生産見積総価格」という統計表によると、[73] 昭和八年には缶詰一五万六五三個、塩蔵一九二万七三一八尾、冷蔵一三九万三二一四尾、魚卵四万二〇九五貫を生産した。

以上の各種漁業を整理して表にしたのが、**表7**である。漁場、魚種、漁業の方式・加工・製造方式が違っていても、それが昭和八年頃の函館の水産業の実力であったのである。

次に、倉庫業は北洋漁業の好況と結びついて大きく発展した。もとより、寒冷な北海道では、一般貨物を野積にするようなことはなかったが、日露戦争以後、特に貨物の保管には意をそそいだ。その結果、明治末期には不燃性のレンガ建築による倉庫が増加し、さらに大正期から昭和の前期には、北洋漁業に刺激されて倉庫が一層増加した。「明治四四年の営業倉庫（普通倉庫）」という統計表によると、(74)倉庫は八七棟、一万三二七九坪であったが、昭和九年には、一一六棟、二万四六〇一坪にまで拡大している。その他に、自家用倉庫も著しく増加した。「昭和期営業倉庫の扱量」という統計表によると、(75)昭和九年に入庫四八万五二九三トン、出庫四八万六四四四トンで、扱量が五〇万トン近くまで達している。倉庫の大部分は函館港の岸壁近くに立地し、倉庫前に掘割りをしつらえ、艀をそこまで引き入れて荷役をした。通常は岸壁より

表7　昭和8年の漁獲量

方式	漁場	魚種	最大魚種とその数量
近海漁業	函館沿岸	鰮《いわし》等	四五四万九九四七貫
北千島漁業	北千島沖取	鱈、鮭、鱒、蟹	鱈四三〇万九九三八尾 鱒二六六万五八七六尾
樺太漁業	樺太沿岸	鰊、鱒、鮭、蟹	
ロシア領漁業	ロシア領沿岸	鮭と銀鮭、鱒とモナコ、紅鮭とショマ、蟹	鱒とモナコ二一七九万八〇〇〇尾 鮭と銀鮭一〇七八万八〇〇〇尾
工船蟹漁業	オホーツク海、ベーリング海等	蟹	蟹九四六万一五八七尾
母船式鮭鱒漁業	オホーツク海、ベーリング海等	鮭、紅鮭、鱒	紅鮭二〇三万三六七三尾 鮭一七九万二〇九六尾

『市誌』429, 462, 500–501, 512–513, 517 頁より

三〇間以内に建っていた。

代表的な倉庫は金森倉庫、安田倉庫、函館倉庫、橋谷倉庫等であった。扱う品目はスルメ、昆布、乾魚等海産物、鮭鱒の塩蔵物、缶詰、海産肥料、米穀類、醬油、漁業用資材等である。

冷蔵倉庫も登場した。それは北洋漁業の漁獲物を保存するのに必要であったからである。代表的な業者は大正一四年設立の小熊冷蔵庫と昭和三年設立の函館冷蔵であった。前者は北洋の鮭鱒を扱い、後者は一層幅広く、北洋の漁獲物の他に函館の近海魚、道内の製品の冷蔵も行った。後者は日魯漁業が創立したもので、凍魚一〇トン、冷蔵二〇〇〇トンの設備であったという。両社はいずれも順調な発展を示し、水産業を陰でささえることになった。(76)

次に工業は本州の都市のそれほどバランスよく分布してはいない。ひとつには、函館が古い城下町のような伝統都市と違って文化的な手工業の基礎の上に成り立っていないからであろう。函館の工業は必要にかられて水産物の加工か生活具、生産具の製造から始まった。そのため、実用的、実利的分野から発達した。

たとえば、水産業の発達は漁網や船具の製造、さらに造船に刺激を与え、函館製網船具や函館船渠《せんきょ》を生んだし、漁撈に使用される樋、樽、木箱を作るため製材・木工業が発達したし、漁業の現場から要請されるゴム長靴を製造するため函館工業を、缶詰を製造するため、缶を作る日本製缶を生みだしたのであった。

かくて、函館の工業は必要が生んだそれであるため、何ひとつ不用なものはなかったのである。**表8**は昭和八年の工場数と職工数である。それによると、職工五人以上の工場では、一位は食料品工業で七二工場、職工一六四一人。以下二位は機械器具工業、三位は製材と木製品工業……と続く。以下では、例とし

表８　昭和８年の工場数と職工数（職工５人以上）

紡織工業	金属工業	機械器具工業	窯　業	化学工業
7（362）	30（263）	54（1145）	2（37）	14（322）
製材及木製品工業	印刷及製本業	食料品工業	瓦斯及電気工業	その他の工業
50（453）	20（187）	72（1641）	2（18）	21（196）

『市史』第３巻458頁　表2-68より作成

て食料品工業の場合を見てみよう。それは大別すると、水産加工食品とその他の食品ということになる。水産加工食品とは「水産製造業者数および製造額」という統計表によると、(77)昭和八年には、素乾（昆布、鯣《するめ》、鱈等の素干し）一九五万七六〇三円、その他の食料品（いか塩辛、かまぼこ類）九二万四四八五円、漁油五五万三四七三円、缶詰七七万三六二九円である。それらの合計は四二〇万九一九〇円だが、函館の総生産額には入らない。どこで、どれだけ加工・製造されたか判別し難いからであろう。

その点明瞭なのは醸造業であろう。それは清酒、醤油、味噌の製造である。大正期から、どれも製造量、製造額とも長期低落傾向にあり、やがて廃業や吸収合併される運命にあった。しかし、「醸造業の推移」という統計表によると、(78)昭和八年には、まだ前年実績を上まわるだけの実力を維持していた。その内容をみると、清酒七八八三石、六七万五八二〇円、醤油四一六六石、一五万六三八〇円、味噌三五万七五五〇貫、一四万六七三五円で合計は九七万八九三五円であった。

それ以上に大きな役割を演じたのは菓子製造であった。中でも函館菓子製造（昭和一〇年明治製菓に買収される）と帝国製菓は二大企業で、ビスケット、キャラメル等の生産が盛んであった。その他でも国産製菓、産陽製菓、道産製菓はキャラメルを製造した。風月、精養軒、千秋庵等はパン、和洋生菓子を製造した。菓子の需要は道内、本州の一般家庭ばかりでなく、北洋漁業の従事者にもあり、

表9　昭和8年の工場生産額（職工5人以上の工場）

（円）

紡織工業	金属工業	機械器具工業	窯　　業	化学工業
1,165,263	2,317,009	3,718,283	133,456	2,134,233
製材及木製品工業	印刷及製本業	食料品工業	瓦斯及電気工業	その他の工業
4,073,907	812,356	4,461,346	320,020	1,545,683
総生産額				
20,681,556				

『市史』第3巻460頁　表2-70 a.b. より作成

それ向きの菓子「兵丹パン」も製造された(79)。

以上の結果、函館工業の生産額は表9に示したように、職工五人以上の工場に限って見た場合であるが、二〇六八万一五五六円であった。一位の食料品工業は四四六万一三四六円で全体の二一・五七％、二位の製材と木製品工業は四〇七万三九〇七円で一九・七〇％、三位の機械器具工業は三七一万八二八三円で一七・九七％であった。なんと、一位から三位までで全体の五九・二四％を占めた。職工数においても一位から三位までの業種の職工数は四六二四人中三二三九人で、全体の七〇・〇五％を占めた。要するに、業種別工場は一〜三位が全体の約六〇％を、職工は一〜三位の業種の職工が約七〇％を占めていて、それが函館工業の特色ということになろう。

さらに、工場数でみると、一〜三位の合計が一七六である。職工数は三二三九人であるから、一工場当りの職工数は平均一八・四〇人である。それらの業種の工場は常雇従業員九人以下を零細企業とするなら、その上の中小企業ということになろう。

最後に、農業は耕地、山林の宅地化にともない衰退している。農家の戸数でみても、昭和五年には、自作小作は一九七戸、一一九五人であったが、昭和八年には一六二戸、一〇〇三人に減少している。しかも、それは昭和九年に一一八戸、六九一人に急減した。その急減はなぜ生じたのか。それは三月二一日の大火によっている。大火後、農家は宅地の造成用に土地を売り、離農したり、他地へ移転したからであった。

かくて、農家は馬鈴薯、大根、玉蜀黍、米、牧草等を作付しながらも、次第に収穫高を減少させていた。なお、畜産の分野では、乳牛はわずかで、それを扱う農家も約一〇戸にすぎなかったし、林業に至ってはほとんどみるべきものはなかった(80)。

以上が大火直前の状況である。現代に比較すれば、水産業とそれを支える商業、工業にまだ活力があり、未来への可能性を感じさせる。やがて現代の主力産業に成長する観光業はまだ揺籃期《ようらんき》にあった。

貿易

それは幕末安政四(一八五七)年下田条約により、函館が開港したときに始まった。それまで昆布、煎《いり》海鼠《なまこ》、干鮑《ほしあわび》等を長崎を介して中国へ輸出したが、直接貿易ができるようになり、新たにするめ、干鱈、干貝、鮫鰭《さめひれ》、魚油、刻昆布《きざみこんぶ》等も輸出するようになった。しかし順調な貿易の発展は望むべくもなく、中国ばかりか諸外国からもさまざまな事件を通じ試練を受けることになった。たとえば、明治期には、日清戦争、日露戦争、日露漁業協約、大正期には、第一次世界大戦、その大戦景気、戦後の経済的反動、昭和期には、世界恐慌、満州事変等である。それらは貿易の充実・拡大や後退・縮小を生じさせ、函館経済に活況と不況をもたらした。

貿易は昭和六―七年には恐慌の影響が残り不振を続けるが、八年以降それを脱して活況を呈し始める。昭和期にも輸出の相手国は中国を中心にしたアジア諸国であったが、満州事変以後中国に生じた日貨排斥を受け、次第にイギリス、フランスを中心にした欧米諸国へ移動した[81]。

主要な輸出品は大正期に比較すると昭和期には変化がみられる。海産物が主体であることに変化はないが、昆布の比率が低下して、するめ、鮭、鱒、蟹さらに鰯等の缶詰類が主力となる。するめは烏賊《いか》を原料とするが、漁場が函館近海であるため容易に入手でき、順調な発展を示した。主たる販路は中国であったが、さらに南アジアにも拡大が試みられた。缶詰についてはその中味や食生活上の習慣から主たる販路は欧米にあった。鮭缶詰はイギリスを中心にオーストラリア、オランダ等に輸出され、鱒缶詰はフランスを中心にイギリス、ベルギー等に輸出され、蟹缶詰はオーストラリア、イギリス、アメリカへ輸出された。それに対し、新たに開発された鰯の缶詰はオランダ領インド（現インドネシア）、フィリピンといった東アジアやヨーロッパへ輸出された[82]。缶詰類は輸出総額の七〇％以上を占めるに至り、輸出の花形商品に成長した。相手国は「函館港主要国別輸出入額」によると[83]、昭和八年には、一位はロシアで八一五万三〇〇〇円、二位はイギリスで四三五万三〇〇〇円、三位はフランスで二六七万六〇〇〇円、四位は中国の関東州で八六万六〇〇〇円、五位はイギリス領海峡植民地（現マレーシアとシンガポール）で三六万二〇〇〇円である。以下中国、ベルギー、フィリピン……と続く。

しかし、ロシアへの輸出品の大半は漁業用貿易分である。それはシベリア大陸の漁区に出漁した日本人経営者が漁場経営に必要な食料品と漁具等の物資である[84]。何のことはない！　輸出とは名ばかりで日本人の自家消費分にすぎない。従って、実質的な一位、二位……等は繰り上ってイギリス、フランス……等となろう。

金融

函館は経済活動の中核たる金融活動においても一定の役割をはたしていた。そのため、活動の拠点となる銀行や金融会社の本支店も大正一〇年代には出揃ったように思われる。他方、第一次大戦の終結、さらにその反動が顕在化した不況を感じるようになると、経済的不振は表面化し、地元の柿本銀行が休業・解散する事態が生じた(85)。

昭和二年三月、大蔵大臣片岡直温《なおはる》の失言に端を発する取り付け騒ぎが生ずると、台湾銀行等が倒産した。その結果、不信不安から全国的な金融恐慌《パニック》が生じた。函館では、取り付け騒ぎはほとんど生じなかったが、銀行は他都市のそれと歩調を合わせて、休業日を設定するなど、それなりの配慮をして対応した(86)。その結果、事なきを得たが、その後も経済の不振は続き、六年の満州事変を契機に回復に向い、八年に至ったのである。

その間多少の変化はあったが、八年の時点で一定の役割を担った金融機関についてみてみると、以下の通りである。

最も庶民的な金融機関には、函館信用組合、さらに函館無尽《むじん》、拓殖無尽函館支店、北海無尽があり、質屋には私営七二店と公益一店がある。それらは市民の生活上の必要を満たすのに利用されたが、経済活動上の便宜から主として利用されたのは金貸業と銀行であった。

金貸業は早くも明治期には姿を現わしていた。中でも群を抜いた貸付業者は相馬哲平であった。彼は相馬商店か本人自身の名儀で貸付業務を行った。以下長谷川藤三郎、近藤孫三郎、住谷寅吉らが続き、近藤合資会社、宮本合名会社、百瀬合名会社、長谷川合名会社……が続く。彼らは北洋漁業がまだ不安定でリスクをともなった時代、銀行が融資に二の足を踏む融資口に積極的に貸付を行った。特に際立ったのはロシア領における漁業であった。やがて、北洋漁業では企業合同が進み、日魯漁業など大手企業による統一がとれてくると、銀行による融資が次第に進出してくるのであった。[87]

銀行は金融恐慌などにより整理統合されながら昭和八年を迎えたが、その時点における市内の銀行は以下列挙するなら次の通りである。

まず市民生活に最も便利かつ親しみやすい貯蓄銀行には、安田貯蓄銀行、北門貯蓄銀行、函館貯蓄銀行がある。その上に一般銀行として、北海道拓殖銀行（支店と出張所二）、北海道銀行（支店と出張所三）、安田銀行（支店二）、第一銀行（支店二）、十二銀行（支店と出張所二）、北門銀行（支店一）がある。さらにその上に、日本銀行函館支店があった。日本銀行を別にして、他の銀行は函館の経済活動に融資の面から深くかかわった。たとえば「組合銀行貸出先種別調（単位一〇〇〇円各年末残高）」表によると、昭和八年の貸出先種別では、合計は三五五四万二〇〇〇円である。それは昭和に入ってからの各年の合計と比較して突出した貸出金額ではない。種別にみると、どの年とも同じく、「その他」が一位で一六三二万六〇〇〇円であるが、二位は海産（海でとれたもの）で六六六万八〇〇〇円、三位は雑貨で三二二万五〇〇〇円、四位は漁業で二四五万六〇〇〇円、五位は海陸運輸で一四八万、六位は醸造その他製造業、七位漁業用品八七万四〇〇〇円……等である。

その中で、漁業関係の種別を合わせると、海産、漁業、漁業用品で九九九万八〇〇〇円であった。それは全体の二八・一三％に当たる。銀行の貸出比率としては期待したほど多くはない。種別は多岐に渡り、特に漁業を重点貸出にした気配は読みとれない。日魯漁業などの大手企業は資金調達を中央へ依存したままなのであろうか。むしろ八位に貸金業八五万円が登場しており、銀行が貸金業を支配下におきつつある実態が明らかになっている。(88)

交通と運輸

函館が北海道の玄関口にあり、本州と奥地を連絡する位置にあるところから、物資と人の往来がその都市のもつ実力以上に多量かつ頻繁で、活気に富んだ街であった。当時函館から道内や外地へ向うには、海運によることが多かったが、ここでは、函館と道内や千島・樺太を結ぶ海運から話を進め、青函連絡船については鉄道の項で扱うことにしよう。

北海道は内地と違い後進地方として開発の対象であったから、政府が必要とみた港には明治時代から航路を開設し始めていた。それは政府（逓信省）が補助金をだして民間船会社へ航路を開設させるもので、正式には補助命令航路と言った。

政府の命令航路は明治三四年にはほぼ確立し、以後改廃を経過して、昭和八年に至った。当時維持された航路は函館―根室、函館―単冠《ヒトカップ》、函館―小樽、函館―十勝大津、函館―眞岡、函館―西カムチャツカ線であったと思われる。

北海道庁も命令航路を開設した。それは函館―瀬棚線など六航路であった。さらに、樺太庁も命令航路を函館―大阪―敷香《シスカ》等五航路開設した。加えて、函館も命令航路を開設した。それは函館―下北甲線（大間、下風呂、大畑）、函館―下北乙線（大間、佐井）という対岸下北半島の港との航路と函館―朝鮮―大連

表10　函館駅乗降客状況

年号	合　計	乗　客	降　客
昭和元	1,371,386人	693,683人	677,703人
2	1,442,483	734,598	707,885
3	1,654,836	839,041	815,795
4	1,762,154	896,421	865,733
5	1,766,057	896,834	869,223
6	2,242,245	1,122,454	1,119,791
7	2,476,642	1,243,102	1,233,540
8	2,713,532	1,362,265	1,351,267
9	2,620,719	1,330,374	1,290,345

『統計史料篇』632頁．函館駅旅客・貨物運輸状況より作表

線という遠隔地との航路であった(89)。

かくて、航路網はその出航回数を問題にしなければ、かなりの充実ぶりであった。出航日は新聞で毎日報ぜられ、周知された。そのため、物資と人は命令航路を利用して目的地へ向うことができたのであった。

陸路の運送手段は鉄道中心であった。その幹線路は函館―小樽間であった。当初は函樽《かんそん》鉄道会社と称して発足し、明治三七年開通したが、明治四〇年国有鉄道法が制定されて国有になった。さらに、その後奥地の鉄道が開通し、函館より直接行けるようになった。昭和八年には、函館から旭川、名寄、稚内港、網走、釧路へ直通列車が運行されていた。近郊線も発達し、桔《き》梗《きょう》、七飯《ななえ》方面へ行く人のために森まで、上磯方面へ行く人のため木古内まで、普通列車が運行されていた。また、貨物についても、貨物列車によって輸送された。貨物の種類は本州方面へ送る場合、海運による輸送と大きな変化はない。塩蔵の鮭鱒や海産物と肥料が発送されるが、異なる点は個人の小荷物という小口の水産加工品が多いことにあった(90)。

表10は函館駅における旅客の乗降状況を示している。それを見ると、昭和八年の乗降客合計は二七一万三五三二人で、昭和ひと桁台では一位であった。昭和九年は大火の影響が反映したと見えて九万余人の減少であった。貨物については信頼に足る統計に不足しているが、旅客輸送については**表10**を見る限り、昭

和ひと桁台には八年まで毎年成長していたと見ることができよう。

青函連絡航路はどうか。青森—函館間の連絡航路が開設されたのは明治一五年とかなり早く、民間の船会社によった。やがて、国有鉄道法により青函連絡航路は国有化され、明治四一年には一日二往復運航された。乗客数と輸送貨物量はその後次第に増加し、その対応から、新造船を次々に就航させ、増便することになった。大正一一年には、旅客便四往復、客貨便二往復、貨物便四往復になっている。**表11**は昭和八年当時使用された旅客船の一覧である。それによると、六隻ある。いずれも貨車航送に対応した船舶で、旅客船の貨車積載量は一五トン貨車二〇輛と手荷物郵便車二輛（または一五トン貨車二五輛）、青函丸の積載量は一五トン貨車四三輛であった。本州より到着した貨物列車は貨車をそのまま連絡船に積み込み、函館到着後、行先別に仕分けされて出発した[91]。

表11　旅客船一覧

船　名	総トン数	速　力	旅客定員
翔鳳丸《しょうおうまる》	三四六一	一七ノット	八九五人
飛鸞丸《ひらんまる》	三四六〇	一七ノット	八九五人
津軽丸	三四八五	一七ノット	九九〇人
松前丸	三四三〇	一七ノット	九九〇人
第一青函丸	二三二六	一三・五ノット	一二人
第二青函丸	二四九三	一三・五ノット	一二人

『市誌』373–374 頁から作表

市内交通はどうか。基本的には徒歩によった。当時、まだ人はよく歩いた。一里歩くことは特別なことと思っていなかったふしがある。彼らは通勤通学はもとより、買物、会合、取引、打合せ、配達、さらには通院、墓参から見物、遊覧、散策まで歩く習慣をつけられていた。市内を歩くときには、下駄、ゴム長靴、運動靴、単靴をはいたが、郊外から市内へ入るときには、ワラジをはいて来て、松倉川など川で足を洗い、下駄類にはき替えている。季節的には春の融雪期に生じるぬかるみに歩行上難渋していた。

個人の乗物には人力車とタクシーがあったが、人力車はタクシーに押されて昭和八年には五九台しか残っていない。それに代ってタクシーは大正初期函館に乗用車が導入されるや直ちに登場した。初期のタクシーは個人営業であったが、大正の末年頃から会社組織の営業が現われた。最初料金は高く、大衆には手がとどかなかったが、昭和三年「一円タクシー」、五年「半円タクシー」が現われて値下げ競争が激化した。昭和八年には、タクシーは一四〇台登録されていた。他方、自家用車の保有も確実に増加していた。それはまだ大変高価であって、富裕な個人や官庁、会社に保有されたにすぎない。昭和八年には一四九台が登録されていた(92)。

乗合交通では市内電車が中心になる。それは路線が決っていて制約があるが、料金が安価で便利であった。電車は函館水電会社が経営し、五路線一四・三五四キロメートルを営業した。市内では片道四銭、往復七銭の均一料金で、市外の湯の川線のみ区間制であった。区間制では、大門より終点までを一〇区とし、一区一銭であった。市民はどの程度電車を利用したのか。昭和九年度の数値しか利用できないが、電車の乗客数は二四一四万六三四八人、一日平均は六万六一五四人であった(93)。明らかに、市民の足として利用度の高い交通機関に成長したと言えよう。

バス交通も導入された。最大は函館乗合自動車合資会社で、昭和五年函館水電会社に買収された。営業路線は二本ある。第一路線は駅前―大門前―五稜郭前―湯の川。第二路線は駅前―中の橋―五稜郭。区間制で一区五銭、駅前から湯の川まで二〇銭であった。バスは二三人乗フォード型と二二人乗シボレー型、合計一五台であった。しかし、料金が高めに設定されていたため、乗客は多くはなく、収益が上っていたようには思えない。その他には駅前から湯の川まで海岸道路を利用して結ぶ旭自動車、さらに赤川乗合自動車等群小バス会社があった[94]。

貨物の輸送にも変化が生じていた。明治以来多量の荷を輸送するには荷積馬車を利用した。少量の荷に対応したのは人力による荷車であった。それが今やトラックの登場により変化が生じた。効率の点で荷積馬車が次第に圧迫されて、トラックに代り始めた。荷車は利用され続けたが、並行的に自転車が牽引するリヤカーも登場していた。昭和八年には、トラック一一六台、荷積馬車二六六台、荷車一五〇六台を数えた[95]。貨物の輸送手段は次第に選択肢が広がっていたのである。

教育

日本は明治四〇年に六年制の義務教育を制定したが、昭和に入ってからもそれを維持した。しかし、政治・経済・社会の仕組みが高度化・複雑化するにつれ、教育には一層の充実が求められていた。そうした状況を背景に、函館では小学校の学齢児の就学率は伸張し、昭和八年には九九・六九%にまで達していた。その数は尋常、高等科合わせて三万一八三〇人、五一三学級であった。それは統計上から見ると、大正一四年以来の着実な在籍児童の増加の結果であった[96]。それだけでも、年々多くの財政負担をかけたが、さらに昭和二年からは一層の負担が生じていた。それは市が小学校尋常科（六年生）の授業料を道内他市に先がけて廃止したからであった。それ自体は先見の明がある快挙であるが、市の財政を圧迫する一因になったことは否めない。

その結果、市の歳出予算に占める教育の割合は昭和八年における全国平均が八・一%であったのに、函館のそれは三〇・六％にのぼっていた[97]。函館市の負担がいかに大きかったか、教育への意気込みがいかに強かったかが見てとれよう。

結局、昭和八年における市立、道庁立の小学校は尋常小学校一二、尋常高等小学校九、尋常夜学校（昼間働いて通学できない児童のための学校）二、合計二三校であった。尋常高等科の併設校の内、高等科に在学しているのは全て男子。高等科の単独校は函館女子高等小学校一校のみであった[98]。

次に中等教育である。その現場は庁立函館中学校に代表される諸学校である。多くは庁立で、修業年限は三、四、五年とまちまちであった。

庁立函館中学は修業年限が五年、原則として一二才から一七才の男子生徒を教育した。教育の目的には皇民としてあるべき自分とその知性と判断力の涵養が挙げられている。そのため全体に高度な普通教育が与えられた。通称函中《かんちゅう》と言われ、明治・大正期から市内ばかりか近隣地方の成績優秀な生徒を集めて教育した。卒業生の圧倒的多数が大学・専門学校へ進学したエリート校で、昭和八年には在校生一一六三人を数えた。

庁立函館商業学校は修業年限が五年、将来商業に従事したい男子生徒に必要な実業教育を施すことを目的にした。函中同様優秀な生徒を集めた。通称函商《かんしょう》と言われ、商業界ばかりか、異界とも言うべき画壇、文壇にも人材を輩出し上級学校へ進学させた。昭和八年には在校生一二三五人を数えた。

庁立函館工業学校は職工教育を目的にした徒弟学校を昇格させたもので、工業に従事したい男子生徒に必要な教育を施した。しかし、それはひと通りの教育であって、修業年限も三年と短かかった。昭和八年には、在校生四〇九人を数えた。

その他に、庁立函館商船学校があって、修業年限五年で在校生二二五人を数えたが、所在地は市外の上磯町で、しかも昭和一〇年廃止されている[99]。

庁立函館高等女学校は修業年限が四年、原則として一二才から一六才までの女子生徒を教育した。生徒は成績優秀者が集まり、上級学校への進学者もでて、女子生徒のエリート校であった。通称函高女《かんこうじょ》と言われ、昭和八年には在校生一〇六三人を数えた。

その他には、私立の代表的高女が四校ある。遺愛《いあい》高等女学校は唯一修業年限が五年で、プロテスタント系の女学校である。昭和八年には在校生三五〇人を数えた。聖保禄《セイホーロ》高等女学校は修業年限が四年のカトリック系女学校である。昭和八年には在校生二五八人を数えた。大谷高等女学校は明治期に函館の六寺院が共同出資して創設したことに始まり、後、大谷派本願寺が経営を引継いだ仏教系の学校である。従って、目的は女子に必須の学芸を授け、淑徳《しゅくとく》を涵養し、婦徳を養成することにあった。修業年限は四年で、昭和八年には在校生五八〇人を数えた。実践高等女学校も仏教系の学校である。修業年限は四年で、在校生一五五人を数えたが、大火後昭和九年八月に廃校になった[100]。

最後に、函館師範学校が挙げられる。大正三年に創立され、教員の養成を目的としたが、北海道の教化を任務とみなし、拓殖教育を念頭に置いた。卒業生は多く道内に就職し、一定の評価と実績を得ていた。修業年限は五年で、中学四年に相当する一五才から男女共に進学した。教育には、実験・実践を要するため、教育実習用の付属小学校を併設し、研究会を組織して授業改善に意欲を示した。昭和八年には在校生は四三五人で、事実上の函館における最高学府であった[101]。なお、国立函館高等水産学校は後の昭和一〇年の開校であった。

第二部

函館の大火

第四章　危機管理と大火の歴史

危機管理

すでに自然環境の項で指摘したように、函館は頻繁に強い風が吹く環境にあった。しかも、本州にくらべ寒冷で暖をとる期間も長く、それだけ火を取扱う頻度も多かった。そのような地で火の取扱いを誤れば、火災が発生する可能性は高かった、と言わねばならない。しかも一部の家屋は極端に安普請であった。屋根は柾《まさ》葺《ぶ》き（＝エゾ松を薄く割った木片）、壁は板壁で可燃性の高い住宅であったのだ。火災が発生すれば延焼の危険度は一気に高まった。事実、後述するように、函館は大火になることの多い都市であった。

では、いつから火災は生じたか。資料上確認できる最も確実な記録は安永七（一七七八）年、弁天町から出火した火災で、九戸を焼失したと記録されている。さらに、翌安永八（一七七九）年、同じ町内から出火した通称地金《じがね》火事は一〇五戸を焼失し、最初の大規模火災になった[102]。

それから数十年後、またも火災が弁天町に発生した。それは折からの西北の風に煽られて燃え広がり、三五〇戸という当時の箱館の全戸数の半ばに近い被害をだしたのであった。それは文化三（一八〇六）年で、俗に青山《あおやま》火事という。その時には、箱館奉行羽太正養が出馬し、南部、津軽両藩の手勢を指揮し消火に当たったが、大規模な火災になってしまった。形成途上の函館にとって深刻な危機であった(103)。

そもそも都市の危機とは何であろうか。その危機とは社会学者らの考え方を参考にまとめると、「突然に始まって日常生活に混乱をもたらし、それに対応するため想定外の行動と生活を強いられ、日常生活を危うくさせられる事態が一定程度継続するか、切迫している状況」である(104)。

この定義に青山火事を当ててみれば次のようになろう。「時は文化三（一八〇六）年一一月一四日午前一時、弁天町の一角から出火、折からの西北の強風に煽られ、火災は拡大し、弁天町、山の上町、大町、大黒町、さらに官庫等全戸数の半ばに近い三五〇戸を焼払い、約一四〇〇人を冬空の下に放りだした。それは突然に始まった日常生活を混乱させる一大事件であった。罹災住民は多くが居を失って常盤町の芝居小屋に避難して二〇日まで炊出しを受けている。彼らは想定外の行動と生活を強いられ、正常な社会生活など望むべくもなかった。官は五日後仮設住宅を完成させ、罹災住民を収容した。さらに、罹災民一戸につき米一俵を支給し、できるだけ早く生活を旧に復するよう援助したのであった(105)」。

そのような危機への都市当局の対処、それを現代では危機管理という。ではその対処とはどのようなものであったのか。函館では、大小とりまぜて多数の火災を経験しながら当局は対処法を取入れていった。その最初とも言えるものは先の文化三年の青山火事の直後、官が定雇の消防組を創設したことにある。それは井戸屋吉兵衛他一四人に手当米と革羽織、半てん、股引を支給し、一朝事あるときに備えたのが始まりで、後に増員され、日月消防組と称した。しかし、火災が発生し、いざ消火となると、水利の便が乏しくなく、短時間に多量の水を要する消火用水には常に不足する有様であった。そこで水不足を解消するため、官は海水圧に拮抗する帯水層に達する掘抜き井戸を大町に掘り、用水を確保した。かくして、消防組の創設と消火用井戸の確保により、ここに減災策が始まったと言えよう。[106]

さらに、文化四年、豪商高田屋嘉兵衛が大阪より職人をよんで八ヶ所に井戸を掘らせ、龍吐水（腕用ポンプを装着した機器で水に圧力を加えて注水することができる）を各町に配分するという義挙が伝えられている。[107]しかし、その後松前藩が蝦夷地を幕府から復領すると、函館への関心は薄れ、火災の公式記録は失なわれた。結局、ややブランクが生じた後、明治二（一八六九）年開拓使が設置されてから、再び火災と危機管理の実態が明らかになってくる。

開拓使は同年五組からなる消防組を編成、さらに六年、出火の際の立退場、今日で言う広域避難所として招魂社内等六ヶ所を指定した。また、出火に際しての非常信号として点鐘と官吏の心得を規定した。[108]やがて、一四年、新しい消防体制が確立した。それは警察本署が新築され、そこへ警備消防本部が設置されたことによる。もとより、警察と消防の関係は従来必ずしも明確ではなく幕藩体制の下では未分化の状態にあって奉行の指揮下に服していた。それは明治期になっても変化せず、従来の関係が踏襲され、警察署署長が消防組の監督者になったのであった。それは消防組が公設の常勤者の他に私設の非常勤者を多数含み、半ば民間組織であったからである。

その警備消防本部は同年東京より三〇人の消防夫を召致し、函館の採用者と合わせ五八人からなる部隊を新設、[109]さらに民間に結成された防火組合（民間自営消防組「函左組」へ発展）を傘下に置き、充実をはかった。その結果明治二〇年には公設消防組は三三四人、施設消防組は一一四人、合計四四八人の陣容を整えるに至った。

消火設備も充実を見た。明治二二年函館に上水道が完成すると、消火栓が設置された。それまでの井戸、河川を利用した腕用ポンプによる消火方法は廃れ、手曳水管車を現場に急行させ、消火栓からホースを継ぎ、筒先よりでる水道水を放水する方法がとられることになった。それによって威力はいかんなく発揮され、延焼の阻止に効果を挙げ始めた。明治二七年、今度は勅令第一五号をもって消防組規則が制定され、函館区内の消防組五組をもって一団とする函館消防組が設立された。

かくて、予防・滅災策は制度から消火設備に至るまで広範囲に渡って新設と改良がなされたが、それでもまだ充分ではなかった。実際には、火災は多数にのぼり、大規模化していたのである。それは一地方都市としては異常とも言える事態であった。たとえば、明治二(一八六九)年から昭和九(一九三四)年まで六六年間に、一〇〇〇戸以上を焼失した火災は二六件生じている。その中、一〇〇〇戸以上を焼失した火災は一〇件である。出火町名を見ると、弁天町、鮪潤《たなごま》町、豊川町……等は二回だが、低所得者の多く住む、狭い小さな住宅の多い東川町に至っては四回の多きに及んでいた。(110) これでは函館に永年住み続けると何度も焼けだされることになる。二六件の火災の中で、明治四〇(一九〇七)年の大火、大正一〇(一九二一)年の大火、昭和九(一九三四)年の大火を函館の三大大火と言う。

消防の近代化

明治四〇年八月、東川町の一角から発生した火災は強風下で拡大し、死者八人、負傷者数千人、焼失面積四〇余万坪の大火になった。(111) それは函館の明治を締めくくる一大惨事であった。その頃の函館消防組は器材の導入などで面目を一新していたものの、まだ十分な態勢とは言えなかった。その典型は消防組組員の組織や意識が旧態依然としていたことにある。組織のトップにしてからが組頭とよばれ、組員は腹掛、半天のいでたちが常識で、まだ鳶職気質であった。従って、火消しではあっても危機管理の精神までは表立って見ることはできなかった。

そうした状況を見て消防組の近代化に着手したのが明治四四年第四代組頭に就任した武富平作であった。彼は出初《でぞ》め式にシルクハットにフロックコートのいでたちで出席し、組員を驚倒させた。それにより、消防の革新を目ざす心意気を示したかったのであろう。大正二年、彼は勝田彌吉を第一部長に起用し、組織の改革、常備組員の増員、消防本部の建設、蒸気ポンプの増強、ガソリンポンプの採用、消防専用水道の新設、制服の採用、軍隊式訓練の採用、技術の錬磨等に乗りだした。しかし、まだ実力は十分ではなく、火災は続出した(112)。そのため、火災保険の掛け金率が日本一高いという汚名を返上することはできなかった。

大正七年、勝田が組頭になる。彼は武富の遺志を継ぎ、一層の近代化に努力をした。その表われはまず組員の日常における生活態度の矯正にあった。それまでの彼らには函館の火災は自分たちの手で消してきたという自負があり、それが特権意識を育み、専横的で横柄、尊大な気風を生みだしていた。そのため、官員特有の公私混同、縄張り意識がみられ、芝居、相撲、映画等の小屋の木戸御免や飲食の饗応に甘える弊風を生んで、心ある市民に嫌悪されていた。勝田はそうした弊風を厳禁し、神仏への崇拝を奨励し、除雪、清掃、ドブ掃除等社会奉仕を実践させ、組員の人格の陶冶《とうや》をはかった(113)。

次に、彼は東京など六大都市の消防状況を視察し、ポンプ自動車の優れた性能に覚醒し、帰函後寄附を募って、大正八年アメリカ製のアーレンスフォックス号を購入した。それは重量七トン、収容人員一〇人、速力六〇マイル、放水距離四二メートルという当時最強の消防車であった。さらに、同年まだ募金活動が続いて余裕がでた上に、函館財界の大立物相馬哲平が米寿の祝いに五万円を寄附したため、勝田は警察署長と協議、引続きポンプ自動車二台、水管自動車三台を購入した。かくて、ここにポンプ自動車の時代が始まったのである。

しかし、まだ火災の通報には手間どることが多く、初期消火で消し止められないため、一刻も早い通報が課題になってきた。そこへ大正一〇年、四月再び東川町の一角から発生した火災は強風下で拡大し、死者一人、焼失面積一五万余坪の大火になった。その際、火元が火災を秘匿して自前の消火に走り、通報を遅らせたことが問題視された。かくて、火災報知機の重要性が浮き彫りになり、実現が急務となった。

大正一一年、募金活動が行なわれ、不況のため難航したが、大正一三年MM式火災報知機を全国に先駆けて市内全域に一一〇基設置したのであった(114)。

このようにポンプ自動車と報知機という有効な手段を得て、現代消防の体制がととのったかのように思えた。しかし、勝田組頭はそれに満足せず、函館の火災を具《つぶ》さに検討して、多くの原因・理由を析出して改善に心がけている。好例がある。函館では、水道は日本で二番目に早く建設されたが、たちまち給水量の不足を告げ、拡張工事にもかかわらず、慢性的な水不足に陥っていた。そのため、明治四〇年近くから時間給水や断水を余儀なくされ、明治四〇年の大火も大正一〇年の大火も火災は断水中に生じたのであった。そこで水の有効利用が考えられ、消火栓、火防専用水道、防火井さらに地下式水槽の設置が推進された。彼は消防手の健康と疲労を考えて勤務規定の改正にも踏み切り、昼夜の別なき数日の連続勤務から隔日勤務へ改めたのであった。その結果、大正一〇年の大火以来無大火のまま一〇年が経過したのが評価され、昭和六年函館消防組は大日本消防協会より表彰状と表彰旗を授与されたのであった[115]。

加えて、昭和八年、警察が火災警備隊を四三隊組織するに至った。なぜなら、火災が発生すると、現場に駆付けた青年団、衛生・火災予防組合、在郷軍人分会等の構成員の間で役割分担をめぐって自負と面子《メンツ》から小紛争の発生が絶えなかったからである。そこで現場では各構成員で編成された警備隊が警察署長の指揮下で規程にのっとった行動をとることが決定された。警備隊の任務は非常線の外側にあり、①非常線の警戒補助、②風下における飛火の警戒と消火、③搬出荷物の監視、④傷病者の救護、⑤炊出しの配給等にあった。また、その任務をめぐって、消防訓練のたびに警備隊は消防組との連係行動を練習し確認していた[116]。

その成果

以上の改善、改良、革新の努力の結果は表彰の栄誉ばかりか、現実の社会的成果となって現われた。ひとつに、それは市民と消防関係者の間で多年の悲願であった火災保険料の値下げがもたらされたことにある。保険料率の引下げは火保協会東京地方会の四委員の視察後確定し、昭和八年六月発表された。引下げ率は九%から二〇%、平均一五%であった。たとえば一等地では一級地、二級地は保険料率に変化がないが、三級地は旧率一〇円から九円に、四級地は一四円から一二円五〇銭に引下げられた。二等地では二級地から変化が生じ、八円から七円に、三級地は一三円から一一円に、四級地は二〇円から一六円に引下げられた。三等地では一級地は五円五〇銭から五円に、二級地では一〇円から九円に、三級地では一八円から一六円に、四級地では二四円から二〇円に引下げられた。この状況からみると、保障率は等級が低い程引下げ率が高かったように思われる。函館における一年間の火災保険契約総高は約七〇〇〇万円と推定されたから、掛金における一五％の値下げは市民をその分だけ潤すことになったであろう。[117]

さらに、防火意識の向上も挙げられよう。それまでの火災から市民は火の用心を痛感していた。そのため道庁はすでに指摘したように昭和八年五月、衛生・火災予防組合を結成させ、事実上町内会の役割を担わせたのである。それが功を奏して、組合は都市災害の予防と減災に一定の貢献をすることになった。その表象のひとつが昭和九年二月推進された衛生・火災予防組合連合会の盛大な防火キャンペーンである。その日、組合は火の用心のビラと、注意書を各戸へ配布し、各町で一斉にパトロールを行い、各所に六〇本の立看板をたて市民に注意を喚起したのだった。さらに、音楽隊を先頭にした宣伝旗のパレード、水管消防車を先頭に防火キャンペーンの関係者が分乗する自動車のパレードも行なわれた。厳冬の寒気を切り裂く一大スペクタクルであった。その時配布された防火のキャンペーン歌（井上金之助作詞）は

守れや守れ火の用心　火事は身の損国の損
我等の愛する函館を　護りて火災を征服せ
火事の名所と謡われた　昔の汚名を雪《すす》げかし

と火災の克服を呼びかけている。[118]

かくて、市民一般の日常的な防火意識も育まれ、敏感になっていた。それを昭和九年三月二一日に大火を経験した少年少女の作文に見てとれる。

たとえば、汐見尋常高等小学校（以下汐見小と表記）三年の辻フミは「こんばんに火事でもあると大へんですねと、おかあ様がおっしゃいました[119]」と書いているが、五年の梅津幸男も祖母が「こんな風の強い日に火事にでもならなければいゝが、と言ってゐた[120]」としている。そうした不安は家族全員にも共通していて、四年の佐々木一の家や五年の杉村園、建島健一郎の家でも「家中の者は火事でもならなければよいが[121]」と心配したのだった。

上級学年の児童になると、本人もそうした不安をいだいたと見えて、四年の保坂光子は「二一日の午後、私はあまり風が強いので、こんな時火事にならないとよいがと、心配していますと、勢よくじょ気ポンプが走って行くではありませんか[122]」と綴るし、六年の小室常嘉は「「火事ですよ」「えつ」僕はぎぐつとした。此の風に火事なんか出したりしてと思いながら[123]」と続け、四年の石塚俊は「台所の窓から火事を見つめながら大火にならないやうにと心の中でいのって居た[124]」のである。

そのため多くの家で火の元には注意を払っていた。四年の佐々木慶子の家では「夕方になると強い風が吹いて来ましたので家では水をかけて火をけしました[125]」とあるし、五年の倉部とくは「強い○が吹き出した。それで家ではストーブの火を消した[126]」としているし、高等科二年の木村明は「父は「早く火を消してしまはないとあぶないぞ」といって台のままストーブをよけた[127]」とある。火を消すことは共通の心理であったと見えて、住吉尋常小学校（以下住吉小と表記）二年の山本哲子は「こんな風の強い日はくわじになるといけないからといつて、おかあさんはストーブをけしました[128]」としているし、三年の岡裕の家では「おかあさんはあぶないからといつて、早く夕はんをすまし、ストーブをけして[129]」しまったとある。東川尋常小学校（以下東川小と表記）六年二組の原田克美の家では「あまりにおそろしいのでストーブの火を消してしまつた」[130]し、同じく古川留吉の家でも「もし火事でもあればこまるので、ストーブの火をけしてゐた[131]」のである。函館女子高等小学校（以下函女小と表記）の卒業生西田トミは「父が「そうだ、こんな晩はストーブを消した方がいゝ」と言ってストーブの中をかきまはしてゐ[132]」たと綴っている。そうした事例は函中や森屋百貨店の記念誌でも紹介されている。中には、函高女二年二組の田村エミは「ストーブの火は昼から母が消していた[133]」と用意周到ぶりを伝えているし、先の汐見小の杉村園は自分で「風はガラスもはずすばかりにゴーと吹きつけるので、これではならないと下りて、恐ろしいのをがまんしてこたつやろに灰をこつぽりとかけてまわつた[134]」し、六年の銀家裕子は自分で「こんな時に火事でも出さなければと思って早くからストーブの火をけしてしまひました[135]」と書いている。

以上の事例から明らかなように、防火の観念は大人だけでなく児童・生徒にも体得され、函館の街には生きづいていた、と言えるであろう。なかなかに実態をとらえにくい市民の防火意識は児童・生徒の率直な文章を介して明らかになったのである。

大火直前の消防体制

消防は消防組と称していた。部制をとり、第一部から第六部までと蒸気部で計七部（第五部の分遣所を加えると八部）であった。有効な消火活動ができるのはアメリカ製ポンプ自動車が中心で一一台、それに水管自動車（ホース搭載車）七台である。ポンプ自動車は貯水池、溝渠《こうきょ》等の自然水利によるのが原則で、水管自動車は水道消火栓から取水して放水したのだった。水道消火栓には最高一二〇ポンド、平均七〇ポンドの水圧があったので、取水するだけで再度圧力を加えなくとも、ある程度水を遠くへ飛ばすことができたのである。他には手曳水管車六台、蒸気ポンプ二台、水管馬車、運搬自動車、救護車各一台があるが、戦力としてはいちじるしく劣っていた。それらの消防機械器具を扱う組員は組頭の下に部長、小頭、運転手、消防手等合計一四七人、予備は小頭以下一五五人、その他に前述の火災警備隊四三隊があった。

水利は第一に上水道を期待できた。亀田村字赤川を水源とし、貯水池は元町にあった。明治、大正期のあいつぐ拡張工事で充実し断水もなくなっていた。水道の普及率は全戸数の八一%に達していた。利用する消火栓は公設で六六九ヶ所、私設で一〇三ヶ所、合計七七二ヶ所に及んだ。その他では、消防専用水道井が六〇ヶ所、消防用貯水槽が四五個、貯水池が一二ヶ所、河海岸ポンプ掛場が数ヶ所ある。

火災覚知機関としては火災報知機が一七五機、各消防部に鉄骨造の望楼（高さ六〇尺以上）が五基あり、さらに個人（四五八六台）、公衆（一五台）、警察（二〇台）の電話があった。[136]

以上のような体制で函館の消防組は日夜訓練をかさね、東北、北海道で最強の優秀な消防隊へと成長していた。それは消防界ばかりか市民にも周知の事実であった。函中二年の中原八郎は「僕は安心して居た。火は大分遠いらしいし、消防は全国に誇るものだ、きつと消すに違ひない[137]」と確信していた。

第五章　大火の日

市民生活

大火に至るまでの函館で最も重きを置かれたのは水電問題であった。それは大正三年函館区が函館水電株式会社から電気事業を買収しようとしたことに端を発している。大正一四年、市は買収交渉に入ったが、売買価格が売値一四〇〇万円、買値一二五〇万円で折合わず、昭和二年交渉決裂となった。しかし、その後も市は買収を断念せず、当時の坂本市長が直接市民に呼びかけ、会社の不当を鳴らし、買収の必要性を主張した。それに刺激され、昭和八年には、市民による電灯料金値下げ運動が生じ、期成同盟まで結成された。三月一五日、同盟は市長の支持を得て町民大会を開き、電灯料金の値下げを決議し、五月六日には、料金の不払いを決議した。

それらの動向に対応して、会社は不払い者の家の断線を示唆して応酬、両者の関係は険悪になった。一〇月三〇日、会社はついに自衛上の措置として四五九戸を断線した。しかし、それは逆効果で、同情消灯運動が生じ、不払いの継続、電車の不乗（電車もバスも水電が経営）等も決議した。そこで、二月七日、会社は期成同盟幹部らを訴え、二〇万円の損害賠償を請求した。

かくて、問題解決の糸口もつかめぬまま、事態は推移するかに見えた。ところが、一二月二三日、皇太子誕生という思わぬ朗報が入り、一時的に休戦協定が結ばれたのであった。

明けて昭和九年一月は一部の家庭では断線、一部の家庭では同情消灯のまま迎えることになった。しかし、それもいっときにすぎなかった。会社は一月二〇日から送電停止作業を開始し、二月末現在では電灯の断線家数が五七一一戸、料金を払って電灯を復活させた家数が八四七戸であった。そのため、電灯のついていない家は全市に及び、夜ともなれば暗い街になっていた。

そのような状況の打開をはかるべく、三月四日、札幌逓信局長は期成同盟と会社の双方を呼び、仲裁の結果、停戦協定が結ばれることになった。それによると、①売買交渉を再開すること、②料金の支払いは円滑に行うこと、③無条件で接線すること、④会社と市民側は訴訟を取り下げること、である。

かくて、会社側は翌日より接線工事に着手、市内は明るさを取戻し、一年余の激烈な対立と興奮に終止符が打たれたのであった[138]。

三月、年度末のため学校は多忙になる。当時も三月は卒業式と入学試験が日程的に入り乱れて組まれていた。三月五日（月）には午前一〇時から函中の卒業式。七日（水）は函中、函商、函工、商船、函高女では、入学試験の初日で身体検査か学科試験が始まる。それからは他の試験や合格発表が続き、大火の日の前後には各小学校の卒業式が続いた[139]。

戸外では長かった冬も終りを告げ、市街地からは雪が消え、次第に春の兆しが感じられていた。市民の服装にも変化が生じ、真冬の出で立ちは姿を消した。しかし、まだストーブなど暖房器具は手離せなかった。

各家庭では、入学、卒業さらには進学の喜びにわき、用意にも腐心した。大火で全てを失なうとも知らずに。

大火の証言者たちも例外ではなかった。四月に小一になる小林ウメヲ、高橋順一、舘山喜美枝、桃井トシ子、信太政は親からランドセルを購入してもらっていたし、函高女の一年になる塚田としは制服を久〆《きゅうしめ》に注文してもらっていた（当時の函館と周辺地方では互に屋号で呼びあう習慣が日常化していた。ちなみに、塚田としの家（海産物商）は∧∧ツ《やまやまつ》であった）。四月に小三になる安村久子、木村正二は新学期の教科書一式を揃えてもらっていた(140)。

三月とは慌ただしさの中にも本人や家族の希望や期待の交差する変化の月であった。

大火の当日

三月二一日は春季皇霊祭（天皇が皇霊殿で歴代天皇の霊を祭る儀式の日）の祭日で、彼岸の中日でもあった。墓参や法事で寺に集まる人も少なくなかった。彼岸とは長かった冬との決別を示す宗教的、生活的表現であり、春の遅い北国にはとりわけ意義深い日であった。その日には彼岸ということで御萩（＝ぼたもち）を作って食べる習慣が函館にもあった。森屋の社員関田スエは母の「おはぎを作っておくよ」の声に送られて出勤した(141)。小四の村瀬文吾は母のこしらえたおはぎを神様におそなえした後、夕食代りに食べたし(142)、小六の森田しげ子は祖母の作ったぼたもちを夕食代りに食べ、それを持って避難したのだった(143)。

その日が祭日であったから、普段できない用事や歓楽についやす人もいた[144]。その日が公休日であった森屋の社員池上隆策は故障したラジオを放送局へ持ち込んで調べてもらったし、七飯村の農家の息子、澤田三郎は小学校入学の記念写真を撮るため、昼から大門の久保田写真館へやって来ていたし[145]、後に森屋の社員になる佐々木サヨは事もあろうに夕方一八時から映画見物に行ったのであった[146]。

その日でなければならない仕事や用事に関わった人もいた。宝小学校では、二三日が卒業式のためそれを目ざして準備が進められていた。教員は事務処理のため祭日出勤していた。それは卒業式をひかえた多くの学校に共通していた。しかし、決定的なのは通夜であった。六才の斉藤誠一にとっては叔父が病死し、その夜は通夜であった。祖父の経営する越前屋駅前旅館は会場で、式が始まっていた。そこへ火事の報が入り、会場を末広町の本店へ移すことになる。遺体はリヤカーで搬送され、読経に来た僧侶も移動してもらうことになり、家内は大混乱であった[147]。

当日の気象状況

その日は朝から何となくはっきりしない空模様で、人を陰鬱な気分にさせた。それもその筈で、日本海側には強力な低気圧が迫っていた。函館測候所によると、その低気圧のルーツは中国の華北地方にあった。発生後、それは東北部を横断し、二〇日一八時日本海西部に現われ、急激に発達した。前夜、中心気圧は一〇〇八ヘクトパスカル（当時の気圧を表示する単位はミリであるが、それを換算して現在のヘクトパスカルで表示した）であったのに、二一日六時には福井県若狭湾沖合約三八〇キロメートルに達し、九八七ヘクトパスカルになった。低気圧からは一本の不連続線が南南西にのびて広島から日向灘を抜け、沖縄の東方へ達した。そのため、沖縄・南海道は風雨激しく、九州・山陰道・東海道等も風雨強く、所々で降雨となっていた。(148) 二一日一六時のラジオニュースで、神戸・大阪地方は風が強く、風速二六メートルと報じていた。

低気圧は烈風（きわめて強い風）をもたらした。それは時速約六三キロメートルで北東へ進行し、二一日正午には秋田沖約二七〇キロメートル付近に達し、気圧も九七六ヘクトパスカルに達した。そのため、風雨は次第に東北・北海道へ移動した。一八時、それは函館の西側の日本海を通過して北西方向の寿都《すっつ》沖約五〇キロメートルに達し、発達して九六六ヘクトパスカルに達した。

その後、中心は進路を東北東に転じ北海道北部を横断、二二日二時には紋別沖へ、六時には南樺太東方三〇〇キロメートルの海上に達し、気圧も九三九ヘクトパスカルへ下降した。そのため、北海道から樺太は暴風雪になった。(149) 現在で言う爆弾低気圧（二四時間に中心気圧がおよそ二四ヘクトパスカル以上も下降する低気圧）である。(150)

その進路と平均速度を**図2**で見ると、一点注目すべき事がある。それは低気圧の速度が二一日一四時から一五時までは九〇キロメートル、一五時から一六時までは六三キロメートルと次第に減速し、一六時から一八時までは一七キロメートル、一八時から二〇時までは五キロメートルと急減速し、二〇時から二二時まで再び五〇キロメートル、二二時から二四時まで七五キロメートルと加速し、その後八〇キロメートル台で推移することになる点である。(151)

原因は低気圧が高圧帯に行く手をはばまれ、転進を模索して手間どったから、と思われる。その間、急減速していた一八時から二〇時の間の一八時五三分頃、函館で火災が発生したのであった。要するに、気圧が速度を減速させ、ほとんど停滞している時であり、同じような烈風がくりかえし長時間吹続《すいぞく》するとい

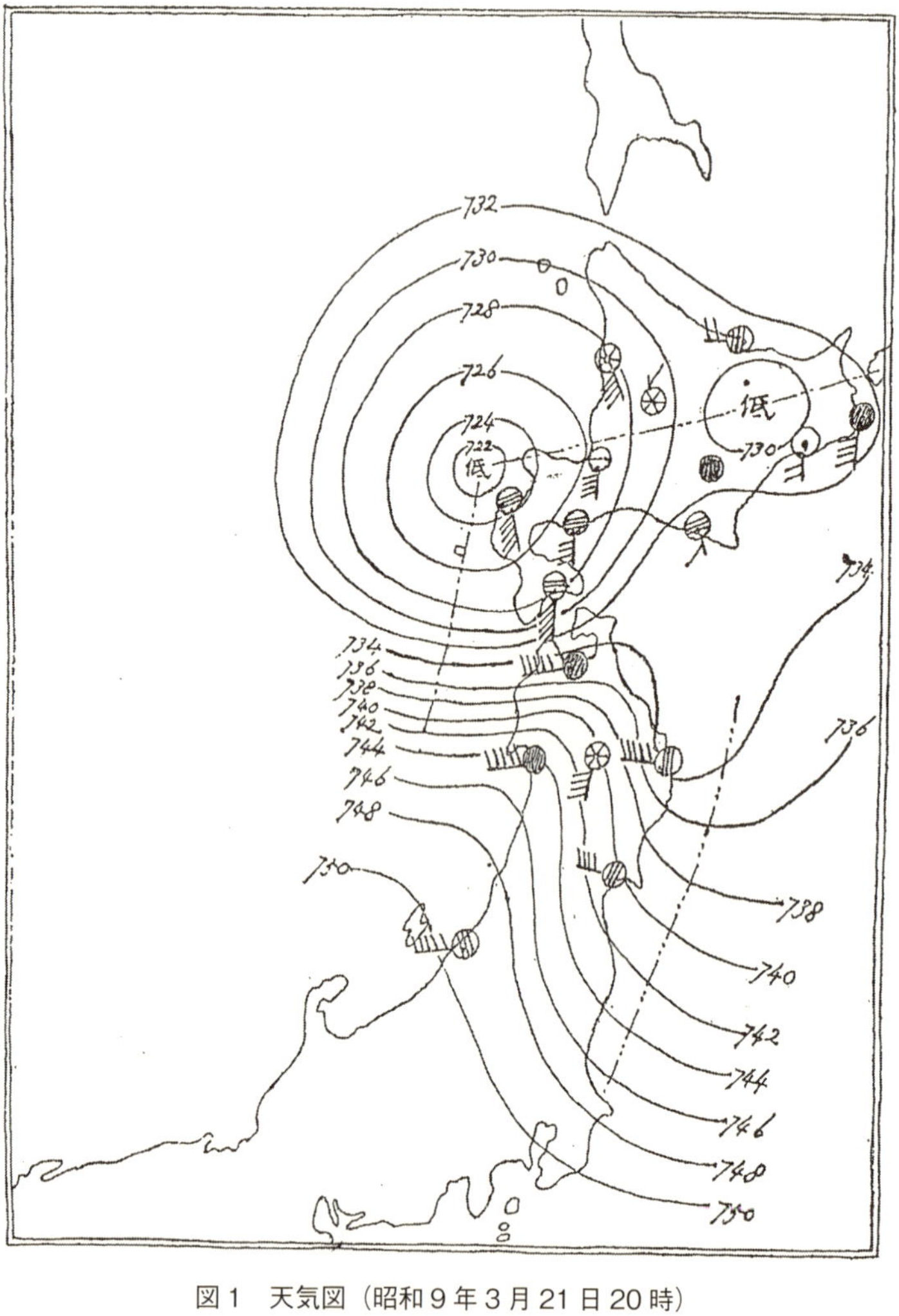

図1　天気図（昭和9年3月21日20時）
『調査報告』59頁

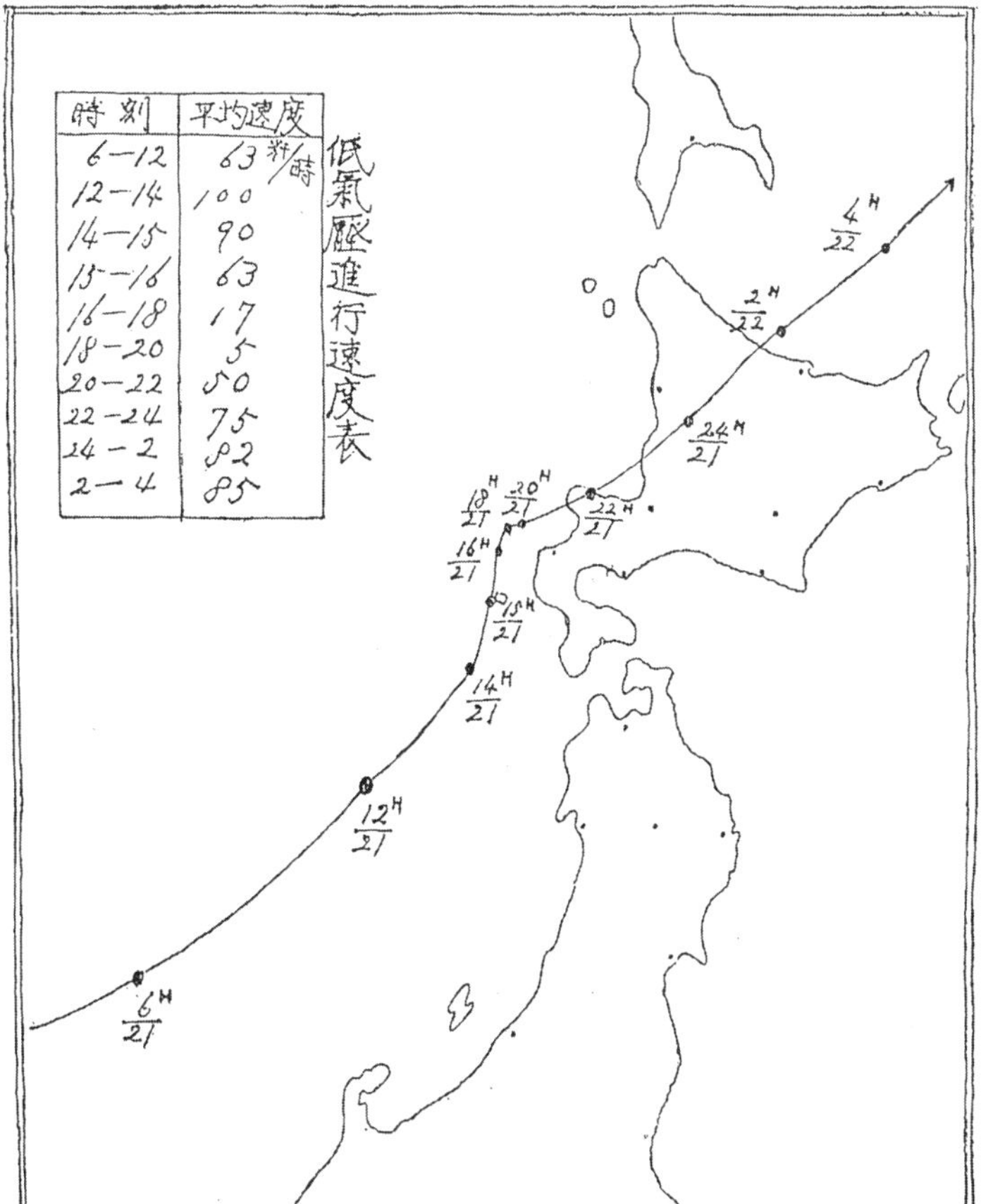

図２　低気圧の進路図

『調査報告』59頁

う最悪の条件下にあった時である。それは函館にとって極めて運の悪い状況であった。

他方、火災では、気圧、風向、風速、降雨量、気温が動向に複雑に作用していた。中でも、風向、風速、気温が重要であった。

風向は朝六時には北北西であったが、その後北、南東、東南東と変化する。大火が発生した一八時五三分頃は南南西で二一時近くまで続く。二一時には南西になるが、二二時には西南西になり、二三時には西となり、二二日六時まで続く[152]。要するに、大火の際の風向は南南西から南西、西南西、西までである。その内、海峡側から吹きつけた烈風が途中で変化し、湾側から吹きだして大惨事を招いたというのは南南西の風が西風になったことを指すのである。西部地区へ向う避難民が火の粉と風に追われたのに、ある時から風を正面に受けて歩いたとするのは、歩いた地形の向きにもよるが、西南西か西風のいずれかを受けたからと思われる。

風速の変化は非常に大きかった。二一日朝六時には、わずか〇・九メートルの風速で、一六時でも二・七メートルであった。それが一六時二〇分すぎ、風向が南南西に変ると、にわかに強風となる。一七時には、一九・五メートル、出火直後の一九時には二二・〇メートルに達し、その後は二二時二〇分まで二四メートル内外の烈風が吹続する。その間、二〇時二五分には測候所の測器が破損して欠測が生じたが、間もなく復旧し、測定が継続された。結局、一九時二〇分に吹いた南南西の風二四・二メートルが最強の記録となり、瞬間最大風速は四〇メートル近くと推定された[153]。

気温も追い打ちをかけた。二一日午前中は正午まで五度以下であった。それが午後上昇し始める。一三時に六・七度になり、一七時には八・三度まで上昇する。その後、気温は次第に下降し、出火直後の一九時には七・三度、二四時には一・四度に下降する。二二日三時、気温はマイナス〇・四度、火災の延焼が止む六時にはマイナス一・七度になる。海に入ったり、川に落ちて濡れた人や烈風で着衣を剝ぎ取られた人には厳しい状況であった[154]。

天気予報

以上のような状況は天気予報として予めどの程度市民に周知されていたのであろうか。当時、予報を知る方法は四通りあった。①ラジオ放送での予報、②新聞に掲載された予報、③測候所と消防本部への電話による問合せ、④消防組の望楼（火の見櫓）に表示された信号標識による予報である。

ラジオによる天気予報（当時気象通報）は大正一四（一九二五）年三月二一日、ラジオ放送と同時に始まった。函館では、東京から八時三〇分、東京と札幌から一五時四〇分、札幌から一九時のニュースの後、に受信された。大火当日の最新の天気予報は一五時四〇分から始まり、函館に関しては一六時頃に受信された。予報では「風が強いので注意するように」というものであったように思われる[155]。

新聞における予報はどうであったのか。『函館日日新聞』の場合、三面に天気予報欄があった[156]。大火当日のそれについては二一日が先に指摘した祭日で新聞の休刊日であったから、掲載されていない。

電話による問合せも可能であった。それは測候所か消防本部に問合せるもの。しかし、現代のようなテレフォン・サーヴィスではなく、いちいち呼びだして問い合せるもので、行事や旅行をひかえた人のみが利用するにすぎなかった。

その点消防組の望楼（鉄骨製の約三〇メートルの高さの火の見櫓）に掲げられた予報（信号標識）は見る者

にはだれにでも利用できた。それは大正七年市内中央部の第二望楼に掲げられ好評を博したため、その後西部の第一部、東部の第五部にも表示された(157)。宝小高等科二年の谷川伸は二一日には早朝から「風雨強かるべし」という意味の赤い丸籠の標識がでていたのを覚えている(158)。

かくて、天気予報の最新情報は新聞の休刊にもかかわらず、ラジオ放送、電話による問い合せ、望楼に掲げられた標識により、その気のある函館市民なら知ることができたのである。

火災発生

市内では、一六時二〇分頃風向が南南西に転じると、にわかに強風となった。一六時四〇分頃、風速は一七メートル三であった(159)。市内の至る所で被害が出始める。電柱が傾き、立木が折れ、板塀が倒れ、看板が落下し、煙突が折曲った。建物では、屋根からは屋根柾《まさ》、トタン板、亜鉛引鉄板が剝飛し、物干し台が吹き飛ばされ、側面では窓ガラスが破れ、戸扉や雨戸が吹き飛ばされ、老朽家屋が倒壊した。家屋周囲に置かれていた桶《おけ》、樽その他の生活具はことごとく烈風に取られて四散した。異様な物音、地ひびき、軋み、揺れ等は市民にただならぬ気配と恐怖をいだかせた。もはや大人でさえ歩行に困難を感じるようになった。

一七時、末広町の森屋では、急遽臨時閉店をして社員を帰宅させた。市内電車こそ運行されていたが、駅前では、バスが出発を見合せて様子を見ていた(160)。風は唸りをあげて益益吹きつのり、烈風となった。今や誰も予想しなかった危機的状況が生じたのであった。

そうした状況下の一七時五〇分頃から連続的に、仲町、住吉町、海岸町、蓬来町、大縄町、新川町の六ヶ所で電線のショートによる火災が発生した。そのつど、火災報知機からの信号通報により消防車が出動した。結局、それらは消し止められ、大事に至らずに済んだのであった。[161]

一八時二〇分、風速はさらに加速し二〇メートルに達した。[162] さらに、一八時三四分、全市が停電となり暗闇となった。もはや、いつ何が生じても不思議ではない状況になった。そうした折、事務処理のため休日出勤した宝小学校訓導（現教諭）、吉田覚三は徒歩で帰宅の途についた。彼によると、

一歩校外へでると全く物凄い暴風である。風に向って進むことになるのだが、風に押し返されてしまうので足は全然前に出ない。空には真黒な雲が狂奔し、時どき雷光が閃き、七日の月が怒濤の中に浮沈する帆影のように見えた。その時南の方にパッと火の手が上った。紅蓮の焔が見る見る空にたち昇ってゆく。さあ大変と駈けだした。火の粉が飛び散って、立待岬方向の空が一面に花火を揚げたように見えた[163]

とある。偶然にも、彼は大火の発生を望見したのだった。

火災の火元は借家で住吉町九一番地、三吉《さんきち》神社神職杉澤《すぎさわ》八十八《やそはち》（六二才）方二階の切爐《きりろ》であった。発火時刻は二一日一八時五三分頃。同家は住吉町の西端に位置し、通称穴町《あなまち》と言われ、山を切り取った約五〇〇坪の窪地の中にあった。周囲の家は平屋だが、同家は木造二階建長屋（屋根はトタン板葺、外壁は板張）の一角であった。**図3**から明らかなように、間取は階下が玄関、台所、居間二、便所で、階上が居間一である。そこへ杉澤夫婦、長男夫婦と子、それに次男が寄りそうように暮していた。

その日の午後、二階では長男の内縁の妻金森リワ（二八才）が裁縫をしていたが、危険を感じて切爐の炭火に灰をかぶせるなどの注意を払ったが、屋根を吹き飛ばされ、階下へ避難した。その間、あたりに

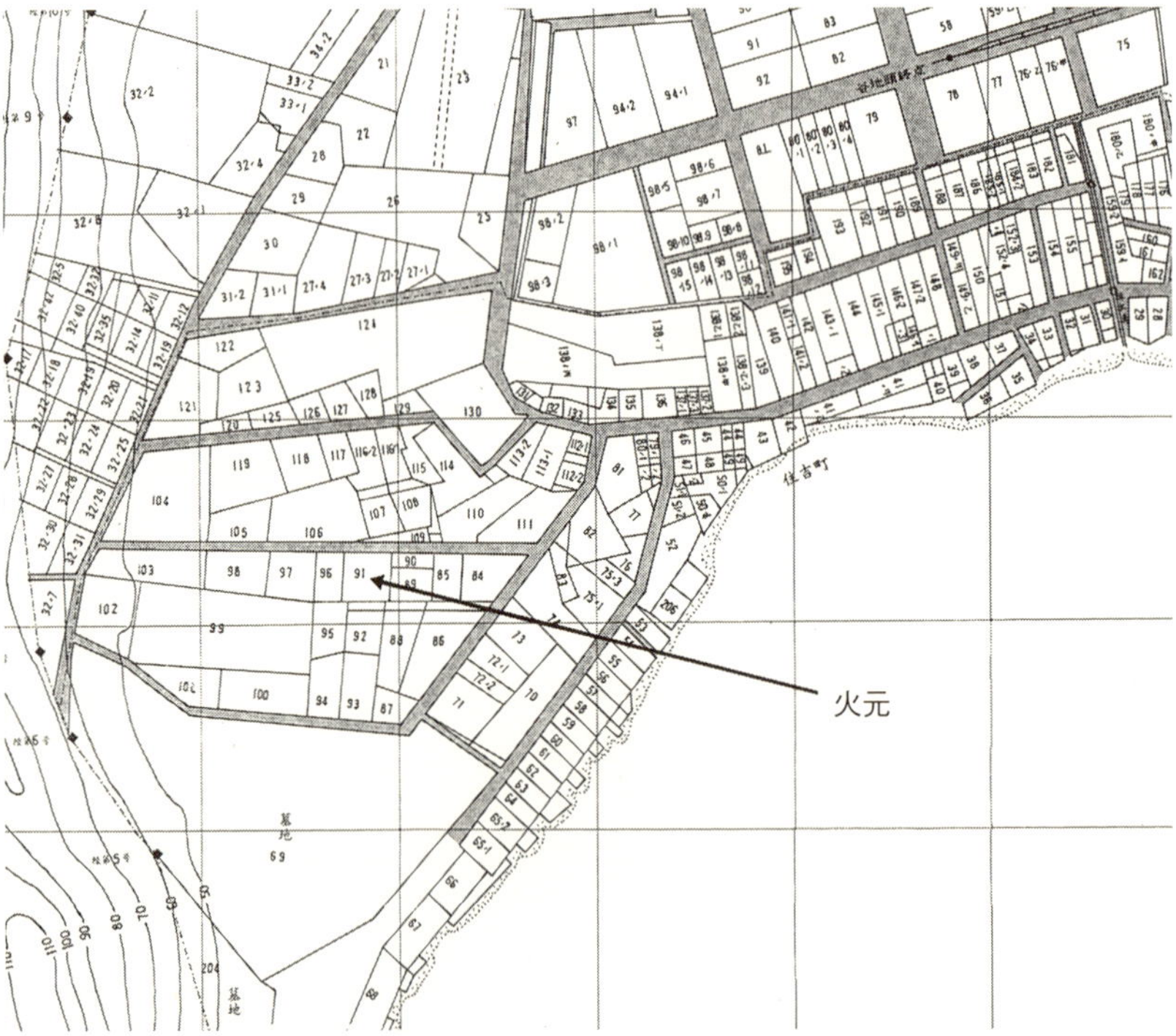

図３　地図上の火元

冨原章『箱館から函館へ』函館文化会，平成 10 年，99 頁

あった新聞紙が切爐に落ちて引火、烈風に煽られて大事に到ったものである[164]。

　住吉町は漁師町で貧しく貧弱な掘立小屋のような家も少なくなかった。そこは市内の外れにあり、火元はさらにその外れにあった。そのため、水利の点から見ても劣悪で、水道は行き止りの四インチ（約一〇センチ）管であった。

　烈風、残り火、燃えやすい安普請の家、劣悪な水利……と悪条件がかさなれば、延焼はある意味当然であったとも言えよう。

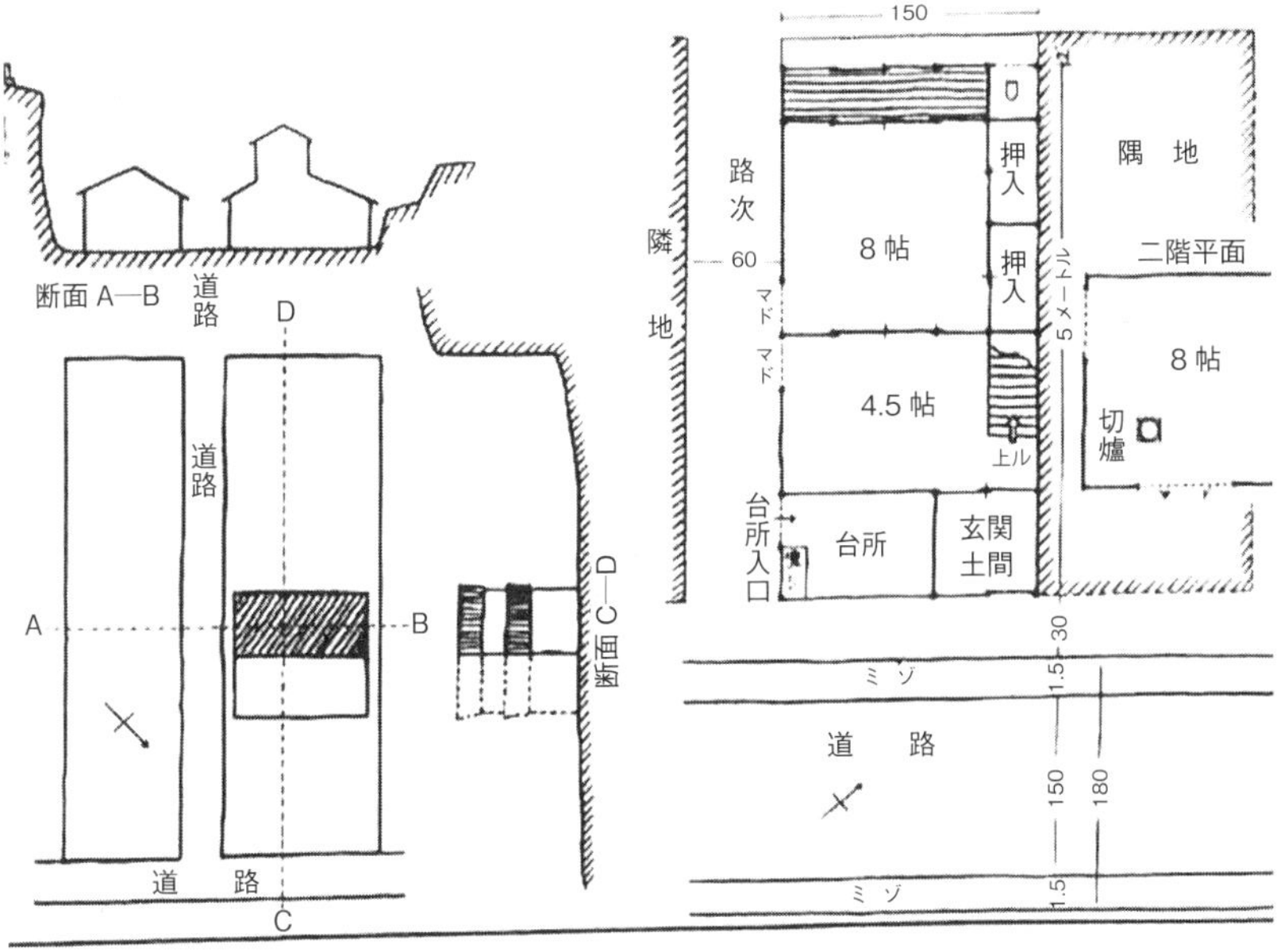

図４　火元杉澤方間取図
（個人蔵）

消防隊の到着

消防による火災認知は視認によった。西川町の二部望楼の見張が発見し、消防車が出動したのが一八時五八分であった。続いて他部の望楼も発見し、各部の消防車が次々と出動したが、電車通りを青柳町へさしかかると、向い風のため、風圧で消防車を数回止められて現場到着に手間どっている。かくて、消火態勢は最初から後手にまわった。

消防隊から一本目のホースの水がでたときには、火元の周辺一〇戸以上が火の海の中にあった。後続各部の水管車、ポンプ車からの水が揃ったときは、火元の道路をはさんだ向いの蒲鉾工場にも延焼していた。住吉町一帯には屋根を剝がされた家が二〇―三〇％もでていたので、飛び火を受けやすく、その時点ですでに風下の三ヶ所で火災が発生していた[165]。

その頃になると、風は風速二四メートルに達し、瞬間最大風速は四〇メートル近くと推定された。そのため、水は筒先をでるや、風圧により乱れて噴霧状になり、目標の火点まで達しなかった。大型ポンプ車の放水は通常一七〇フィートも飛ぶが、その時は二〇―三〇フィートしか届いていない[166]。とても消火の用をなさなかったのである。さらに、消防隊員も烈風の中で立っていられれず、電柱に叩きつけられたり、飛来物に当ったりして負傷者が続出した。その結果、火災は拡大の一途をたどった[167]。

そのような状況では、消防隊は後退と陣容の立直しを考えねばならなかった。現場へタクシーで駆付けた勝田組頭（現消防長）が指示したのは谷地頭町の電車の終点附近を基点とするT字路を防御線にすることであった。それは電車の終点から丸井百貨店の合宿所方向の旧平野氏邸に向う線と八幡宮より交番をへて海岸へ至る線、それらの交差する線である。初期消火を第一次防御線とみなすなら、T字路こそ第二次防御線であった。

しかし、烈風吹きすさび、トタン板や亜鉛引鉄板が飛び交い、無数の火の粉が降りそそぎ、倒壊家屋が続出し、濃煙のたちこめる状況では、消防車を後退させ再配置するということは容易ではなかった。やっとT字路に第二次防御線を敷き、消火活動に入った一九時三〇分頃には、火勢はすでに防御線を越え、消防隊を包囲していた。そのため、組頭の命令で、設定間もない第二次防御線も放棄することになった(168)。そうなると、敷設間もないホースを再び回収して持って行かねばならない。それは容易なことではなかった。今後、消火活動と移動にはホースの回収問題が常につきまとうことになった。

第三次防御線は青柳町に設定した。函館公園正面入口から青柳町電停前を通って仝《きゅうじょう》逸見宅まで下るそれであった。市街地で一番山と海にはさまれて狭い部分に設定した防御線で、住吉町、谷地頭町を放棄した場合、最も取るべき合理的なそれであったように思われる。その時点で消防組の所有する全消防器材と全組員に出動命令がでて、最大防御陣を張ることになったが、もはやそれでも十分ではなかった。火勢は烈風に乗って一気に迫り、逸見邸周辺の防御陣を抜いて海岸沿いを東川町方面へ延焼した。他方、第三次防御線の背後で飛び火により炎上した住吉小は猛火につつまれ、周囲の家屋に拡大して公園周辺の防御陣さえ脅かした(169)。

そうした状況の中で、組頭は宮崎三之丞警察署長、菅原重太郎第二部部長と共に次の防御線を決めるため、自動車で火災の及んだ地区を見て廻った。その結果、相生町の東照宮近くの浜の方や西川町の西本願寺別院裏の方にも火の手が上っているのを確認し、協議の結果悲愴な覚悟をして幹部に命令を下した。そ

函館市大火災概要
發火日時 昭和九年三月二十一日午後六時五十三分頃
函川町第二部望樓發見（午後六時五十八分）
發火場所 住吉町九十一番地 神職 杉澤八十八（當六十二年）
發火原因
發火時風力 最高南南西三十九米突（推定）
全燒町二十ヶ町 半燒町六ヶ町
燒失建物 一一、一〇五棟
燒失世帯 二二、六六七世帯（内外人八六世帯）
損害見積額 計一二三、九〇八、〇二七圓
建物三六、五二七、四一五圓
其他八七、三八〇、六一二圓
罹災人口 一〇二、〇〇一人
死傷者 死者二、一六五人 重傷者二、三一八人
輕傷者七、一六七人
鎮火日時 昭和九年三月二十二日午前六時
五稜郭
昭和九年五月七日 津軽要塞司令部検閲済

図5　火災による焼失図と延焼方向
黒丸は飛火発火地点。『災害誌』所収「函館大火説明図」より

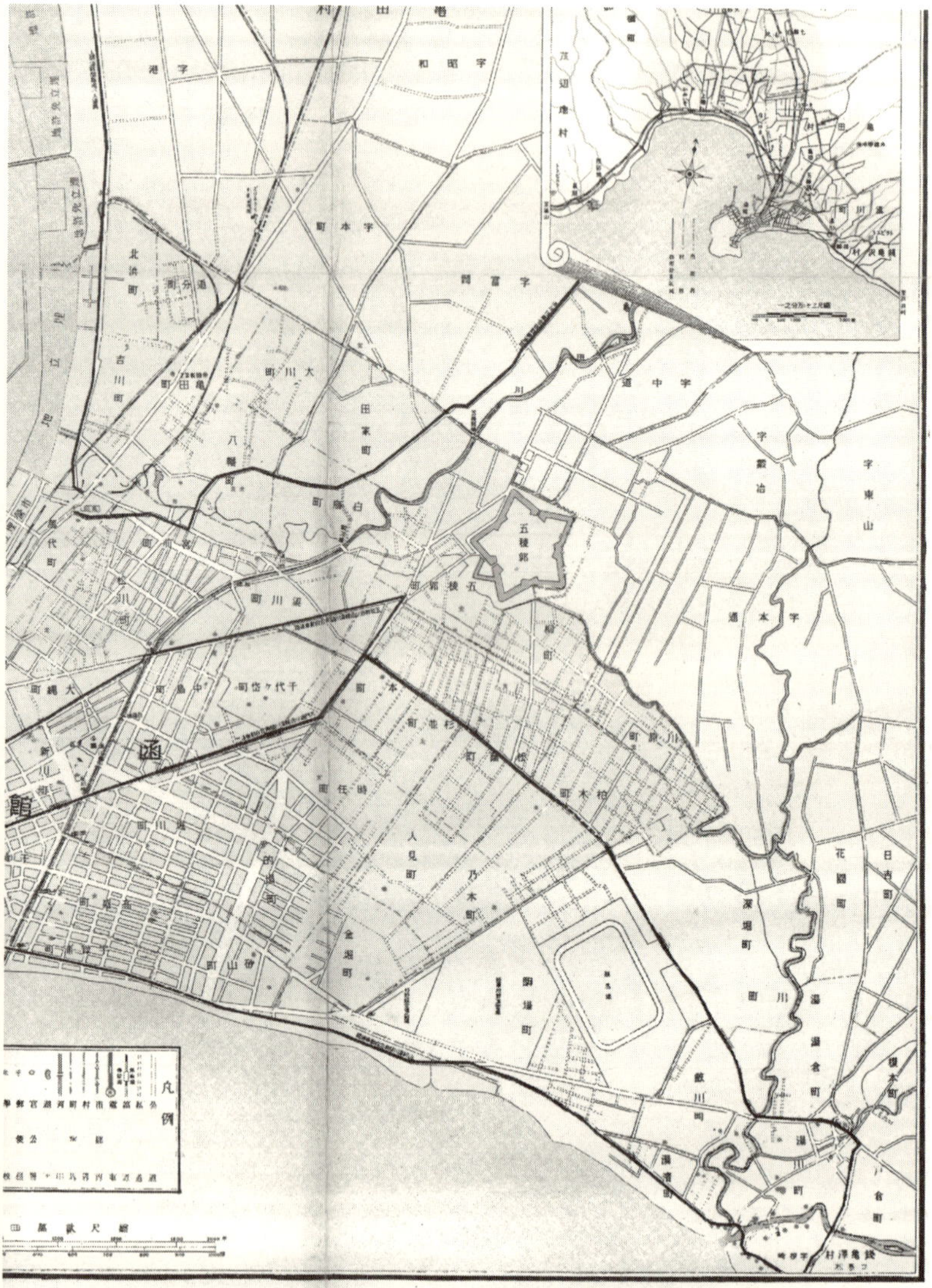

函
館
五稜郭
北浜町
吉川町
大川町
八幡町
田家町
千代ヶ岱町
本町
杉並町
松陰町
柏木町
時任町
人見町
乃木町
金堀町
駒場町
深堀町
花園町
日吉町
湯倉町
湯川町
戸倉町
凡例

図6　函館市全図

下部。『災害誌』巻頭所収

れを組頭の書いた放送原稿通りに引用すれば、

「部長は夫々消防車二車、三車を一隊として率ひて進撃し、火勢を東海岸に狭めて遮断せよ、若し其の間友隊と連絡を断たれたら独断を以て死力最善を盡せよ(170)」

というものであった。

もはや、統一的、組織的な防御戦線の構築を放棄し、火災の拡大に現実的に対処して、大局的には東海岸に追いつめようとするものであった。しかし、それは来るべき風向の変化をどれだけ考量した策であったろうか。検討の余地があるように思われる。

住民の避難

その間、住吉町、谷地頭町、青柳町の住民は避難を始める。それは自発的に危険を察知して避難するという自力救済であった。市当局は一切関与しておらず、避難勧告も命令も出さなかった。わずかに、衛生・火災予防組合の役員、在郷軍人分会や青年団の構成員等からなる火災警備隊が火災を知らせたりしたが、いざ火勢が迫ると雲散霧消してしまった。従って、住民が避難先として思いつくのは公共施設、寺社から親戚宅、知人宅までまちまちであった。

火元から約一五〇メートルと最も近くに住んでいた漁師の長男、小六の桜木藤雄は父から「火事だからすぐ逃げろ」と言われ、弟二人をつれて指示通り八幡宮を目指して避難した。途中、多くの家が吹き倒されているのを見た。やっとの思いでたどり着いた三人は社殿の縁の下へ入って難をさけた。[171] もう少し離れた所に住む漁師の次男、小三の石岡作治の家では、父が外へ警戒にでていた。同家の造りが堅牢にできていたので、親しい二家族が避難して来ていて、総勢は二〇人以上であった。そこへ火事の報が入り、一同はパニック状態に陥った。意志決定を下す中心人物が不在であったため、各自思い思いの行く先めざしてばらばらに避難を始めた。最初、作治はひとりで、途中から弟を背負った小四の姉と一緒に避難した。余程あわてて飛びだしたとみえて、片足は単靴、片足は長靴をはいていることに後で気付いた。烈風の中で何度も飛ばされそうになりながら、火の粉を浴びつつ二人は走った。彼らは青柳町に登った坂の上で消防車が横転しているのを横目で見ながら、函館公園の入口まで登り、そこから西部地区へ向かう。やがて二人は丸井百貨店の横にでて、十字街へ進み、さらに駅前にさしかかった。と……そのとき、三人は飛んできた巨大な看板の下敷になった。それは夕方吹き落された高砂町のカフェー「コンゴー」の看板であった。それを居合わせた見知らぬ男の人が持ち上げて助けだしてくれた。それが機縁で、三人はその人に保護され、海岸町の家へ二泊させてもらった。[172] 他方、同じ家から避難した従姉《いとこ》で漁師の娘、小六の佐藤文子は弟を背負い、叔母と一緒であった。烈風の中を夢中で走った。どこを通ったのか憶えていない。看板が飛んできたのと叔母が「新川橋だ」と言ったのだけ憶えている。[173]

火災初期段階の事例をさらに続ける。ちくわ製造業の次男、小四の木村正一の場合は一家によるまとまった行動であった。家と工場は火元に近い風下にあった。吹き荒れる風の間隙を突いて「火事！」の叫び声がして、一家は火災に気づいた。すでに火の粉が吹きつけており、急いで逃げ仕度にかかった。父の決断で避難先を少年刑務所の（親戚が住む）官舎と決めた。父と従業員は少し後からでたが、家族は母を中心に七人が一緒になって避難した。本人はランドセルを背負い、兄は金庫、姉たちはおにぎりを持って家を出た。その時空は真赤に染まり、烈風の中で大きな火の粉とトタン板が飛んできて歩くのに苦労した。一家の出発は出火後ある程度時間が経過していたので、火流に先を越され、行く手の家々や大森橋の炎上を見ている(174)。

匿名M・Tも家が火元に近かった。周囲が明るくなり、人声がしたので火事と気づいた。まだ火が迫らない内に彼女は弟、妹と近所に住むいとこと一緒に避難した。途中で妹が泣くので背負って、弟の手をひき無我夢中で走った(175)。

漁師の娘、六才の近藤ウメは寝ているところを起こされ火事だと知った。窓から見ると、浜の山沿いのあたりに赤い花火が上っているように見えた。一家の避難先は函館公園と決った。彼女は母に背負われ、「大丈夫、大丈夫」と励まされながら公園へ向った。火災により空全体に広がった明るい光が近づいてくるようで、恐ろしかったのを憶えている。家には父や兄たち男手が揃っていたため、家財道具一式を公園内へ搬入した(176)。

日本では家財道具の搬出は江戸時代からの伝統的習慣であったように思われる。「すわ火事だ」となると、親戚・知人まで駆付けて搬出を手伝う。物の十分なかった時代には、人は物に執着した。中には、簞笥、布団類、衣類、柳行李、書籍類、台所道具一式を持ちだし、障子や襖でそれらを囲うという念の入ったものもあった。そこへこぶし大の火の粉がどしどし落ちてくればどうなるか。当然それらは発火する。函館公園、東川町の護岸、大森浜、大森橋の袂《たもと》には火がついて放置された家財が多く、延焼を助長したように思われる。

船大工の娘、小一の荒木君子は駆付けた叔父に背負われて避難した。父母は家財を浜にだし、それを守ることに専念した。叔父と子供たち五人は天理教の教会へ、やがて火が迫って来たため西部地区の叔父の家へ行く。母は父を手伝った後、夜中に叔父の家にたどり着いた。疲れはて十分動けなくなっていた。[177] 家族の避難と家財道具の持出しが分離した事例である。

以上のような一連の避難と異なる行動にでたのが、杉澤秀雄の一家であった。火元の杉澤八十八と秀雄の祖父が兄弟であった。秀雄は一三才。すでに父を手伝って漁師をしていた。家は浜に面し、内陸側より一段低い土地にあった。「火事だ！」という声を聞いて、上の方を見ると、家が燃えていた。そのとき、祖父が「風上に逃げろ！」と指示した。一家九人全員が一緒に避難した。海から吹きつける南南西の烈風は強烈で、風圧のため風に向って顔を向けていられなかった。一家はその風を押して浜へおりた。彼らは何も持たず、磯づたいに立待岬の方向へ進んだ。烈風ばかりか波も高く、全身ずぶぬれになった。やがて行く手に白浜稲荷神社という小さなお稲荷さんの洞《ほこら》が現われた。それは畳三畳敷位の岩の空間にしつらえられた洞である。一家はそこへ避難した。他に、浜に面して住んだ何家族かがそこへやって来た。全部で数十人の人たちがそこで一夜をすごした。[178] 風向きに敏感な海に生きる人ならではの生活の知恵と言えよう。住吉町の証人たちの親の職業は全てが海事関係者であった。住民からひとりしか死者がでなかったのは海に生きる人が多かったから、と指摘されている。[179]

同じ西南端でも山側の谷地頭町では、避難するのに多少の余裕があった。船舶用具関係の会社社長の娘、大崎幸子一九才は母や弟と一緒に避難した。自宅二階の窓から火勢がどんどん広がるのが見えた。よそ行きの着物や、蚊帳を大風呂敷に包み、それを持って家をでた。火足は早く迫り、公園近くの坂からふり返って見ると、自宅が炎上しているのが見えた[180]。華道教授の四女笹野操一二才は一族九人で避難した。招魂社あたりの高い道ではさまざまな物が風に飛ばされているのを見た[181]。廻漕業恒産組の支配人の次男、小二の平久保清の家では、家の前をだれかが「火事だ！」と叫んで通ったためそれと知った。外へでて見ると、函館山の方が照り返しで真赤になって見えて、山が火事かと思ったという。母は子供たち五人全員にリュックサックを背負わせた。避難先は近くの津軽要塞司令部の用地であった。司令部要員がバラ線を切って「入れ、入れ」と中へ入れてくれたからである。収容され落着いてから、兄と本人は自宅を見にやられ、帰宅した父と再会している[182]。

火流は青柳町へ歩を緩めず這い上って来た。一九時三〇分を過ぎると、そこでも危機が迫って来る。常住寺の近くに住む北洋漁業者の七男、四才の富樫留吉は母や兄姉ら七人と、避難した。次女に背負われ頭から何かすっぽりかぶせられていたので、断片的な記憶しかない[183]。函館公園の前に住んでいた鉄工所の職工の三男、四才の大和慶三は母、兄らと避難した。本人は母の背中から谷地頭町や青柳町の炎上により空が赤く染っていたのを見ている[184]。

公園から避難した人もいる。図書館長の長女、小三の岡田弘子である。公園内には市立図書館とそれに隣接した協同館という館長一家が住む公宅があった。彼女はそこから見える立待岬の方向が真赤になっていたのを憶えている。父の判断で、母、本人、知人の家族ら五—六人で避難した（父は図書館死守のため残る）。招魂社の前を通り、配水池の脇道を登り、残雪を踏みしめて函館山のかなり上部へたどりついた。眼下には、炎上する市街地が広がり、風に煽られた炎が高く上るのを見て強い印象を受けている[185]。それは少女の鋭敏な感性が捉えた重要な現象であった。偶然にも、山頂部の要塞でその夜当直をしていたある下士官がそれを目撃し語っている。彼によると、高く上った炎は火柱とも言うべきもので、約一〇〇から二〇〇メートルの高さまで上昇した。それはあちらこちらに捲き起こり、次に来る突風に大きな浪しぶきのように倒れ、はって行く。するとしばらく後には、その方面は火の帯から焔の川のようになって延焼していくのであった[186]。

市職員の娘、小三の日高慶は叔父が迎えに来てくれて従妹と三人で避難した。彼女は住吉小の前に住んでいたから、一八時三〇分頃に生じた二階の建屋、次いで校舎東棟の屋上が烈風に吹き飛ばされ、路上に墜落した事件には、居合わせて怖い思いをさせられた。その後、一九時三五分頃崩壊した住吉小が飛火で炎上した頃には烈風で自宅がガタガタと音をたてて揺れるのに動転している[187]。避難の途中も火の粉が飛んでくるのが恐ろしくて、ガタガタふるえる。奥寺商店の長男、四才の山田茂は母ら家族と避難する[188]。

以上、住吉町、谷地頭町、青柳町からの避難はまだ火災の初期段階であったから、火勢や濃煙の影響を比較的受けず人の流れにも惑わされず、各自の判断でどこへでも逃げることができたように思われる。

その後の消火活動

第三次防御線が崩壊して以後、消火活動は拠点を残して事実上放棄されたように思われる。火勢がますます強くなり、延焼面積を拡大し、手のつけられない状況になっていたからである。「火勢を東海岸に狭めて遮断せよ」という命令の実行はもはや不可能であった。消防隊は消火活動をしては一部を制圧するも全体としては守勢にまわり、四周を火焔で包囲され、撤退を余儀なくされた[189]。もはやホースを回収する余裕もなく、放棄して撤退したため、ホース不足に陥った。桜木藤雄は避難の途中それを目撃し、「消防車はホースをそのままにして逃げていました」と述べている[190]。さらにその頃になると、消防車は燃料不足になり、急遽本部へ馳せ帰り補充しなければならなかった。

かくて、市街地の延焼により、死守すべき拠点がいくつか生じた。それは避難民が蝟集している地点やそこを火流が抜けると取返しのつかない地点である。ひとつは函館公園であった。第一部、第五部の消防車は火勢に追いつめられ、公園内にまで退却した。時に二〇時一〇分頃であった。そこにはすでに約五〇〇人の避難民と相当量の搬入された家財道具があった。火は公園内に侵入し、家財道具は言うに及ばず、立木、白樺橋、協同館も焼き、一時は避難民を追いつめたが、風向きの変化と燃焼できる物がなくなった結果、次第に衰退した。そのため消防隊は危地を脱し、午前二時頃次の活動地点を求めて移動を開始した。結局、延焼地の先端にたどり着いたのが二十間坂であった。そこは、第五部の水管車などが集結していて、もうひとつの拠点になっていた。なぜなら、二十間坂で阻止できなければ火災は西部地区全体に及びかねなかったからである[191]。

他方、第二部、第三部、第四部、さらに第五部の一部の消防隊は蓬莱町、西別院附近、東雲町、市役所、豊川町魚市場附近、若松町、新川町、堀川町、千代ヶ岱町と転戦したが、中でも函館駅が重視され拠点になった。なぜなら、そこは鉄道発着駅の機能を失っていなかったからである。時刻にすると、二三時から一時頃が駅防御のピークであったと思われる。風向きの変化と必死の防戦により、電車通りをはさんで湾側の地区を焼失しないですますことができた。

その後、火勢は松風町、高砂町で強くなり、その方面に消火の重点も移ることになった。時刻にすると、二二日午前一時三〇分頃から四時頃までであった。さらに、消防隊は新川町、堀川町、千代ヶ岱町では電車通りに沿って防御陣を作り、北側への延焼をくい止め、朝を迎えた。

かくて、彼らは防戦に廻り、火災に翻弄され、疲労困憊し、多数の死傷者をだしながら、苦闘したのであった。(192)

避難民の増加

その間火が迫り身の危険を感じた多くの住民が自宅を棄て避難した。春日町に住んでいた荷上げ業の次男、小一の信太政は母と兄姉四人で家をでた。父が函館公園へ火事を見に行き、帰ってこなかったからである。言わば見切り避難であった（父は火勢に追われ山中へ逃れ、軍用地を横断して西部地区の上へ達し、そこから降りて助かった）。自宅の窓から、住吉小学校の屋根が吹き飛ばされ、飛んで来るのを見た。一九─二〇時頃には、春日町全体が炎上していたため、一行は熱風と火の粉を背に受けながら歩くことになった。姉が背中に背負った風呂敷包みが火の粉で燻りだし、あわてても み消したのを憶えている。一行は招魂社の前を通り西部地区へ向った。途中二十間坂まで行ったら、風向きが変わり、今までの追風が正面からの風に変ったのに気づいた。(193) 曙町にいた水産会社支配人の長男、四才の廣川帰一は信太と同様の避難コースをたどった。高台の家の窓から火の粉が舞うのを見て火事と気づいた。一家四人と女中は一緒に招魂社の前を通り避難した。地面が氷ついていたので、本人は長靴に藁縄を巻いて、手を引かれて歩いたのを憶えている。火災を見た記憶はないが、猛烈な風で顔がいたかった、と回答している。(194) 本人に自覚はないが、風向きが変わって西風を正面から受けた記憶を表明しているものと思われる。

蓬萊町、恵比寿町、相生町といった低地の十字街に近い商店街に住んでいた人も、避難を始めた。蓬萊町に住んでいた函館地裁の給仕、一六才の川崎栄は親の指示で地蔵町で働く姉を迎えに行き、二人で避難した。[195] 恵比須町の風呂屋の長男、小四の大植荘一は姉二人と本人だけで避難した。[196] 天理教布教師の長男、小四の関口清は母らと避難した。[197] 写真館の長女、五才の紺野和子は母に背負われ一家で金森倉庫脇へ。彼女は途中で、防火建築により不燃街とされた銀座通りが炎上するのを見ている。写真館は函館オーシャンの名選手久慈次郎の運動具店の隣りで、長女登志子とは親しい間柄であった。その「久慈の家は九時に落ちた」という駄洒落があるから、写真館もその頃焼失したと思われる。[198] 畳屋の長女、小六の枡山秋子、五才の京子姉妹は知り合いの馬具屋（駅前）さんへ避難した。枡山姉妹の場合、そこから運命にもて弄ばれることになる。実は馬具屋さんでも危険を感じて逃げ支度を始めていたからであった。そのため、姉妹はさらに遠くへ避難することを余儀なくされた。結局、鎮火後戻ってみると、皮肉にも馬具店は焼失していなくてそこが家族の再会の場になった。[199] 相生町の印判屋の息子、五才の佐々木節郎は一家七人で中の橋知人宅をめざして避難した。途中高砂通りで炎上する家屋を見たが、無我夢中であった。物干し台が風に飛ばされて電線にひっかかっている無惨な光景が印象に残っている。[200] 菓子卸問屋の娘、一七才の加納俊子は烈風下を養母と共に避難した。[201] H・Sは火災を隣家に知らされてそれと知った。祖母が迎えに来てくれて、一家（父は亡く母、自分、弟妹）で一緒に避難した。前の大火の経験から、下駄を一〇足程縄で束ねて持たされた。祖母はいったん松風町の成田山別院へ避難したが、そこへ祖父を置いて（後に焼死）自分たちを迎えに来てくれたのであった。[202]

東川町に住む生菓子製造業の長女、酒井みど里と次女、浅井幸子は父の指示で親戚の酒屋を頼った。避難に際し、店の売掛台帳、菓子の型押し等を下水溝の中へ入れた。父は家財道具を浜に搬出して守り、母もそれを手伝い、子供は避難した。母は父を手伝った後、子供たちの避難先に向ったが、途中に災難が待ち受けていた。長女みど里によると、母は浜から東川町、銀座通り、十字街を通って二十間坂の先の親戚へ来るコースをとった。その間、風が余りに強くて歩けないので、ほとんど地を這って進んだ。いつの間にか、背中の赤ん坊（妹）をくるんでいた角巻を風に取られてしまった。すると突然、戸板状の物が飛んできて背中に激しい衝撃を受けた。やっと銀座通りまで来ると、人に赤ん坊がぐったりしていると教えられた。あわてて背中から降してみると、すでに死亡していた。母は覚悟を決め、レンカ堂（当時は現在地からみると道路の向い側にあった）の向い側の家（現レンカ堂の地）に行き、水をもらい、死に水をとらせたのであった。その不幸は一家にとって大ショックであった(203)。

湾側に近い鶴岡町、地蔵町、豊川町に住んでいた人も頃合を見て避難した。鶴岡町に住む燃料商の長男、小三の松田武は一家で家の裏手にある湾側の倉庫群の方へ避難した(204)。

地蔵町の小間物屋の三男、小三の乳井邦衛は末広町の第一銀行函館支店へ避難するよう指示された。そこならば、建物がレンガ造りで安全と母が判断したからである。因みに母は明治、大正の大火を経験していた。避難の先発組は次女を先頭に本人も含めて四人、電車通りを十字街へ進んだ。邦衛は烈風のすさまじい唸り声、あたりに響く飛来物の衝突音、道路を転がり飛んでくるトタン板や飛来物が恐ろしくて縮み上っている。彼によると、その時の状況は

強風がひとつ吹き止み、次の強風までのわずかの間に、軒下から次の家の軒下へ移り進み、ブオーと吹き荒れる間は軒下へへばりついて強風の通りすぎるのを待つ、のくり返しで、ようやく十字街の交差点までた

どり着いた

のであった。それは函館山の山頂部からある下士官が見た、あの火勢の息遣いをまだ火災現場になっていない風下の地で経験した例であろう。しかし、そこは

蓬莱町方面から飛んで来る火の粉が吹雪のように降り注ぎ、火中にあるような感じで立ちすくんでしまった。

そのため、引率者であった次姉は今井百貨店側に渡る決心がつかず立往生してしまった。結局、一行は強風に追われるように右折して東浜岸壁方面へ向かい、苦労して旧桟橋まででて、さらに西へ行き、常盤坂を登り始める。そこで、とある家の壁に寄りかかりひと休みしたところ、向かいの家からでて来た小父さんが見かねて保護してくれたのであった[205]。

豊川町の海産物商の娘、六才のI・Sは隣家の小父さんに手を引かれ、親兄弟とは別に避難した。最初は母方の実家がある西部方面へ行ったが、ここは危ないと言われ方向転換、中央部地区へ出て新川橋を渡り、湯の川を目ざした。闇の中のあちこちでオレンジ色の光を見たのが印象に残っている[206]。近隣の燃料商∧ヨ《やまよ》池見の長男、五才の石塚與喜雄は一家で避難した。父が谷地頭町の知人の家へ手伝いに行き、その間に一家は準備をして父の帰りを待った。外から伝わってくる烈風の恐ろしい唸り声、あたりに響く飛来物の衝突音に彼は身振いして姉の手をしっかり握っていた。やっと帰ってきた父は「風が変ったぞ！」と言って、函館山の方へ向かうことを指示した。一家八人はすぐ家を飛びだした。電車通りには多くの避難

民がいて、風が止むすきに山側に渡ろうとしていた。中でも彼の印象に残ったのは

　背中に一反風呂敷の荷を背負った人が強風に吹き飛ばされないように、地面を這っては立ち、転んでは立ち、やっと向い側の軒下に辿りつくのを見た

ことであった。一家は風が吹き荒れ樹木がしなり、ビュービューと音をたててトタン板等が飛んでくる中を、下を向き、寄りそって二十間坂を登った(207)。

　東浜町の海産物商の長男、一四才の三熊悦郎と次女、小二の欣子は母ら五人と湾側の通りを親戚宅へ避難した。西風を正面から受けて歩いたから、風向きが変ってから移動を始めたのであろう。家は二十間坂の手前にあったため焼失した(208)。竹材商の長女、五才の猪股佐代子は母、女中と一緒に避難した。父は家に残り、土蔵の戸扉に味噌で目張りをし、籠に食器を入れ、それを井戸の中へ入れてから避難した。万全の対策であった。彼女は十字街の角で布団が風に飛ばされて来るのを見たが、直接火災を見なかった(209)。元町の酒屋の長女、五才の高橋愛子は一家五人と女中とで本家へ避難した。本家は明治四〇年の大火の後建てられた堅固な家で、半分は土蔵作りであった。本家から電話で「来るように」と促され避難したが、家は焼けなかった。彼女の記憶では、電車通りへでたら、避難民の流れは自分たちと反対方向（中央部地区）へ向っていた(210)。末広町の会社員の長男、四才の斉藤誠一はすでに指摘したように、叔父の通夜に出席していたが、火災迫るの情報に大人が大騒ぎを始めたのを憶えている。彼は祖母に背負われ祖父宅へ避難した。そこは風下で、行く途中は追い風であった。しかし、祖父は根室の元漁師で「風は必ず廻るから」の理由

で一族を迎え入れたのであった。[211]

函館駅と避難民

暴風のため火災が発生する前から、駅は混乱気味であった。一八時二五分頃停電し、構内は真っ暗になる。その中で鉄道当局は第三七列車長万部《おしゃまんべ》行をなんとか定刻の一八時四〇分に発車させた。しかし、それが最後の通常運行であった。同じ頃、駅構内電話が不通になり、各所の連絡は困難になり、命令・指示・確認には人が出向かなければならなくなった。

一九時すぎ頃から、家財道具を背負ったり、荷車に積んだ避難民が次第に集まり始めた。それは構内が広々としていて、建物も堅牢にできていて安全性が高いと感じられたからである。[212] 旭町の薪炭業の三男、四才の榊田久夫は次兄に背負われて連絡船の桟橋へ、高砂町の一六才簾山チエは子供七人で貨物のプラットフォームへ、相生町のH・Sは祖母、母らと駅舎へ避難した。[213]

避難民はさらに続々と詰めかけ、駅前広場、駅舎、ホームまであふれかえる。その数五〇〇〇人とされた。[214] そこへ火の手が近づく。二〇時三〇分には高砂町へ延焼し、二一時にはついに電車停留所附近まで迫る。その頃、若松町の旅館（三島屋）の長男、一二才の村瀬幸雄は駅前広場で多数の避難民を見たが、中には衣類等の荷を背負いながら、それが燻って煙を上げているのに気づいていない人を見ている。[215] 二一時過ぎ、高砂町に住む薬剤師の長男、四才の松谷勇は母らと一緒に避難のため駅附近に着いた。しかし、消火活動中で進めないので、急遽五稜郭駅へ向かい、そこから父方の本家がある七飯まで列車を利用した。[216]

他方、駅構内の状況について、エッセイストの吉井民子は停車場にはすでに大勢の人が避難していた。リヤカーに布団を積んで来た人や、荷車に家財道具を運んで来た人が、所々にいた。ホームの上には、大きな風呂敷包みのそばに坐っている人がたくさんいた。中年の女の人が私に「ここに坐りなさい」と声をかけてくれたので、厚く礼を言って座布団の上に降ろしてもらった

と書いているし、[217] 森屋の社員橋本興平は

暗いホームに大勢の人でどうする事も出来ずしていると、猛火はイヨ〳〵停車場に来る。モウ駄目かなと覚悟をして居つた時に駅員の御方が「停車場に火が付いたら皆さんを汽車で安全地まで避難させる」との力強い言葉に一同は安心と感激〔を〕しました

と伝えている。[218] 事実、当局は二番線に客車二〇輛を集め、有火機関車を連結して待機させ、いつでも避難列車として発車させられる手配を終えていたし、一番線にも客車三輛を停車させていたのであった。

貨物列車は第一五三列車以後全部を運休とし、上りは五稜郭、七飯等に待避させ、旅客混合列車のみをできるだけ運転させる方針であった。[219]

かくて、列車編成、入線指示、障害物有無の確認等に手間取りながら、当局は列車の運行に務め、二二時頃第三九列車森行を出発させた。それは定刻が二〇時二三分発であったから、一時間三七分遅れの出発であった。無賃で約四〇〇人を乗車させた。もとより無賃輸送は厳禁されていたが、関東大震災の際の運

賃無料の例にならい緊急事態として鉄道大臣の許可を得ることなく、村井市太郎駅長の独断で決定された。(220)薬剤師の網塚唯一は家族と駅へ避難するだけのつもりであったが、事の成り行きからそれに乗車、森町へ行き、庁舎に収容されて一夜をすごした。(221)

さらに、二三時二〇分、第二九列車上磯行き出発させた。それは定刻が二二時四四分発であったから、三六分遅れの出発であった。無賃で約三〇〇人を乗車させた。長距離では定刻二三時発の第四〇一列車釧路行を運休させ、その編成列車を第三一一列車に転用し、二三時五八分発、名寄行を出発させた。定刻が二三時四〇分発であったから、一八分遅れの出発であった。(222)

その間二三時には、鉄道電話も不通になる。下りは火災が近づいてきたというのに、第一八列車旭川発が二〇時〇一分定刻より二三分遅れで到着した。乗客は大火にさぞ驚いたことであろう。

二二日になると、さらに第四八列車上磯発が一時〇八分定刻より二時間三〇分遅れで、第一六列車名寄発が三時一五分定刻より四時間三八分遅れで到着した。第一六列車は連絡船に連絡しているため、通常、欠航の場合乗客を待合室に案内するが、すでに、避難民が収容されており、欠航のため連絡船が接岸していないので、同列車を到着線に六時二〇分まで留置して乗客を休息させた。(223)

かくて、函館駅は通常の業務を遂行している際中も烈風により貨車の脱線、設備の破損で被害をこうむり、危機的な状況にあったが、ついに炎上せず、風向きの変化や消防隊の必死の活動に助けられ、危地を脱したのであった。駅がその鉄道と青函航路の機能を維持し得たことは救援、復興にとって計り知れない恩恵をもたらした。

ライフラインの状況

火災が深刻化するにつれて市民のライフライン（市民生活に不可欠な手段）は刻々と変化した。当時どのようなライフラインがあったのであろうか。列挙してみる。電気、ガス、上水道、電話、ラジオ放送、電車、バス、鉄道であろう。その内、鉄道のみが健在であったことが確認された。その他はどうか。一部はすでに言及したが、整理してまとめてみる。

電気（函館水電）は全市で一八時三四分に停電になった[224]。原因は今となってはほとんど分っていない。烈風下で各所で断線したが、それが原因として受取られているだけで、具体的言及が少ない。停電により多くの機能が失なわれ、大火の間中復旧しない。

ガスは大正元年から供給されていて、大火の間も途切れず供給された。ガス会社（帝国酸素瓦斯）と工場が火災の及ばなかった万代町にあったからである。当時、ガスの利用方法が一部異っていた。それは会社が調理用の火力としてばかりか、安全で経済的で手間のいらない（ほや掃除を必要としない）燈火として宣伝したからである[225]。児童の作文の中に燈火としてのガスについて言及が散見される。汐見小五年の中野とし子は「電燈がふうっと消えたので、家ではガスをつけた[226]」と、住吉小五年の上野栄子は「電気がきえたのでがすをつけてやうすを見てゐました[227]」と、東川小六年の大滝重英は「御飯を食べていると、とつぜん電気がきえた。あわててガスとローソクをつけた[228]」と、汐見小高等科二年の加藤栄太郎は「風でどこかの線が切れたんだろうとすぐガスをつけた[229]」と書いている。

上水道（函館市営）はガス同様終日供給された。昭和八年現在の水道普及率はすでに指摘したように八一％に達していた。消火栓も合計で七七二ヶ所あり、火災中も不足が指摘されていない。恐らく、その数で一定の役割をはたし得たのであろう。そのためと思われる。消防隊は消火用に多量の水を使用できた。火災発生中の時間帯においては毎時一八〇〇トン、約七〇〇〇ガロンを使用した[230]。それだけの水の供給がないと、拠点の防御すらもできなかったであろう。

電話（逓信省）は消防組の調べでは二一時一分杜絶となっている[231]。函中四年の朝山厳によると、一九時前後、谷地頭の見える市内西南部ではすでに電話が不通であったし[232]、二〇時過ぎには、森屋の社員吉村登喜子が弥生坂停留所角の店へ入り「すみませんがお電話を」と借りようとすると、「ああもう通じませんよ」とあっさり言われている[233]。函館電話分室で交換業務をしていた妹の純子は局の状況を家族に次のように伝えている。

「七時に帰る筈なのが、火事がおきた為に忙しくなって帰られなくなり、八時過ぎすでに交換局のまわりに火が来てもまだ台についていたの。もうこれが最後と思って避難準備の声がかかったのは九時近く。広場に集まり六十名の事務員が皇室の万才と局の万才を唱へて別れた時すでに局は火につつまれて居たの[234]」。

以上の事実からみて、最終的に不通は二一時一分としても、地区によってはもっと早く不通箇所が生じていたものと思われる。それは重要な連絡手段の喪失であった。

ラジオ放送（日本放送協会）については詳細が分らない。わずかに当日を経験した菅野照光の回想記『どろんこ人生』（手書き）に若干の指摘がある。それによると、大火について臨時ニュースがあったという。第一報は「午後六時（七時の誤りと思われる……筆者）市内西南端谷地頭方面より出火し、凡そ二十戸焼失、目下延焼中」というもの。恐らく、一九時からのニュース番組の途中、東京からのニュースの次に札幌からのニュースへ移る際挿入されたと推定される。以後、時間は分らないが、続報が入る。「火災は消防隊と軍隊の急援を求め消火活動に務めているが、烈風のため効を奏せず、大火となる恐れがあり、各家庭は避難準備をせよ」と続き、「午後八時現在、風速三十六メートルで測候所の測定器は吹き飛ばされた。避難先は警察や消防関係者が誘導している」となり、「住吉町より出火した火災はすでに五〇〇戸を焼き、火の粉は各所に飛散し延焼中、全市民は避難せよ」となる[235]。

当時市民の所有するラジオはまだ真空管式が普及しておらず、鉱石ラジオであった。その特性は電源・電池がなくても電波をキャッチして音声信号（話声や音楽）に変えることができることにある。従って、停電でも聞けるのだが、放送局が何時まで受電して放送できたのか不明である。NHK函館放送局は当日一九時すぎに受電できなくなったと回答している。そうなると、臨時ニュースは本当のことであったのだろうかという疑義も生じる。危機管理に貢献できたかどうか判断はつかない。

電車（函館水電）は消防組の調べでは、二〇時二〇分運転不能になった[236]。車輛は六四輛あったが、火災発生後新川の車庫へ回送する方針をとったため、車庫に火が入ると炎上し、損失を大きくした。しかし、一部の車輛は送電が止って運転不能に陥るまで運行したので、十字街、千歳町、五稜郭の停留所附近など各所に遺棄され、市民の避難手段にならなかった。重要な輸送手段の喪失であった。なお、バスについて情報はない。焼失バスが七台あったところから、多くが遺棄されたものと思われる。

以上の検討の結果、ガスと上水道は終日その機能を失なわず発揮した。しかし、電気、電話、ラジオ放送、電車、バスは烈風と火災で持てる機能を奪われ、ライフラインの役目をはたすことはなかった。

避難コースと誘導

火災の拡大はさらに多くの避難民を生みだした。彼らは路地や道から電車通り等大きな通りへでて、人の流れを形成した。宝小一年で避難を経験した石井勉は後年次のように回想している。

　まだ火の廻らぬ道を求めて母と私は進んでいった。このころになると、道ゆく避難民が多くなってきて、自然に黒い行列を形づくっていった。誰も口をきかずに黙々と前の人のあとにつづいてゆく。[237]

函中五年の楢林好信は

　道路はもう避難する人達で隙も無かった。行李を負へる者、蒲団を負へる者、荷車を引く者、馬車を御する者、それに自動車、自転車までが加はったこの雑踏の中に、私も入った。心の中には何の感じも起きぬ。父も母も見えない。行く手に盛んに火の子が飛んで行く。誰も後を顧る者も無い。黙々と恐ろしく緊張した空気の中で無意識に足を運んで居た[238]

し、籏山チエは

人の足音のようなざわざわという音が聞こえるので、何の気なしに外へでてみると、電車通りをいっぱいになって人が逃げて来るのを見てびっくり。すわ大変だと家でも逃げ仕度を始めた。逃げる人は無言でさわさわ、ざわざわと歩く音だけがして、無気味だった(239)

し、本町に住む青函航路の貨物船船長の次女、小六の天坂多喜は

外の通りから大勢の人のザックザックという足音が聞こえてくるので、何かと思い外へでてみて、初めて避難して来る人達だと分った(240)

のである。その結果、避難路は次第にいく筋かに限定されることになった。亀田方面には、駅前から海岸町を通る国道四号線が、五稜郭・湯の川方面には、駅前から松風町、昭和橋を通る準地方費道椴法華線が、護岸・大森浜・砂山・湯の川方面には、駅前から松風町、大森稲荷神社、大森橋を通る市道の海岸通り線が混雑を呈することになった。

そうなると、警察による誘導がどのように行なわれたかが問題になってくる。もとより、その火災は防災を担当する警察当局（函館警察署員一九七人、函館水上警察署員四二人）には想定外の事態であった。防災活動における基本的手段は報告や命令を伝達するための連絡体制にある。当時、それは主として電話によっていた。しかし、警察専用電話は早くも一九時三〇分頃不通になったし、公衆電話も間もなく不通になった。庁舎も二一時一五分頃焼失し、仮庁舎は水上署に移された(241)。

そのため、出先（配置された地点）の署員と本署の連絡は派出所九ヶ所の焼失等により全く不可能になり、疎通を次いた。そうなると、火災の初期に確認されたと思われる風上の「大森浜へ」という誘導の指針は風向きが変って現場が危険を認識するまで生き続け、改められなかったように思われる。それは意図的でなかったとしても、指針上の齟齬《そご》（くいちがい）をきたしたことになる。「風向きは必ず東南から西へ廻る」という海事関係者の常識が生かされていなかった不幸と共に銘記すべきであろう。

　証言や作文から明らかになる署員の配置場所は函館八幡宮入口、函館公園内、十字街、西浜町の岸壁、駅前広場、大門の角、旭町電停前、大森橋の袂《たもと》等である。署員はそれらの地点で、時には火災警備隊員と共に、声をからして誘導したのだった。東川町の薬剤師森信、同じく雑品屋の手伝い、一三才の乾博、小四の小林サキエ、栄町の小六角谷隆一、音羽町の五才長沢正徳、宮前町の塩越光春[242]らは署員が「大森浜へ」と指示したのをはっきり憶えている。中には、汐見小の五年尾崎歌子によると、旭町電停前にいた署員が「駅は危険だ、大森町の稲荷さんの裏、海岸が安全だ」と念の入った指示をした例もある[243]。しかし、やがて風向きの変化で危険が認識されると、大門の角にいた署員は前言をひるがえし、「逃げるなら根崎か五稜郭へ」と言ったという[244]。函館公園附近では、ある署員が住吉町方面の漁師をつれて来て、風がどんな具合に変るかを聞いて、市民を安全な方向に逃がしてくれた、という臨機応変な対応例が指摘されている[245]。

　しかし、たとえ誘導に修正が加えられ、民間人の適正な意見が容れられても、全体としては警察の指針に齟齬が生じた事実は消えず、大森浜へ多数の避難民を送り込んだ失敗は否定すべくもなかった。

西部地区へ

それは函館の市街地の発展において最も歴史的に古い地区で、二十間坂から西を指し、明治以来商業の中心地として繁栄してきた。そのため、古い神社・仏閣、官庁、学校、病院、銀行、各種の会社と支店、商店、倉庫が林立し、都市化が最も進んでいた。そのような中でも、市民が集合できる一定の空間が残されていた。最大のそれは西浜町の埋立地で湾側に突出た更地であったが、その他では台町の高龍寺、舟見町の神社・仏閣、基坂《もといざか》沿いの税関から渡島支庁、背後の公会堂に至る一連の施設と敷地である。その他に個人が当てにできる避難先としては商店と住宅がある。もとより、西部地区は古い市街地のため、市民の本家や実家に相当する商店と住宅が少なくない。一朝事ある時には、分家や子孫に当る人々が頼って避難先にすることが少なくなかった。今回の火災でも、それが目立っているように思われる。消防組の調べでは、約一万人が流入したと推定されている。

残された作文は住吉小、汐見小、函高女、森屋百貨店といった西部地区か近隣の地の施設にかよう人によって綴られたため、西部地区については史料的に豊富である。

まず、避難場所全体を俯瞰するような作文から見てみよう。住吉小五年の上野栄子は父の会社から手伝いにかけつけた人に連れられ、母や弟と避難した。彼女は

にげる途中はとても風が強いため、ものはどんどんとび、体はどこまでも吹きとばされるので、なんべんも道路にすはつたり、ころんだり、どてにつかまつたりして、配水池の所まで来ました。それから又高女へ

入ろうとしましたが、そこも危険だといふので、公会堂までにげましたが、未だ危険だといふので、西浜の岸壁へ避難しました[246]

と、避難先を変更して転々としたことを明らかにしている。上野栄子の避難行は人が好んで避難先に選びそうな地を次々に挙げて紹介したようなものだが、以下に紹介する作文はその途中のひとコマ、ひとコマを描いたものとも解せられよう。汐見小六年の銀家裕子は

その時私は火の海といふこと〔もの〕を始めて知りました。二十間坂から向ふは一面の火の海で、もえてゐる音がきこえさうです[247]。

と、二十間坂を境にした延焼の実情を指摘し、自分が安全な西部地区にいることを示唆しているが、住吉小四年の村瀬文吾は

末廣町の下かはを通つてやはり前と同じに軒で休み々々して行つた。そんな事を何べんも〳〵してやうやく基坂の所へ来た。むかふの角まで間があるから風のふかないのをまつてやうやく出ると、急にぴゆーとふいて来たので、僕と弟がころんだ。おき上るとすぐはしつた。基坂から何だか風がらくになつたような気がした[248]

と、幅広い坂道を横断する苦労を伝えている。住吉小四年の内山雄一郎は基坂を登りつめて行く公会堂に避難した様子を

火の粉が飛んで来るので父さんや母さんが僕達の手をひいて逃げました。途中風が強くて何んべんもころばされてやうやく公會堂まで逃げのびました。下を見たら五六箇所から火が燃え上つてそれがだん〳〵つながつて一直線になりました。あまり恐しいので、みんな一所にうづくまつてゐました(249)

と、しているが、汐見小三年の萱場徳子は

私はむ中でお母様とおねえ様とはこだて山の方へにげましたがけむりがくるので、又ころがりながら下へをりました。さかゝら下を見ると丸井の方がぱりぱりやけてゐました。やっと西はま町のがんぺきまで来ましたら、じゅんさんが「ここならだいじやうぶです」といひました(250)

と綴っている。

以上の作文から避難者が安全な地をめざして右往左往している状況が明らかになってくる。そのような地区にたどり着いた生き証人は遠くても住吉町で、圧倒的に中央部地区に住む人々であった。実名の使用を許された方々だけでも二三人にのぼる。その内、住吉町の和田ツワ、相生町の加納俊子は避難先が舟見町、会所町と町名しか判明しないが、残る二一人はさらに詳細が判明する。神社・仏閣・学校を避難先に

したのが五人、親戚宅が一一人、知人宅が三人、自分の店が一人、保護してくれた人の家が一人であった。

神社・仏閣・学校では二十間坂から見て一番近いのが大和慶三で函高女、次が石塚與喜雄で隣接の船魂神社、さらに打田正幸で称名寺門前の小屋、最深部がM・Tと日高慶で高龍寺であつた。(251) いずれも周知の場所で、高い所にある。親戚宅以下の各個人宅は高い所から低い所にある商業地に至るまで散在している。最深部の高い所にある舟見町には住吉町から和田ツワ、谷地頭町から笹野操、春日町から広川帰一がたどり着いたが、それより近い所にある会所町、鍛治町、大黒町にはそれぞれ相生町から加納俊子、末広町から祖父を頼って斉藤誠一、谷地頭町から上田栄子がたどり着いた。(252) 電車通りの末広町には青柳町から岡田弘子がたどり着き、大町には春日町から伯母を頼って信太政、地蔵町から乳井邦衛、東浜町から叔父を頼って猪股佐代子がたどり着いたし、同じく弁天町には住吉町から荒木君子、元町から祖父を頼って高橋愛子がたどり着いた。(253) 湾に面した東浜町には東川町から酒井みど里・浅川幸子異父姉妹がたどり着いたし、西浜町には谷地頭町から祖父を頼って大崎幸子、青柳町から父の店へ山田茂、東浜町から一族の本家西出家を頼って三熊悦郎・欣子兄妹がたどり着いたのであった。(254)

そうした幼い子供らでも、それなりに火災の状況を記憶し、何かを本能的に感じていた。浅見幸子は三才に満たなかったのに避難先の土蔵の窓から「遠くが真赤になっている」のを、八才の上田栄子は「真赤な空と飛んでくる火の粉」を、一三才の三熊悦郎は「赤い空と強風で転倒した大人の男性」を記憶していた。(255) 四才の斉藤誠一は祖父の家へ避難する際「風を背に暗い夜を急いだが途中人は居なかつた」ことを、一五才の高橋愛子は「私共と逆方向へ逃げる人の群(256)」のことを、一二才の笹野操は「自分達以外その方面へ行く人が少なかった」ことを、思いだしている。それらは大火を表象する典型的な光景と災禍を回避できた人ならではの着目点がでていて興味深い。

火災の侵入を許さず結果はよかったが、にもかかわらず、西部地区という空間は他の避難空間に比較して極めて高い危険性をはらんでいた。それは地区の先端が行き止りで海になり、逃げ道がないことにある。低気圧の影響により、頃合で風向きが変ったから、二十間坂で防火できたのである。動きの遅い低気圧で西部地区が長時間風下になっていたら、火の手は奥深く侵入したと思われる。そうなると、逃げ場を失なった人々から多大の犠牲がでたであろうことは想像に難くない。

亀田方面へ

それは駅前広場から東側、亀田八幡宮境内、万年小学校、師範学校、五稜郭駅といった広範囲の空間である。消防組の調べでは、そこへ約五万人の市民が流入した。推定にしても大きな数値である。

作文によると、汐見小六年の太田更一は

一家手をとり合つて名をよび〳〵亀田へ向った。強い風が吹けばまるくなつてしやがんだり、足にふとんがまきついたり、とたんがぶつかつたりして何回も〳〵ころびながら、ねえさんの手を引いてにげるにい、だけにげた。亀田に着いた時には風がかはり千代ヶ岱方面がさかんにもえつづけてゐた[257]

と、函中一年の岩倉誠蔵は

> 横道から海岸町に出た。人通が急に多くなつた。「母が皆離れない様に」と言つたが、妹達はずん〳〵先へ行くので気が揉めるらしい。ふと空を見ると驚いた。もう頭の上に火の粉が蔽ひかぶさつてゐるのだ。後を振りかへると停車場辺が燃えてゐるらしい。其の辺が天も焼け焦げる位真赤になつて、それが雲に映つて入道の様にさへ見える。
>
> あたりは車や人でいつぱいであちこちに風呂敷包や、行李が泥の中に落ちて居る。拾ふ気もないのか、あたりの人は緊張しきつた目をして、歩を早めている。亀田へ向つて海岸町からは一本道だし、道路もよいから割合に早く歩けた(258)

と書いている。作文から明らかになることは、亀田方面は火の粉の洗礼は受けても、火災までは及ばず、直接の脅威を受けないで済んだということにある。市内で数少ない安全の地になったのであった。

亀田方面へ避難した証人の中でも最も遠くから来たのが青柳町の富樫留吉であった。彼は母らと一緒に出たが、次姉に背負われていた。一行は頼る人もなく、ただ火を避けて行動し、亀田を通り越して西桔梗まで行ってしまった。同じ町内の桝山京子は駅前の知合いまで、姉秋子と行動を共にしたが、そこで避難の方向が分れてしまった。彼女は次姉に背負われ、海岸町を経由して亀田まで来たのだった。

西川町の印刷屋の長女、七才の花岡千代は父が泥酔して逃げようとしないばかりか、屋根に上りバケツで水をまいたりするため、付き添いに母を残し、祖父らと梁川町の使用人宅へ避難した。いよいよ火が迫ったため、母も父を見限って一行の後を追って来た。そのため父は死んだものと思われた。ところが、翌々日、本人がヒョッコリ現われて周囲をおどろかせたのであった。

豊川町の海産物商の五男、五才の田中昭吾は叔母に背負われて海岸町の知人宅へ、若松町の旅館三島屋の息子、一二才の村瀬幸雄は家族六人で海岸町へ、それぞれ避難した。(259)鶴岡町の化粧品・雑貨問屋の長男、四才の中村嘉人は

大火の夜、父は市立函館病院に入院中の母につきそい、家にはいなかった。私はお手伝いさんに手を引かれ、郊外へ逃げた。メラメラと天を焦がして追いかけてくる赤い炎が、身が縮むほど怖かった(260)

と述懐している。そのお手伝いと一緒に、彼は亀田の親戚へ行ったが、そこもあぶないということになり、さらに遠い田家《たや》の知人宅へ逃げ一泊した。隣りの地蔵町から川崎栄と姉は避難民の群に加わり、師範学校にたどり着いた。(261)

他方、海岸町の材木商の長男、六才の吉田嘉宏は七重浜方面へ避難したが、途中である家で休んで行け、と招き入れられ世話になり、結局、そこで泊めてもらっている。(262)大縄町のアメ細工行商人の息子、小四の倉内政雄は家族や近所の人と一緒に避難し、五稜郭駅を過ぎた先で止って様子を見たし、函館郵便局局員の長男、五才の成澤毅は父を除く家族と松川町の親戚の家へ避難したし、宮前町の土木業の長男、四才の塩越光春は祖母に手を引かれ、亀田八幡宮の社務所へ避難したのだった。(263)また、上新川町の漁業会社員の長女、G・Iは母ら七人と亀田八幡宮の方向に避難した。途中でひと休みした後、さらに師範学校を目ざした。途中疲れはてこれ以上進むのに困難を感じた丁度その時、とある家の女主人に空家の存在を教えられ、そこで一夜を送ったのだった。(264)

以上、亀田方面は広大な空間と個人の住宅が避難民を受け入れて安全の地を提供したのであった。

しかし、そこもまた西部地区と同様に、もし足の遅い低気圧の影響下で風向きが変らぬままに時間が経過したら、どのような事態になったであろうか。亀田町までは住宅があったから、火の手は奥深く浸入し、混乱をまねいたであろう。そのような意味では、亀田方面も絶対安全の地ではなかったのである。

五稜郭公園方面へ

それは女子職業学校広場、重砲兵大隊練兵場、商業学校、五稜郭公園内といった空間からなっている。西部や中央部地区の市街地から次第に離れており、五稜郭周辺になると林間にはまだ残雪が数十センチ程度あり、飛び火や延焼の生じにくい環境になっていた。

まず、全体を俯瞰《ふかん》できそうな作文から見てみる。汐見小高等科一年の西川桝雄は四才の弟を背負い、親の指示で知人の家を目ざすが、その家も火の粉をかぶり、危険な状態にあった。そのため、その家の人と一緒にさらに避難するが、途中ではぐれてしまう。仕方なく、彼はそのまま電車通りにでて、人の流れの中に身をゆだね、歩き続けた。彼は

僕は夢の中で〔夢中で……の意味か〕歩きました。大門前とおぼえる〔おぼしき〕所をすぎ、五稜郭の公園の人口の所まで来ました。途中電車の中へ入る人もあり、浜の方へにげる人もあり様々でした。僕はやうやうここに着いて安心したもの丶どこに行つてよいか困りました。しかたがなくそばの人の通りについて行きました。その人は広い小路のやうな所を通ってお寺の様な所〔最上寺……と思われる〕へ入りました。

僕もついて入りました。「どうか一ばんこゝにおいて下さい」とたのんだら広い板の間に通されてそこで弟をおろし〔まし〕た。そばにはたくさんの人が居ました。その人達もにげて来た人達でせう(265)

と綴っている。弟を背負わされた小学生には苛酷な試練であったが、見事乗り切ったと言えよう。その避難行動を典型的な経過とするなら、以下に列挙する作文はそのひとコマひとコマとも受取れよう。たとえば、森屋の社員円山フサは

皆にさそはれ不安な面持で五稜郭まで逃げた。もう安全だと思ふと一時に疲れ〔が出〕始めた。寒さが身にしみる。転んでぬれた所が何時のまにか氷つてゐる。兄からあづかつた時計を見ると十一時半である。空は依然として赤い。〔中略〕寒さに耐へかね姉さんとそこに止つてゐた電車の中へ入つた。外よりは少し暖い(266)

と五稜郭停留所附近の様子を明らかにしているが、同じ森屋の社員吉田愛子は

父は運を天にまかせて亀田方面に足を向けたが、あの広い道路は見透の出来ぬ程の避難民でたゞ人に押されて進んだ。知合の家とてなく風に呼吸は苦るしく足は凍えて棒の様になり、何度もころんではおき全身綿のごとくにつかれて五稜郭付近の野原に来たがもう一歩も進まれず荷物と一緒に座つてしまった(267)

と郭外の原野における難儀を記している。やがて到着する郭内の様子を回想したのが石井勉であった。

私達が中の橋を通り、最終的に五稜郭へ着いたのは何時ごろであったか。黒い闇のなかにまだ残雪を白く浮きあがらせていた城址のなかで、私はいつか五稜郭へ花見に連れられてきたことを思いだした。〔中略〕避難民はまだ夜明けに遠い残雪の上や、土堤の傍や太い松の木の根元などに思い思いにうづくまつた。母は風呂敷を解いてとり出した丹前を私にかぶせ、雪の上に何やら敷いて私の頭を膝の上に抱き寄せた。丹前は焦げ臭かったが、いつのまにか私は眠りに落ちた。(268)

以上の作文から、五稜郭方面を目ざした人々が危機から遠ざかり安心感をいだいて行く様子が明らかになろう。そこもまた数少ない安全の地になったのであった。

そのような五稜郭へ生き証人はどのように向ったのであろうか。最も遠くから避難したのが佐藤文子であった。彼女は住吉町の石岡作治の家からはるばる弟を背負って歩いてやって来た。彼女は五稜郭の裏門附近で家に野菜を売りに来ていた農家の人と出会い、馬車で郊外のその人の家へ連れていってもらい、一泊させてもらった。(269) それは僥倖という他はない。多くは東雲町、音羽町、松風町、新川町、大縄町、時任町、本町、松陰町といった中央部か東部地区在住の人が集中したと考えられる。

東雲町の裕福な漁師の長女、小六の森田しげ子は家族五人で五稜郭を目ざし、附近である家から物置を貸与してもらって助かったし、(270) 松風町の建材店の長女、小三の洞口朋子は一家で五稜郭の町会事務所へたどり着いたし、同じくT・Eも一家五人で何も持たずにやって来た。本人は橋が崩落し、川に飛び込み対岸にはい上る大勢の人を見ている。一家は五稜郭の親戚を頼った。(271)

新川町の塗師の娘、六才の奈良信子は一族八人で避難したが、遅く家を出たので風向きの変化に気づいて浜から行き先を変更し、函商のグランドへたどり着いた(272)。

その他にも、函館オーシャンの命名者であった松陰町の教員下河原清の三男修とその家族は函商グラウンド前の親戚の家を目ざしたし、時任町の日魯漁業の社員の長女、四才の竹田千鶴は母や知人たちと五稜郭の北部にある鍛冶村へ避難したが、大縄町の会社員の娘、加藤冨佐子は家族で鍛冶村の外れにある鍛神《かしん》小学校まで避難した(273)。

以上の避難例は順調で無難であったが、たとえば避難先が近くとも、何の心の準備もないままに危機に遭遇すると、必ずしも順調に事ははこばない。そうした例を本町の天坂多喜に見ることができる。彼女の場合、家は現在の中央病院よりやや駅寄りで電車通りに面していた。しかし、火災には気づかなかったようだ。先に指摘したように、大勢の人の足音で、何かと思い外へでて詳細がのみこめたのであった。彼女は

夜の二〇時半か二一時頃、母子三人で着のみ着のまま逃げだしたが、途中ではぐれてしまった。沢山の人に混ぎれて三人共にバラバラになる。私はひとりで何も持たずに五稜郭公園裏の農家へたどり着いた。誰を頼ってということでなく、他の人々と一緒にそこへ行った。というかたどり着いた。暖かく招き入れてくれた。一〇―二〇人くらいの人がその家に世話になり、一夜をすごした(274)。


と記している。不幸中の幸とはそのことであろう。

以上、五稜郭公園方面へは他の避難民流入地以上に空間が広大で人家がまばらなためか余裕があり、緊

張しきってたどりつく避難民に安心感と気分の解放をもたらしたように思われる。

東川町の護岸と大森浜の悲劇

風向きは二一時には南西方向になり、さらに西南西へ廻り、二三時前から西へ変った。延焼中、局地的な旋風も生じていたが、大局的には海峡側から吹き込んだ風が、ある時点で湾側から吹き始めたことにある。そのため、東川町の護岸（埋立地）から隣接する大森浜までの広大な空間は最初風上《かざかみ》に当たり、安全地帯のように思えた。そこで、東川町、栄町、東雲町等海岸に近い所に住んでいた市民と、警察の誘導により流れ着いた市民がその空間に蝟集したのであった。消防組の調べではその数約一万人であった(275)。しかし、やがてそこが風下《かざしも》になり悲劇が生じることになった。

函高女一年の池田富美子は護岸へ避難したときの体験を

一家四人で埋立地へ逃げました。もう方々で火が燃えて天をこがすばかりでしたが、私達のゐる所は大丈夫なので私は大変よい所へ逃げて来たと思ひまして安心をいたしました。母も「此處は大変よい所だね、なぜ皆こちらの方へ来ない［の］だろう」といつてゐましたら、俄に風のむきがかはつて火の粉がたくさん飛んできました。あちらこちらの荷物に火がついて海へ投げてゐました(276)

と書いているし、汐見小高等科一年の鈴木一雄は風向の変ったときの様子を此の時まで火にたいかうして居た風が火を後にし、風〔が〕変ったので埋立地を埋めていた人々は、もうぜんと火の粉をかぶりました。馬はおど〔ろ〕いて飛廻る。もう品物どころのさわぎではありません。命がかへつて危けんです(277)

と綴っている。安全地帯が何の前ぶれもなく危険地帯へ転化したのであった。そうした混乱の中で火焔に追われ逃げまどったのが東川町の小三、増川耕治であった。

彼の場合、不幸続きとなった。その日昼、祖父が自宅で病死し、葬儀の準備も手つかずのまま夜を迎えた。そのとき彼が火災に気づき、それを指摘したが、子供の言うこととして大人は取り合わなかった。やがて隣家からそれを知らされあわてる。一家は祖父の遺体をそのままにして、父を先頭に全員で逃げることにした。しかし、いざ通りへでてみると、大勢の避難民の流れに飲み込まれ、先頭を行く父を見失ってしまう。母子四人は仕方なく海岸へ向かう。その頃になると、風向きが変り、火焔が地をはって襲いかかって来た。母子は東川町の護岸に追いつめられた。と、そこで偶然にも、深さ数十センチ程の溝を見つけた。彼らはそこへ入り、鉄板などをひろってかぶり、恐ろしい思いをしながらも火焔をやりすごすことができた。朝になると、行方不明の父の捜索にかかった。それは容易ではなく、数日後新川の左岸に並べられた一連の身元不明の遺体の中から、変りはてた父を見つけることができた。父は母子を見失なうと家に戻って探し、火焔にやられたのであった。祖父と父、二代に渡る家族が奇しくも同じ日に別の原因で死亡することになった(278)。

護岸に隣接した大森浜にはそれ以上の悲劇が待ちかまえていた。東川小の六年、大滝重英は浜へ出られた人は戦争のやうに、逃げ場をさがそうとして走り廻つている。僕達もやつと、逃げ場所を見つけて其所へ入つた。けれども風向ひなので、又出なければならなくなつた。其の時には火が廻つてしまつて行かれない。ただ一つの逃げ場所はあの波のくる海で有る

と指摘している。ではどうするのか、彼は続ける。


いやだけれども仕方がないので波打ぎはへぬれ筵をかぶつてうづくまつた。がだんだん浜の方へ燃えて来るので、もう少し海の方へ行つた。

其所はちやうど〔中略〕大波がザブーン〱と来る所で有る。うつかりゆだんすると、波にさらはれてしまふので、四人一緒に手をつなぎあつて固まつて居た(279)

絶体絶命の危地とはそのようなことを指すのであろう。

ところで、そこで言う筵《こも》とは鰯《いわし》の魚滓《ぎょかす》を肥料にするため浜で天日干しにする際敷く物として利用された。そのため、筵には魚滓の強烈な臭がしみていた。筵は浜のあちこちに積み上げられていたり、散在し、容易に見つけて利用できた。

しかし、筵を利用できなかった人はさらに前へ出なければならなかった。それは汐見小五年の尾崎邦の場合について言える。彼は

大森ですこしやすんでゐましたら、そばにあつた船に火がつきましたので、荷物は全部そこへすて、しまひました。波うちぎはで四時間近く水につかつてゐました。二度も三度も波にさらはれ、後からは火をかぶつてとても苦しくて無中でした[280]

と書いている。そのような状況下で、九死に一生を得た幸運を、東川小六年の奥寺量平は率直に書いている。

「ゴォー」又大浪がきた。と、僕の体だがうき上つた。その時、目前にくいが立つてゐた。僕はむちうになつてしがみついた。そのくいこそ僕の命を助けてくれた。もしこのくいがなかつたら僕は死んでいたかもしれない[281]

以上の作文に見られる状況を証人たちも共有したのだった。それは東川町の小四、小林サキエと六才のウメヲ姉妹、栄町の角谷隆一、六才の桃井トシ子、聖保禄高女一年の山田芳子の場合である。

小林姉妹は祖母と浜へ行った。火焔に追われ逃げ廻った。護岸の端まで行ったが、岸壁を下へ降りなかった。筵をひろってかぶり火を防いだ。後で知ったが、母と妹は岸壁近くの海におり、岩につかまって朝を迎えたのだった[282]。角谷隆一も似たような経験をした。家族全員でリヤカーに家財を積んで浜に逃げた。リヤカーは浜で放棄した。それからは地をはってくる火焔、火流に追われ無我夢中であった。「火の海というか火の川」に苦しめられたが、馬が平気で立っているのが印象的であった。ひと晩を浜ですごしたが、岸壁には行かなかった。[283] 桃井トシ子は自分の経験に触れず、回答しなかった。父は角谷の父と同じ材木商で、一家八人でリヤカーに家財を積んで浜へ避難した。そこで生じた悲劇について言及がない。無回答こそ事の深刻さを雄弁に物語っている。父と二人の姉の死、それが悲劇の結末であった。[284]

山田芳子は自分の経験を詳細に回答した。歌人らしい繊細な感性の行き渡った指摘であった。山田一家は家族六人。父は出張中で当夜は母と娘たちだけであった。家族は使用人の引く大八車に家財を乗せて避難した。途中火焔が地をはって襲ってきた。しかし、烈風のためそれが見えず、苦労して護岸にたどり着いた。やがて拾った筵をかぶり風と火の粉をしのいだが、余りの熱さに護岸下の海に入り、岩の上で大波をかぶりながら耐えた。しかし、三月の水は冷たく、体力の消耗は想像以上に激しかったものと思われる。全身ずぶ濡れになり、姉と妹は動けず、その場所で凍えて亡くなった。もうひとりの妹は潮流に流され、遺体となって湯の川へ漂着した。彼女は岩の上に立ち、人の肩にすがって朝を迎えた。「声も出ず、皆でお経を唱えました」と回想している。朝、護岸へ戻るため梯子を昇る際、見ず知らずの人が力尽きた母を背負ってくれた。一夜にしての激変、それは彼女にとって想像だにしなかった悲劇であった。それ以来、彼女は笑うことを忘れた少女になった。それは彼女にとって常に念頭を去らないトラウマ（心の傷）になったからであろう。[285]

護岸と浜で火と水に挟撃され、命を奪われた人の数は三五三人を数えた。その他に湯の川・根崎に漂着した遺体は三二五人である。[286]

以上から明らかなように、東川町護岸や大森浜はただの広大な空間で、市役所、警察、消防、軍隊等の行政当局による何らの救済措置も講じられなかった。そのため、避難民は自力救済の道しかなく、烈風下で火に追われ、右往左往することになったのである。以下続く「橋の惨劇」、「砂山の挽歌」においても救済措置はなかったことを指摘しておこう。

橋の惨劇

市内中央部と東部を分断するのが亀田川下流の新川である。明治期に開削された由来はすでに指摘したが、人口河川のため中島町の中の橋から河口まで直線で流れている。

駅前から大森浜に向って進み、途中から左折して五稜郭、湯ノ川、砂山方面へ避難する人はどこかで新川にかかる橋を渡る必要があった。大門から左折すると昭和橋か新川橋、大森神社稲荷かその手前のどこかを左折すると高盛橋か大森橋を渡らざるを得ない。市民ならだれもがそれを承知していた。そのため、浜へおりる気のない人、もはや浜が危険と気づいた人はそれらの橋に殺到したのであった。

火元に近い住吉町から逃げてきた佐藤文子が新川橋を渡ったときには、まだ時刻が早かったため容易に渡ることができた。彼女は無我夢中であったため途中でどこを通ったか憶えていない。同行した叔母が「これが新川橋だ」と指摘したことだけを憶えていた(287)。

しかし、それより後になると、状況が急に悪化する。避難する人がどっと繰りだし、人の流れが形成され、足早やに移動させられることになる。そのような人の流れの中にいた西川町の布団屋の三女、小二の安村久子は流れにそって松風町の角を曲ろうとしたとき、髪を振り乱した必死の形相の老婆に「そっちへ行ったら死んじゃう！」と、手を引張られて阻止された。結局、彼女ら親戚と知人の一行はその人の案内で万代町の風呂屋へ行き一夜をすごした(288)。彼女の場合、そのまま曲っても生死にかかわる危険が必ずしも生ずるとは限らないが、曲って直進すれば昭和橋か新川橋を渡ることになった筈である。

昭和橋は前年コンクリート製に架け替えられていたから問題がなかったが、新川橋から下流の橋は全て木製であったから崩落した。汐見小高等科二年の安井交弘は新川橋の状況を

> 幾人かの人を追い越してやうやう新川迄来た。橋は人馬車等が我先にと争ふものだからびつしりつまつて、少しも動かれない。向ふの昭和橋はと見れば、早くも火が廻つてゐる。どうにか、かうにか橋を渡り……[289]

と書いている。そこを生き証人、東川町の海産物商の五女、小六の塚田としも書いている。彼女は父を除く家族ら八人で橋にさしかかり、

> 新川橋は人で身動きできない位。橋はぎしぎし音がして、揺れてる様な感じで、こわかつた。後で、その橋が落ちて、たくさんの人が亡くなられたとき、ぞつとしました[290]

としている。その状況は高盛橋も大森橋も同様であったと思われるが、中でも海岸通りに架かる大森橋は新川尻にあり、昭和橋と共に最も多くの避難民を渡したものと思われる。函中三年の多田新平はその時の四周の状況を

> 海岸の家々は皆ゆら〳〵揺れてとても危険だ。砂が顔に針を刺す様に当る。ようやく稲荷神社の近くの路

に出た。大門方面から荷を背負った人や子を連れた人が陸続と来た。新川の橋に来た。お、、此處も又地獄の中であった。車と人がこみ合ってまごついている。海水が川に白浪をたて、上つて行く。振り返ると、入道雲の様な煙が赤く照らされて、だんだん迫つてくる(291)

と描いている。ついに火勢は迫ってきた。函館女子高等小学校訓導で御真影奉遷《ごしんえいほうせん》の護衛の任に当った吉村庄治は浜から橋の状況を見て、

橋の附近は群集でいっぱいである。私は囲ひ船の上にあがつて橋の様子を見ると、橋の上は馬車、荷車、自動車が立往生してゐてそれに混つて群集は我れ先に逃げ様とひしめきあつてゐる。後方からは火の粉と熱風と煙が猛烈に迫つてくる。群集は「早く早く」と叫ぶが前方で何が停滞してゐるのか一向〔に〕前進がはかぐ〵しくない。〔中略〕吾々も気がもめてどうにもならぬが一寸二寸と前の人の進むのを待たなければならぬ。自動車の上荷馬車の上を乗越えて前方の人の上へ跳下りる者、遮二無二他を排し除けて行かうとするもの、何事か絶叫する声、警官の制する声、地獄の世界だ(292)

と記している。そのような状況の中で橋を渡ったのが東雲町の左官請負業の長女、小三の古永富枝であった。生き証人の彼女は体験を

大森橋にぎっしり人〔の〕群が〔詰めかけ〕渡っていた。なかなか進めない位。みんな大きな荷物を背

負っていた。橋の真中にバス、車、馬車、荷車が停ったままで、人は橋の両側（欄干側）〔を通った〕。私は右側を渡り、真中辺で転んで立とうとして欄干につかまったらグラッとしたので恐ろしかった

と回想している。橋の上で立ち往生した車こそ、市会議員泉泰三とその一族が乗った車であった。もはや大森橋が崩落寸前であったことが見てとれよう。それを大八車を引いて渡り切った剛の者がいる。乾博である。わずか十数メートルの橋とは言え、混雑の中一寸きざみに進むため、三〇～四〇分かかったのを憶えている。渡り切って進み始めると、後で「ワー」という声と音がしたので振り返ると、橋が崩落していた。それと同じ経験をしたのが、渡り終えたばかりの古永富枝の父であった。彼は後から妻子を追ってやって来て、橋にさしかかり、止っている車、馬車、馬の背を這《は》って乗りこえ、強引に渡った。彼が渡り終えて間もなく、「ワー」という悲鳴と音がした。振り返ると、橋が崩落し、人も車も多くが水中へ転落していたのであった[293]。その時の雰囲気は独特のものであったらしい。函高女四年の定永きくえは

橋を渡つてもう大丈夫だと思ひ小砂利置場の所まで行つた時に何といふ恐ろしい事でせう！突然悲鳴といつてよいか呪ひと言つてよいかわからない様な凄まじい声をのせて無常にも橋は落ちたのです。橋を渡る前には黒くなつて居つた人が渡つてから見ると半分以可にも減つて居りました[294]

と記している。汐見小五年の尾崎歌子はその時新川尻に居て橋の崩落に立会ったが、「橋が落ちた時の声は今だに耳にのこつております[295]」と書いている。その結果、多くの人が亡くなった。泉泰三もそのひとり

である。姪にして小二の、泉みどりの作文では、

それから二日たつても、お父様〔泉一郎〕はじめおばあちゃん、おぢいさん、たいざうおぢちゃん〔市議泉泰三〕、まさいおばちゃん、ねえやが帰つてこないのでしんぱいしてゐると三日目に死がいがあがつたといふのでそれは〳〵泣きました(296)

とある。

しかし、転落しても運よく助かった者もいる。中島町に住む市職員の長女、小六の林原栄子によると、そのとき転落した伯父は背負っていた仏壇が浮き代りになって助かったという(297)。

消防組の調べでは、大森橋は二一時四〇分頃、新川橋は二一時四二分頃、高盛橋は二一時五五分頃崩落した。なぜ、ほぼ同じ時刻に新川にかかる橋が三つとも崩落したのであろうか。それは新川のあたりが窪地のため気流が逆流して惨事を引起したものと考えられている。隣接した大森町には遊郭があって一〇〇棟以上の木造大家屋が集まり、危険区域をなしていた。そこへ火災が及んだため、大火焔と濃い煙が発生した。それが烈風によって水平に風下方向へ流れるに至った。その風下方向には約三〇〇メートル離れて新川があり、そこへ立ちこめることになった。火焔、熱気、濃煙は川面をなめつくし、橋脚を焼き、川に入って渡ろうとした人々に襲いかかった。そのため大森橋は橋脚から燃えて重量にたえきれず、崩落に至ったし、新川橋と高盛橋は重量にたえきれず、崩落した。その結果、川に入った人、橋と共に川に転落した人はすぐ岸へ上ることのできた人を別にすれば、溺死より窒息したと推定される。その数は死者だけ

で八四五人であった(298)。

新川周辺の人々

橋の惨劇の舞台になった新川の周辺に住む人々は火災に際し、川沿いを北上したり、中島町あたりに避難する人と広大な空間をなす砂山に避難する人に分裂していた。最初に川沿いを北上したり中島町あたりに避難した例を見てみよう。作文では汐見小四年の保坂光子はやや遠くから避難して来たが、

かさいさんのをばさんと、すゞえちゃんと三人でにげました。其の中に何町だかしらない所へ出たので「こゝは何町でせうか」とをばさんがきくと「こゝは中の橋ですよ」と言ひました。

私は「あ、そうだ、上山先生の家はこのへんだ」と思つて、中の橋を渡つて少し行くと上山先生が、まどから顔を出してゐたので、上山先生の家にひなんしました。上山先生はびつくりしました(299)

と書いている。

生き証人たちはどうか。新川町の雪印乳業社員の長男、六才の高橋順一は両親が仕事で大奥村へ出張していたため、火が近くに迫ってくると、祖母と二人で新川の土手に沿って上流へ避難した。火の粉が身辺にボタボタと落ちたのを憶えている。途中、力尽きた祖母が「私はここで死んでもいいから、一人で逃げて」と言ったが、順一は必死で祖母の手を引いて進んだ。結局、上流の知人宅の敷地の中で朝を迎えた(300)。

函館船渠社員の三男、函中五年の林良三は川沿いを五稜郭方面へ向ったが、途中知人宅で休み、自宅に戻

るなど川に沿って上下し、最終的には火災の及ばなかった知人宅で朝を迎えた(301)。他方、新川町の大工の娘、六才の舘山喜美枝は一家で中島町の真宗寺へ避難した(302)。堀川町の船員の長男、小三の上町勇は祖母、母ら五人と新川の土手を上流に向った。父は荷物を持って単独で刑務所方面に行く。この日は祭日であったから酒を飲む人も少なくなく、すでに夕刻には西川町の花岡千代の父のように出来上って判断能力が十分でない人もいた。勇の祖父も泥酔していたので見限って家に置いてでた。その頃はまだ火の粉が飛んで来たが、周囲には火災が及んでいなかった。新川の電車の車庫も炎上していなかった。しかし、しばらく歩いて振り返ると、自分の家より的場町寄りの八千代廉売の建物が炎上していた。消防の記録からみて、それは飛び火によるもので、二一時一五分頃のことであった(303)。一行は右折して中島町の天理教の教会へ避難した。祖父は翌々日これまたヒョッコリ避難先の中島小学校へ現われて周囲を驚かせた。恵比須町からたどり着いた関口清もそこへ来ていたから、二人は期せずして同じ教会で生きながらえたのであった(304)。

次に砂山をあてにして避難した例を見てみよう。大森町の労務者の次男、小三の高瀬勝美は母ら四人で砂山の下の浜へ、高盛町の雑貨店の次男、小四の気仙潤一は一家四人で砂山へ避難したが、時間的に遅く逃げきるのに精一杯であった(305)。大森町の鉄道員の次女、小三の桶谷フミは姉、兄と三人で避難した。砂山に近い浜へでて、姉が海水にひたした筵をかけてくれて難をさけた(306)。新川町の船大工の長女と次女、小六と小三の三上美代子・八恵姉妹は母の指示で近所の子と三人で新川を渡った所にあるキリスト教の教会へ向うことになった。しかし、火勢が迫り、移動を余儀なくされた。結局、子供三人だけで砂山に向い、運よく浜近くに番屋を見つけ、多勢の人と身を寄せた(307)。高盛町の沖仲仕の五男、藤田健一は長女に背負われ砂山へ避難した。藤田家では避難先をめぐり、父は砂山、長女の夫は五稜郭を主張、長女の夫が折れて決った経緯がある。砂山では多勢の人が集まり入り乱れた状況であったためか、健一には人と人がすれちがう時の雰囲気というか感じが記憶に残っていた[308]。

以上の状況から、新川沿いに上流へ向ったり、中島町へ避難した人にはほとんど危険や火は及ばなかったが、砂山に向った人には火勢が迫り危機に瀕《ひん》したことが指摘できよう。

砂山の挽歌

崩落した三つの橋のどれかを渡り湯の川を目ざすと、最初に行き着く広大な空間は砂山であった。それは最初格好の避難場所であるかに思えた。汐見小高等科二年の安井交弘は

> 砂山の下までかけつけたが、ここは火の粉一つ来ない。
> 「よい安配だ」と思ひながら、山の上へ上つて見ると足の置場もない位に沢山の人が避難してゐる。「こゝ迄来ればもう大丈夫」とほつと一安心してゐると、今度は猛烈に大吹雪の様に火の粉が落ちて来て、息もつけない位であつた[309]

と記している。一転危険を孕んだ地になったのであった。函中三年の多田新平は今や風下になり火に追われる立場になってしまった状況と心境を

> 風は少しも止みそうもない。無線電信塔にあたる異様な風音はとても忘れられない。振り向いて火を見る

度に、ます〳〵恐怖心はつのつた。[310]

としている。さらに、幸小六年の坂本市作はそうした状況の中でもうひとつ恐ろしい事故を目撃した。

砂山は砂で仲々あがる事が出来ませんでしたが、妹を励ましてやつとのぼる事が出来ました。空は益々きび〔気味〕悪く真赤になり火の粉は雨のように降り顔にあたるとなんとも言はれない痛さを感じる其の時、パチ〳〵パチツ、どだんと云ふ物凄い音と共に「助けてー」、「アレー」と云ふ声がどつと耳へ聞えた。僕はおどろいて新川の方を見ると其れは、大森橋が燃え落ちてしまつた〔瞬間な〕のであります[311]

つまり、大森橋の崩落に立会ったのであるが、その頃になると、もはや火は容赦なく這い上ってきて拡大した。森屋の社員野口絹枝は

気をゆるめる隙もなく後から〳〵とつめこむ人はまたゝく間に二、三百人になった。いずれも荷物を背腰につけてゐる。その中に火の粉は逃げて来た馬車の上の荷物についた。それが烈しい風にあふられて人々の荷物は皆燃え出した。火は私達の頭と云はず口と云はず飛びこむ。熱い息がつまりそうになった。一寸の休み場所も今は地獄となった[312]

と記している。しかし、やがて火による熱さから寒さへ大きく変化する時がきた。それを経験したのが函

高女一年の新明アエ子であった。彼女は

やうやくの事で上へのぼりましたが、大きな火の子が飛んで来て、熱くて熱くて、今にも身体が焼けさうです。〔中略〕其の内に、火は段々とうすくなって来ましたが、今度は雪が降って来ました。寒さと悲しみと、心細さに、妹と弟と五人だき合って、一枚のむしろを着て、一夜をガタ〳〵とふるへながら居りました(313)

と綴っている。また同じ補助科の市場静子は

火は次々と移つて行く。砂山の向ふから何とも云はれぬ叫び声が聞えた。あれが海に流された人々の最後の叫びだつたのだらう。寒さは増々きびしくなつた。雪が降つて来た。まだ火は盛に燃えてゐる(314)

と状況を冷静に見ている。実際、当時砂山町に住んでいた六才のO・Sは深夜起された時の記憶として強風、雨、火の粉、火災による明るさが残った(315)。

以上から全体の推移が明らかになるが、生き証人たちはどうか。先に指摘した新川周辺からの避難民は砂山を目標にしたが、恵比須町から来た桝山秋子の場合、避難民の流れに乗って流れついたのであった。彼女は

兄たちとはぐれ、手には何も持たず、いつの間にか自分ひとりで歩いていた。着ていたマントも吹き飛ば

されていたが、夢中だったため寒さも感じなかった。やがて家もなくなり、火災も遠くなった頃、とある広い所にたどりつく。風が強いため立っていられず、その場に俯ぶせになってじっとしていたが、その背中に何か硬いものがぶつかった。しかし、別に痛くも痒くもなかったから不思議である。淋しさと不安が次第につのってきたので、人のいる方へ歩いて行く。後で知ったが、そこは砂山であった。子連れの一家がいたので「私もここへ居させて下さい」と頼み、その辺にあった莚をひろってかぶり、寒さをしのいだ(316)と伝えている。栄町から来た本家昭三の場合、高盛町経由で湯の川へ行く途中、大森浜の先で逃げられなくなり、砂山へ立ち寄ったのであった。彼は

祖母ら七人で避難した。途中祖母と背負われた妹とはぐれた。二人は着衣に火がつき、火傷を負って病院へ収容された。その間一行は大森浜の先で逃げられなくなり、砂山に避難した。そこでは穴を掘り、中に身体を入れ、飛んできた金盥をひろってかぶり火焔から身を守った(317)

としている。

以上の状況からみると、砂山では危険は少なく犠牲も多くをださずに済んだかの印象を与える。海に入り凍死したり、流されるといった悲劇や橋の崩落による川への転落といった惨劇もなく、事件性にとぼしい点は指摘できよう。作文といい、証言といい内容に切羽つまった緊張感が不足する。

しかし、砂山で命を失った人の数は三〇五人であった(318)。その事実に照らす時、砂山はそれ自体がもつ広

大な空間という自然の特性の中で、ゆっくり時間をかけて烈風と火の粉により避難民を取り囲み家財と莚を発火させ、気力、体力を奪ってその一部を死に至らしめたように思われる。

湯の川へ

砂山をすぎると、人家が減少し畑地や原野が広がる。湯の川温泉までにある目ぼしい施設は刑務所と競馬場くらいであった。すでに指摘したように、住吉町の木村正二の一家は避難場所を少年刑務所に勤める親戚の住む官舎と決めたし、蓬莱町の川崎栄の親たちは荷馬車に家財を積み、親戚の住む競馬場へ向った。(319)

普段なら、湯の川へは椴法華線上を通る市内電車か、市道の海岸通り線上を通るバスを利用して直接向ったものである。しかし、当夜は砂山のそばを通る海岸通り線を自家用車、タクシー、荷馬車等を利用するか、歩く人が多かったように思われる。その理由は海岸通りが湯の川へ行く最短コースであったからだし、途中の砂山に避難したり休憩し、それから目ざせたからである。

作文によると、函中四年の朝山厳は自動車に乗り海岸通りを利用したひとりであった。

「根崎へ逃げろッ」叔父さんの声が絶間〳〵に聞こえた。〔中略〕僕は重要な物だけを持つと直ぐ自動車に乗つた。

間もなく自動車は人混雑の中をわけながら必死に進んだ。車内は老人や子供で一ぱいだつた。皆恐怖に怖えた顔をして、火の手を一生懸命に凝視して居た。一番混雑した大森橋を渡ると後はひたばしりに走つた。振返つて見るともう函館は一面の火の海だつた(320)

と、からくも脱出した幸運を伝えているが、東川小六年の太田富治郎は避難先をどこにするか、最初から考えねばならなかった。そして、

僕はいい考へが浮んだ。それは根崎の方へ逃げても、家はないし、野原だから、もえないから大丈夫だと思つて(321)

決めたのであった。

しかし、だからと言って湯の川村の根崎へ行くのには容易ではなかった。森屋の社員大山トミは母、姉と共に砂山から火と煙に追われて出て来たが、

生への執着と云ほうか半ば夢中でもなく進む中針金をすつかりはりめぐらした処に出た。そこは全くどうしても通る事が出来ない様になつてゐた。どろ〱した雪どけの道にはらばひになり抜けられないものかとあつちこつちに頭をつゝこんだ(322)

と不運を伝えている。結局、三人共全身ドロドロになってたどり着くが、東川小四年の高橋ユリの場合も小学四年生の少女には過酷であった。彼女は一度は合流した両親にはぐれ、

砂山で火のこにあひながら、むしろをあたまからかぶつてゐました。その時はどうなるかと、しんぱいや

ら、おそろしいやらわかりませんでした。

それから火もよう〳〵下火になりましたから、大ぜいの人について私は妹をおぶつて湯の川にいきました。

そして、お寺にいってひなんしました[323]

と流れ着いた様子を綴っている。

そのような地区にたどり着いた生き証人もまた作文の筆者らと類似した逃避行であった。恵比須町の風呂屋の長男、小四の大植壮一は家で火災を知った後一家で早々に避難したため、徒歩ではあったが、砂山を経由して湯の川まで火を全く見ないで行けた[324]。それは例外的幸運である。大植少年より遅く、火勢が迫ってから避難を始めた場合はこうはいかなかった。大森町の運送業の長女、八才のH・Hは父が御者となった荷馬車で大森橋を渡って湯の川を目ざした。途中で彼女は真赤に燃えた柱が飛んできたり、背中に背負った荷に火がついて燃え上っているのに気づかずに走っている人を見たりと恐ろしい思いをした[325]。先に指摘した本家昭三もほとんど同じコースをとっていた。

直接湯の川へ向ったのは東雲町の古永富枝と東川町の塚田としであった。古永富枝は火災が夜空に反射して赤く見え、恐ろしい思いをしながら知人の家へたどり着いたし、塚田としは風にあおられて炎上する家を見ながら避難した[326]。

ところで、その湯の川は温泉がでるため早くから開けた地であった。多数の温泉旅館が散在し、その間には富裕な市民の別荘も点在した。その日、三月二一日は烈風のため、村役場、消防、衛生・火災予防組合、青年団、火災警備隊が出動し、村内の警戒に当っていた。そこへ大火が生じたのである。村当局はそれを早くから察知していたものと思われる。大火の報は各組織を介してその夜の内に住民各戸へ通報された。やがて、函館から避難民が到着し始め、その後を追うように風向きの変化で多数の火の粉、トタン板等が飛来し、煙が立ちこめた(327)。

村当局は避難民救済のため、龍吟寺、湯の川寺、明光寺、湯の川小学校を開放し、さらに旅館にも協力を求めた。加えて、村にあるだけの米を買上げ、炊き出しを当夜から実施した(328)。

かくて、炊き出しを受け、寺ばかりか旅館の世話になった例も少なくない。豊川町のI・Sは知人に連れられ旅館にたどり着き、二、三泊置いてもらったし、先の大森町のH・Hは一家で旅館、大滝温泉へ宿泊した(329)。塚田としもやって来た。彼女は途中で母、長姉ら一行とはぐれ、店の男衆、三女らだけの集団になって到着した。母らは旭館に着き、部屋に上げてもらったが、としら一行は別の旅館へ着き、中庭にしか入れてもらえなかった(330)。

個人の別荘も利用された。地蔵町の白崎七左ヶ門の家族と社員三〇数人は全員着のみ着のままで別荘へ集まったし、東川町の薬剤師森信は家族と金森の別荘へたどり着いた(331)。

結局、湯の川方面への避難民の流入は大森小学校、砂山町、無線塔附近、刑務所附近、競馬場、湯の川と根崎を含めて約三万五〇〇〇人を数えた(332)。それに対し、湯の川村当局の立ち上りは早く、大火当夜に救済措置を講じた点に注目すべきであろう。

市内での目撃

火災はそれが及ばなかった地区の人々に見守られ、観察されていた。西部地区では、さまざまな年令の子供たちが見ていた。小船町の七才、中村昌躬は半鐘がなり、周囲の大人が騒然となった雰囲気に戦慄をおぼえたし、鱈澗町の五才、佐藤十三男は自宅二階の窓から夜空が真赤になっているのを見て恐ろしかったし、幸町の九才金谷茂は畳が風に吹き飛ばされてきたのを見てびっくりしたし、山側の船見町の三才、納代正信は家を出ると、トタン屋根、戸板、窓枠、木の枝等が飛んできたのを憶えている。[333] 中でも、大町の一六才、小柳忠三は用心のため火災を見張るよう家から指示された。呉服屋⌐ソ《かねそ》の三男で函商二年の彼は電車通りに立って見張り、今井百貨店の炎上を見守り続けた。[334]

市内にありながら市街地から離れた秘境、函館山の反対側の海岸でも大火は察知されていた。そこは寒川集落で、名称の由来は山の中腹から流れる三本の沢がサブカワとか三本川とよばれ、いつしかそれが寒川とされたと言われている。明治期に富山県宮崎村から漁で出稼ぎに来た人々が海岸に番屋を建て、土地も開墾し、半農半漁の生活を始めた。昭和九年当時、人口は五〇―六〇人規模。男はカニ工船に乗ってカムチャツカ方面に出稼ぎに行き、女子供だけが残って生活した。集落内には冷泉が二ケ所で湧出したが、ライフラインは何もなく、ランプ生活であった。市内への連絡も陸路はトンネル、吊橋、けわしい断崖の道を通って山背泊町へでたものである。[335]

その寒川集落では、四才の植木サヨ子が周囲の大人たちが騒いだので大火を知った。函館山の向こう側の空が真赤であったのを憶えている。[336]

亀田地区では、港町の九才、岩井淳子が鉄道官舎から空が一面真赤になっているのを見て恐ろしい、と思った。[337] 昼間松風町で記念写真を撮った大中山の六才、澤田三郎は港町の伯母の家に泊った。その家から、彼は多数の火の粉が飛んでくるのを見てふるえ上った。ガラス窓越しに見ていたが、気分が悪くなったのを憶えている[338]。平和な農村に育った少年には刺激が強すぎたのであろう。白鳥町の八才、遠山富子は大きな火の粉が飛んできて、敷地境界の木にぶつかり飛び散るのを見たし、庭へ入れて休ませた避難民の中に玩具箱を持っている人がいるのを見て、あわてていたからそのような物を持って来たのであろう、と思った[339]。亀田港町の六才、成沢定義は赤い空の下で避難民が風に吹かれ砂だらけになって現われたのを見て、子供心に大変な事が起きたのだ、と思ったものである[340]。亀田村昭和の四才、田原善亘は大人が火事と言って騒ぐので市街地の方を見ると、空全体が真赤に染っていたのを記憶している[341]。下北半島大奥村出身で鍛冶村の姉の嫁ぎ先に逗留していた一六才、西端サダは当時五稜郭近くのある家で、数人一緒に和裁を習っていた。「火事だ！」という声に皆で一緒に外を見ると、火災が見えた。大門の方向に大きな火の手が見えて、煙が多量に流れてきた。びっくりして姉のいる家へ帰ったが、その家では、避難民が入ってくると迷惑だとして、戸を閉め切り、施錠して、灯りを消して寝てしまったという[342]。筆者の知る限り、避難民を拒絶した唯一の例である。

中央部地区では、火災が町内の一部に及び、焼け止りとなった時任町からも目撃情報が得られた。八才の鹿又キヌは消防自動車のサイレンを聞いてそれと知った。両親と避難する準備をして、着替えを風呂敷に包んで各自持ち、火災がまだ及んでいない時刻、寒くて暗い中を避難した。翌朝、火災現場を見に行ったら、思いの外近くまで焼けていてびっくりしたのを憶えている[343]。

電車通りの北側にある中島町からもさまざまな年令の子供たちが見ていた。共通した特色は避難せず、自宅にとどまったことにある。七才の長谷久子は記憶があいまいになりつつあるが、避難準備の様子を憶えている[344]。松前町及部《およべ》の一五才、太田政蔵は函中受験のため来函し、そのまま下宿生活をしていて火災に遭遇した。烈風下、家の表へでて観察した。住吉町、谷地頭町方面に火の手が上り、火勢があちこちと移動するのに気づいた。[345]

東部地区から郊外にかけて三人の目撃情報が得られた。柏木町の九才、三沢トミはその家まで火災が及ばなかったためか、赤い空や火勢より頼って来た避難の人々のことを憶えている。父は電車通りに面した地でちょっとした菓子工場を経営していた。彼女はそこへ荷物を持った知人やそのまた知人が多勢助けを求めてやって来たのを憶えている。[346] 同じ電車通りに面した柏野の園芸農家の長男、八才の佐藤政五郎は自宅から火災を見た。祖母が看護師による患者の搬送に気づいたのが事の発端であった。政五郎は最初家の東側が照り返しで真赤になって見えたため、湯の川方面が火災かと錯覚した。家が大きかったため、やがて見知らぬ人々が助けを求めて続々と入ってきた。佐藤家では快く迎えたので、看護師も付いた病人さえ五―六人入って来て、座敷に寝かされた。本人は居場所がなくなり、家の中をうろうろした挙句、庭へ出たのを憶えている。[347] 湯の川村字日吉の五才、水島やえは烈風の中、市街地の空が真赤になり、多数の火の粉が降りそそぐため、「おっかなくって、おっかなくって」しかたがなかった、と回想している。[348]

以上は市内と近郊の目撃情報だが、火災現場に近いため、延焼の可能性、火災の音や火の粉の飛来、濃煙の立ち込めや臭いの拡散、避難民の阿鼻叫喚《あびきょうかん》や救助の要請等で切迫した緊張感がただよっていた。しかし、火災現場から離れるにつれ、風向きによって火の粉の飛来や火災による照り返しの明るみもなく、証言は冷静で客観的になり、当事者意識から傍観者意識に変化しているように思われる。

上海岸からの目撃

函館をはさんで松前側を上海岸、恵山側を下海岸という。その上海岸では、最も遠くは知内《しりうち》村からの例がある。そこは函館から三〇キロメートル以上離れ、地形の関係で函館山が望見できる上海岸最後の地である。その知内郵便局から火災は見えたのであった。一九才の田高清吉は郵便局員であった。函館郵便局から知内郵便局へ電話が入り、それと知った。局舎が浜に面していたので直接見えたが、火の海のようであった[349]。木古内《きこない》村釜谷の五才、吉田典世は両親を失ない祖父の家に引き取られていたが、家の造りが堅牢であったので、近所の人たちが強風を避けて避難していた。大人たちは火災を知っていたが、本人は家の外へ出してもらえなかったので、直接火は見ていない[350]。その点、茂別《もべつ》村茂辺地《もへじ》の九才、池田初枝は周囲の大人たちが「大火だ、大火だ」と言ったため、一緒に浜にでて火災を見た。烈風の中で函館の方向が真赤になっていて、時折花火のような破裂音を聞いた。函館は見えるが、離れていたから、遠くの花火を見ている感じであった[351]。上磯町上磯の酒屋の手伝い、二〇才の澤田信一郎は家の中から火災を見た。丁度函館が対岸の位置にあったからよく見えたが、音は何も聞えなかったし、何も感じなかった[352]。五才の島崎ミツ子は浜にでて烈風の中で大人にまじり、真赤になって燃えている様子を見た記憶がある[353]。

以上から明らかな事は上海岸では位置がほぼ西から北方向に当るため、火の粉の飛来、濃煙の立ち込め等はなく、火災の照り返しで明るくなることもなかったことが判明しよう。

大野村・七飯村からの目撃

状況は場所によって変化する。大野村は函館の真北に当るが、七飯村は真北から北々東にとわずかながら東に寄るからである。

大野村一本木では、一三才の福原ミユキが自宅前から大人たちと一緒に見た。一本木は海抜一〇メートル以下で見晴しがきかないため、空が赤くなっているのを見ただけだが、時々何かが爆発する音を聞いた。(354)証言に火の粉への言及がない。

その点、七飯村大中山になると、大きな変化が生じる。函館本線の七飯駅に向って右側の大中山では、一一才と九才の桜井幸と貞姉妹、一〇才の杉村フミは家の中から火災を見た。そこからは函館の市街地を見おろすことができたため、真赤になって炎上し、火の粉が飛んで来るのが見えた。皆が長い時間見ていたが、音は風の切る音しか聞えなかった。(355)一帯は農家で、米、雑穀、野菜を生産する田園地帯であった。夜ともなれば、暗闇が支配したが、昼間のように明るくなった。国道五号線(赤松街道)にそった松並木と電柱は烈風によりほとんど倒壊した。同じ大中山の農家の九才、島田秀雄は外が明るいので自然に火災と気づいていて、市街地を俯瞰したが、炎上しているのを見た記憶がない。(356)本人の家から見える地区が、延焼しなかった亀田地区であったからであろう。実際、大中山でも家が窪地にあったため火災に気づかなかった例がある。

七飯村本町では、九才の木村まさゑが火災を見た。就寝中を火事だから、と親に起こされ我にかえった。かなり遅くなってから起されたのであろう。風は強かったが、なんと星空が見えた。空は赤く、市街地には火が見えた。函館にいた姉らが鉄道が当てにならないため、歩いて避難してきた。(357)

以上から、大野村・七飯村では、場所により昼間のように明るくなり、火の粉が飛来し、ある種の緊張をもたらしたことが知れよう。

下海岸からの目撃

函館寄りの地から検討を始めよう。最初は、銭亀沢村志海苔の漁家、平野家の場合である。強風が吹くという予報に、二階建ての家に対策を施した。それは屋根に大きな丸太を掲げ、太いロープで土台から廻して家をしばり、ロープの端に碇《アンカー》を結びつけることであった。窓は戸板やたるきで釘づけにした。その作業を手伝ったのが一九才の平野鉄男であった。彼は幼少期に両親が死亡したため、母の弟であった平野家に引き取られ育てられた。その鉄男と兄弟同様に育てられたのが四才の栄悦であった。二人の証言では「ハコダイ（函館）大火」という家族の声と半鐘の音で火災を知った。鉄男はその火災を浜にでてかなり早くから観察した。住吉町とおぼしきあたりに上った火の手は十字街、大門の方向に飛び火して発火、三ヶ所から燃えるのが見えたと言う。栄悦は真赤な炎が天空に反映していたのを記憶している。やがて膨大な量の火の粉が風に乗って真東の志海苔上空に飛来した。それは空一面に広がり烈風に乗って平野家の屋根のはるか上空を銭亀沢の方向へ流れて行った[358]。同じ村の銭亀では、八才の山内竹次郎、五才の黒島宇吉郎が火災を目撃していた。家の中から見ると、空が真赤になっていて、風の音だけがヒューヒューと聞こえた。火の粉への言及がない[359]。子供で戸外へでることを制止され、見なかったからであろう。

戸井村小安《おやす》では、二〇才と五才の姉弟、住田タツと進、九才の山路栄が火災を見ていた。三人の親たちは漁師で家の前の浜で鰯粕を干していた。それが風に飛ばされたり浪にさらわれるのを防ぐため、移動させるのに大忙しであった。そのため、火災の照り返しで昼間のように明るいことには気づいていたが、火の粉の飛来にはだれも気づいていなかった[360]。

その点、戸井村釜谷に居た四才に満たない池田トシは烈風の吹く中を近くまで火の粉が飛来し、落下したことを憶えていた(361)。貴重な証言と言わねばならない。

以上から明らかな事は下海岸では時間が遅くなる程風下になり、火災の照り返しで明るく昼間のようになり、膨大な量の火の粉が烈風に乗って飛来、志海苔、銭亀といった函館の市街地に近い地区の上空を越え、より遠い地へ飛散し、釜谷へも落下したことが判明しよう。

下北半島からの目撃

青森県下北半島にも目撃情報があった。半島は海峡をはさんで函館から先端の大奥村（現大間町）まで約二〇キロメートルという至近距離にある。しかも見える範囲は左側に函館山を配し、その麓から市街地が右手に広がって湯の川まで、さらに右手には戸井村方面にまで及んでいる。観察するには絶好の地の利とも言えよう。しかも、函館は烈風下にあり、曇り、降雨、降雪と悪条件がかさなり、火中にあってだれも遠くを見定める余裕もなかったが、半島の各地区はヤマセ（この場合は主として北東風や東風）が背後の山地に遮られ、それに伴って雨雲も薄く、比較的遠目が利いたものと思われる。

大奥村より外洋に近い下風呂《しもふろ》村では、鍛冶屋の四男、八才の平井兼光が目撃者であった。一家と彼は浜から函館の火災が市街地を時間的経過と共に左から右へ拡がって燃えて行くのを見守った。それは真赤になって見えた(362)。

大奥村では、自宅前の東浜から見た人が多い。漁師の四男、八才の藤枝正友、漁師の長女、一六才の能戸みつえ、一一才の能谷辨治は近所の人や家族と一緒に火災を見た。辨治の印象は火災の初期と思われ、

「函館山の麓の方が赤くぼやっと見えた」のだが、正友とみつえは時間的に経過してからの印象であろうか、「一面真赤になっていた」、「空一杯真赤になっていた」とくりかえしている。(363) 同じ浜からひとりで見た漁師の長男、一〇才の南芳徳は長時間見たのであろう。平井兼光と同様に「函館山の方から右（東）へ燃えていった」と指摘し、「空が一面赤かった」と述べている。(364) その火災を偶然家の中から見つけたのが海産物商の三男、四才の稲葉清三であった。彼は兄弟げんかをして親に叱られ、二階へ行くよう命ぜられて上ったところ、偶然窓から火災を発見したのだった。印象では、「火災はぼやけて赤く、ボーッとしていた」が、はっきり見た記憶がある。(365) それを自宅前の下手《した で》浜から見た漁師の次男、五才の張江末次郎は「靄《もや》のかかったような状況で、ボヤッと明るく、赤く見えた」と表現した。(366) 降雨や海霧を通して見たために、にじんで見えた印象を語ったものと思われる。

自宅前の奥戸《おこっぺ》の浜から見た漁師の次男、七才の菊地金一、漁師の三男、八才の菊野良祐は近所の人に教えられ、それと知った。「火災は赤くボーッとなっているのを」見た、「赤くぼんやり」見えたと指摘している。(367) 良祐はどうしてぼんやり見えたのか分らないとしているが、先に指摘したように、にじんで見えた印象を語ったものと思われる。

佐井村では、大佐井の橋の上からと浜からの目撃情報がある。山林作業員の次男、九才の岡村義道、漁師の次男、一二才の福田欽次郎は周囲で一番高くて見やすい橋の上から火災を見た。前者は「真赤になっているのを長いこと」見たが、後者は「函館山が左に見え、右側から煙がでていた」のを見たという。(368) 浜からは一五才の中村栄吉が見たが、「赤く見えた」という。(369)

古佐井《こさい》では、漁師の四男、九才の田名部武勇が浜から大人達と一緒に見た。函館が「真赤になっていた」という。⁽³⁷⁰⁾矢口では漁師の娘、八才の宮宅すみが火災を見たが、火ではなく煙が見えたという。⁽³⁷¹⁾時には火ではなく、煙が支配的であったのであろう。

以上から明らかな事は下北半島の各村各浜から、多くの人々が火災を発見し、見守り続けたことにある。その火災は海峡でへだてられているから、差し迫った緊張をもたらさず、文言も客観的かつ冷静である。しかし、半島は幕末以来函館と多くの人的交流（教育、職業、取引、婚姻）と物流をかさねて青森市以上に密接な関係を築いてきただけに、目撃した人々には他人事ではなく、複雑な想いが去来したであろうことは想像に難くない。

第三部
鎮火とその後

第六章　後手に回った危機管理

焼け野原

三月二二日、その日谷地頭小三年の有本保は学校で友だちと遊ぶつもりで家をでた。家は立待岬の裏にある元鰯漁の番屋で、父の職業も漁師であった。前夜は暴風のため、念入りに窓に板を打ち付け、早く横になり、不安な一夜をすごした。

　彼は啄木の墓の前を通り、住吉町へ坂を下って行った。と……突然、彼の眼前には焼野原が広がった。そのときの驚きはいかばかりであったろうか。これは大変だ！　彼は引き返して家人に急報した。恐らく、確認された大火を知らなかった唯一の函館市民の例であろう[371]。

　その日、二二日午前六時大火はこれ以上延焼せずとして消防組により鎮火が認められた。しかしまだ、市内では余燼が各所でくすぶり続けていた。それにしても、よくも見事に焼きつくしたものである。函館女子高等小学校の訓導米田義男は翌朝の状況を次のように記している。

堀川町へ出て見ると、片側は砂山まで全く見通しだ。焼跡にはまだぶす〳〵煙が上つてゐる。昭和橋ぎわの交番とその向ひの濟生病院の建物が不思議に焼け残つてゐる。その側に山と積まれた材木はまだ盛んに燃えてゐる。車庫の附近には電車が焼けて残骸を道路に横たへてゐる。〔中略〕この辺から焼跡は末廣がりに廣がつてはてしがない。

あの函館第一の繁華な大門通りは影もなく唯焦土と化してゐる。(372)

森屋百貨店の社員勝田英信は次のように記している。

堀川町へ来た時私は心も魂も全く消えてしまう様な気がした。一面に焼野ヶ原で目の及ぶ限り殆んと灰燼になり、処々に土蔵がぽつん〳〵と立つて居る。新川校女子校等の残骸が一目で見渡す事が出来る。一面に煙がもう〳〵とたち未だぶす〳〵燃えて居る。土蔵で火をはいて居るものもある。今一体何処を歩いているのか全く見当もつかぬ。何んとも云へぬ臭気が鼻をつく。電柱等は全く焼け落ち電線が地面を這って居る。報知器がぐつと二つに曲つて居る。又赤かつたポストは色が落ちてうす黒くなつて居る(373)

同じく森屋の社員柴崎辰雄は次のように記している。

砂山に出た。「もしや生きて居たら」不安一杯の胸に足取重くあちこち歩き廻る。道々に死体畳々、内には未だ死にきれず助けを叫ぶかすかな声、むしろをかぶつて虫の息の半死人、真赤に焼けたゞれたる裸死体、凄い場面だ。すべてが生き地獄だ。さみしくもにぎやかなる山その山を子の名を叫び妻の名を叫び或は親の名を叫びして夢中で歩く幾多の人々。(374)

函中生の楢林好信は次のように記している。

私は心が恐怖に波打ちながらも昭和橋から土堤に添うて川口へと下つていつた。目も当てられない凄惨なむくろ、丁度泥人形に紙を張つて焼いた様になつた死骸が、或は仰向けに、或は俯せに、累々と横はつて居る。其の匂がむつと鼻を突く。中頃まで行くと胸がむかむかしてしまつた。(375)

宝小学校訓導吉田覚三は次のように記している。

宝来町の電車道路に焼死体が転がっていた。昨夜の強風で吹き飛ばされた看板も当って頭蓋骨が割れたらしく、流れ出た血は乾ききって黒ぐろとこびりついている。衣服はすっかり焼けてしまい肌も黒焦げになって、とてもまともに見られない無慚な姿であった。このほかにも歩いて行く道端に真黒に焦げた焼死体が幾つも横たわっていた。中には男女の性別が不明であったり、甚だしいのは木の根っこのような形に見えるのもあった。……

昨日まで豪華を誇っていた函館銀座街もコンクリートの廃屋が散在しているだけで、茫々たる荒野へと変わり、朝の光の中に灰燼が風に吹かれてもうもうと立ち上り、燃え残りの火が赤く見え青い煙が細ぼそと立

ちなびいて、傷ついた私の心を刺のように突き刺す。(376)

最後に、当時七才であった三箇《さんか》三郎《さぶろう》の回想に注目しておこう。

十字街の交差点まで来て驚きました。大森浜の海が見えるのです。家が全て焼き尽くされて視界を遮る物が何も無いのです。遠くに砂山も見えます。〔中略〕大森浜まで行きました。途中電車が焼けて台車だけがレールの上に残っていたり消防車の残骸、馬の死体もありました。大森浜に沿ってコンクリートの護岸があります。其の護岸に凭れている親子がおりましたが死体でした。〔中略〕新川で見たのは、川の中を埋め尽くす程の死体でした。重砲連隊の兵士が死体を上げて川岸に並べておりましたが、其の数はあまりにも多く、中には自分と同じ位の子供の死体が、ランドセルを背負ったまままるで眠っている様に死体置き場にありました。〔中略〕この日見たことは余りにも強烈で精神的にも体力的にも疲れ果て夕食も摂らずに寝込んでしまいました。(377)

少年がひとりで見て歩くべきものではなかった。それ程凄惨をきわめた焼跡であった。そのような状況をもたらした昨夜の危機の中で、管理は、対応策はどうなっていたのであろうか。

危機管理の具体策

大火に際して、警察・消防は道庁へ、郵便（電話）局は札幌郵便局を介して逓信局へ、函館駅は運輸事務所、札幌駅へ、津軽要塞は第七師団（旭川）、陸軍省へ報告・連絡をして救済要請をした。それに対して函館市当局はどのような具体策を講じたのか。

当時、市当局の置かれた状況はきわめて切迫していた。それは市庁舎が火災の危機にさらされていたからである。火災が拡大するにつれ、延焼の類が及ぶ危険を察知した職員らが市庁舎にかけつけた。報道によると、幹部職員のかけつけ順序は坂本森一市長、坪山照次収入役、川南與三郎兵籍課長、当作小一郎総務課長……しんがりは杉村大造産業・社会課長の順であったが、彌吉《やよし》茂樹助役のみなぜか翌朝であった[378]。彼らは戸籍原簿、収入原簿、国税関係帳簿、地方税関係帳簿、建物名寄帳、地租名寄帳等重要書類を搬出することに専念した。

その間市当局は特命により近隣町村当局へ炊き出しの依頼と農林省小樽米穀事務所へ米一万俵の急送請求をし、他方で上京中の北海道長官へ大火を急報し、応援、救護の要請を行った。これらが実質的には危機管理の具体策の始まりであろうか。

しかし、これらはどちらが時間的に先か分らない。前者は市長の命により杉村産業・社会課長のとった処置である。彼は函館駅にかけつけ、まだ通話のできた鉄道電話を利用した。それは近隣町村当局へ明朝の炊き出しを要請することと、前述米穀事務所へ米の急送を請求することにあった[379]。時間にするといつのことか。夜半とされているが、具体的時間は分からない。しかし、鉄道電話は二三時に途絶していたから、要請と請求は途絶以前に行なわれたと考えられる。

後者は庶務課の山澤達男秘書のとった独自の処置である。二一時頃、彼は市長公舎をでて自発的にその任に当たり、長官への急報・要請に取りかかる[380]。すでに電話が途絶していたため、彼は港内に停泊中の船船無線を利用することに決し、打電可能な船舶を物色する。しかし、そうした船舶は容易には見つからず苦労する。結局、彼は浮船渠《せんきょ》に入渠中の北日本汽船会社の天佑丸にたどりつき、無線通信士の協力で打電に成功したのであった。最初、彼は内務大臣と長官へ急報と救援を要請するつもりであったが、猛火で市が全滅するかに思えたため、電文の内容を改め、宛名の範囲を拡大したのであった。電文は

二十一日午後五時東南の烈風吹き倒壊家屋無数の処六時半当市住吉町より失火、現在迄約一万七八千戸消失、風は西に代わりしも未だ延焼中にて、消防の決死的努力も遂に空し。身に一物もなき罹災者は烈風と霙《みぞれ》の中に右往左往す。各位何分の応急の救援を懇願す。

函館市長　坂本森一

で、宛名は内務大臣、陸軍大臣、海軍大臣、北海道長官、東京朝日新聞社、東京日日新聞社、時事新報社、報知新聞社、読売新聞社であった。

この電報が全て打電終了を見たのは翌二二日午前一時であった、これにより大火の第一報が政府中枢とマスコミ各社に到達し、救援の手が迅速に及ぶことになったのである[381]。

他方、重要書類の搬出が終了した後、庁舎では二三時一五分頃西側の木炭倉庫に火が入り、同二〇分本庁舎西側の二階に飛火して炎上した。そのため、庁舎は二三時五〇分焼失した[382]。

その結果、市当局は拠点を失なうが、二二日午前二時、類焼を免れた市公会堂を仮市役所と定めた。そこでは早速出席幹部による危機管理の協議が始まり、罹災者救護、負傷者救護の応急措置が決定された。記録は見当らないが、その時市の救護本部が立ち上げられたものと思われる。

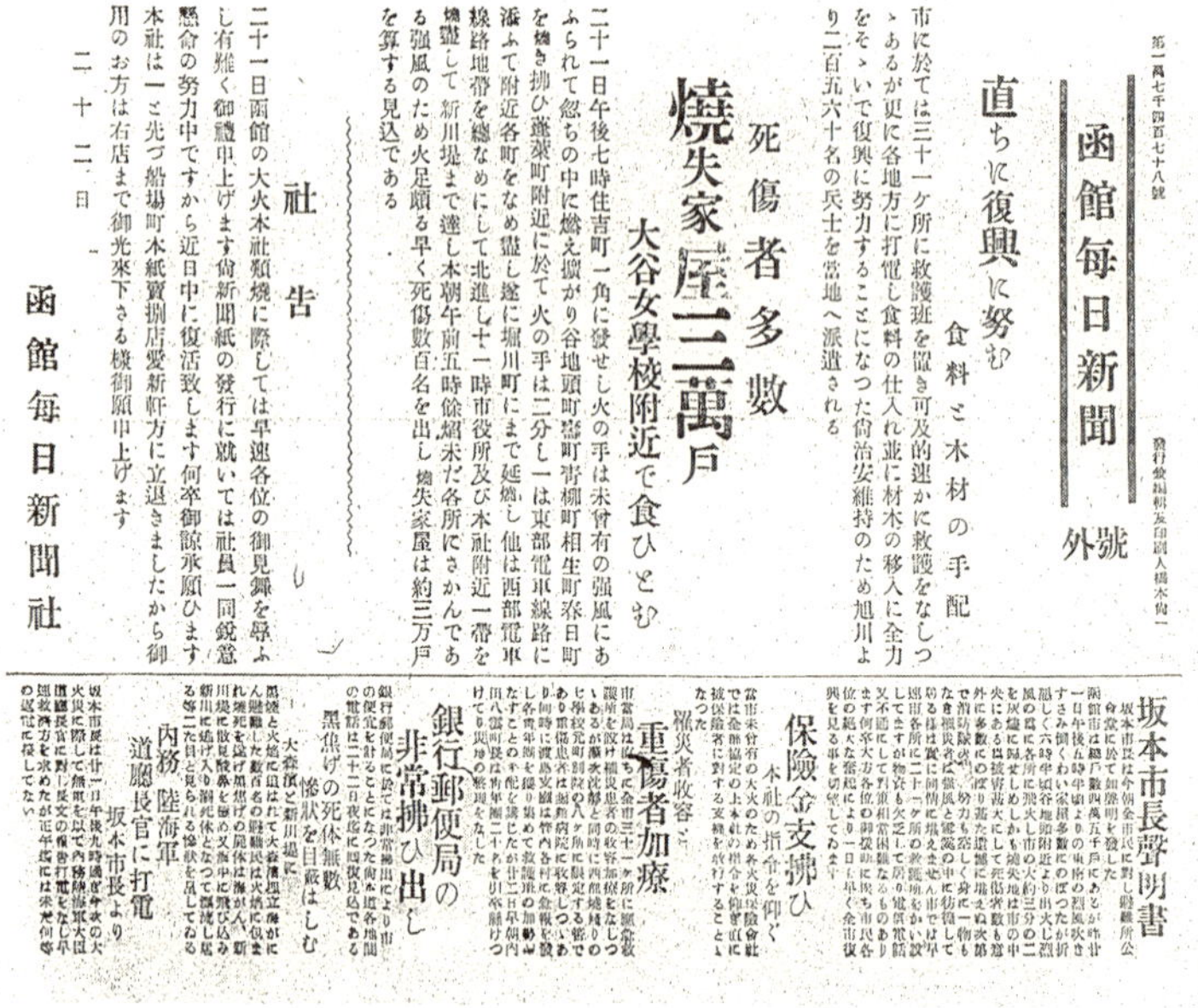

第一萬七千四百七十八號

函館毎日新聞　號外

發行兼編輯兼印刷人橋本保一

直ちに復興に努む
食料と木材の手配

市に於ては三十一ケ所に救護班を置き可及的速かに救護をなしつゝあるが更に各地方に打電し食料の仕入れ並に材木の移入に全力をそゝいで復興に努力することになつた尚治安維持のため旭川より二百五六十名の兵士を當地へ派遣される

燒失家屋二萬戸
大谷女學校附近で食ひとむ
死傷者多數

二十一日午後七時住吉町一角に發せし火の手は未曾有の强風にあふられて忽ちの中に燃え擴がり谷地頭町蓬町青柳町相生町春日町を燒き拂ひ蓬萊町附近に於て火の手は二分し一は東部電車線路に添ふて附近各町をなめ盡し遂に堀川町にまで延燒し他は西部電車線路地帶を總なめにして北進し十一時市役所及び本社附近一帶を燒盡して新川堤まで達し本朝午前五時餘燼未だ各所にさかんである强風のため火足頗る早く死傷數百名を出し燒失家屋は約三万戸を算する見込である

社告

二十一日函館の大火本社類燒に際しては早速各位の御見舞を辱ふし有難く御禮申上げます尚新聞紙の發行に就いては社員一同鋭意懸命の努力中ですから近日中に復活致します何卒御諒承願ひます本社は一と先づ船場町本紙賣捌店愛新軒方に立退きましたから御用のお方は右店まで御光來下さる樣御願申上げます

二十二日

函館毎日新聞社

坂本市長聲明書

保険金支拂ひ
本社の指令を仰ぐ

重傷者加療
罹災者收容と

銀行郵便局の非常拂ひ出し

黒焦げの死体無數
慘狀を目蔽はしむ

内務陸海軍
道廳長官に打電
坂本市長より

図７　『函館毎日新聞』号外

『函毎』昭和９年３月22日付

罹災者の収容

早朝、救護本部は焼け残った小中学校、寺社、教会、公共施設を罹災者の避難所と決定した。しかし、前夜来、公共施設、軍施設、寺社、教会、各種学校、病院等が自然に避難してきた多数の市民を積極的に収容していた。そのため、それらも加えた結果、二二日には避難所の数は三一カ所、二三日には四〇カ所になった。その後市内が平静になるにつれて整理縮小され、三月末には三四カ所、四月一〇日には一三カ所、四月末には七カ所となり、六月一〇日、全部閉鎖された。(383)

もとより、避難所は収容者の生活用に設計されていない。急に多数の収容者をかかえた場合、炊事場、便所、風呂場等に過度の不足が感じられた。避難民は当初援助団体の提供する炊き出しで間に合わせたが、それが一〇日から二週間で終ると、その間に急造した炊事場で軍隊や民間から多人数用の炊事釜や大鍋を借用して自分たちの当番が調理したのだった。

収容人数は避難所の位置や規模、開設時期や利便性によって大きな差異が生じていて、必ずしも同列には比較できない。**表12**は最も収容延人員の多かった避難所を順に一〇位までを表示したものである。

避難所は一時的に収容する場でしかなかった。そこでもう少し永続的に生活の場を考える必要があった。そのための場として持ちだされたのがバラックであった。構想は早くも三月二一日夜の「大火」の報に接

松風小学校	三月二一日~四月一四日	五万九九九〇人
中島小学校	三月二一日~四月九日	四万一六六五人
千代ヶ岱小学校	三月二二日~四月一〇日	三万二四八六人
巴小学校	三月二一日~四月一四日	二万七八八八人
谷地頭小学校	三月二一日~四月六日	一万六〇二〇人
若松小学校	三月二二日~四月六日	一万二〇一一人
鉄道倶楽部	三月二二日~六月一〇日	一万八七一人
海港検疫所	三月二二日~六月一〇日	一万三四三人
元町別院	三月二二日~四月三日	八一九二人
函館商事会社	三月二二日~四月六日	八〇〇〇人

表12　利用人員の多かった避難所
『災害誌』100–101頁

して集合した道庁幹部の間に生じていたものらしく、同夜の内に札幌市内伊藤組の担当者にとりあえず千坪の避難所を三カ所建設することを依頼し、それに使用する木材その他の物資を至急函館へ回送するよう促している(384)。それが結局バラックとなり、道庁により**表13**のように合計三七棟（三八八五坪）が建設された。それは収容月日を見れば分るように、早いと三月中に始まり、文字通り急造であった。更に、それだけでは不足のため、東川東部バラック以下を市

表13　バラックと収容人員

バラック名称	棟数	収容月日	収容人員	合計
千歳バラック	六	三月二一日	一三四九人	一万一二七九人
新川西部バラック	二		一二〇〇人	
新川東部バラック	一〇	四月一〇日	三二六〇人	
西浜バラック	九	四月四日	二七〇〇人	
谷地頭バラック	一〇	四月七日	二七七〇人	
東川東部バラック	一二	四月一五日	三七六三人	五七五五人
東川西部バラック	一九	四月一五日	一四六〇人	
新川西部バラック	八	四月一九日	五三二人	

『函館大火災害誌』103頁「収容状況」から作成

当局が建設し、合計七六棟になった。それらのバラックは一棟の坪数は一〇五坪で、平均二四〇人を収容した。バラックの敷地内には、仮設の診療所、警察官出張所、浴場、洗場、便所等が設置されたし、東川東部、西部の各バラックにはその両端の各一棟に独身者が男女別に収容された。東川西部バラックの一棟は特に妊婦専用とされ、専門医と産婆が配置された(385)。

かくて、収容した罹災者の総数は一万七〇〇〇人に達した。各バラックに市職員一人を配し管理させたが、運営はできるだけ収容者の自主性に期待し、彼らの選定による区長、班長によって行われた。

医療救護

延焼中の二一日夜半より実質的な救護は始まった。特に市立病院には、延焼の危険がなかったので、危険にさらされた民間病院に依頼され、患者が搬送されてきたし、火災の負傷者が午前三時頃から背負われたり、車馬で搬送されて来たのだった。結局、二二日の二〇時までに、一二六三人に治療を施し、函館市

における医療体制の中核的役割を担った。(386)

一方、その他の病院、医院も救護に応じ負傷者に対応した。負傷者の症状は火傷、打撲、骨折、切創、擦過傷、感冒等が多いが、火焔、濃煙、飛砂等の影響で眼疾も少なくなかった。函病の他に多数の負傷者を扱ったのは千代ヶ岱の駐屯地にあった札幌衛戍《えいじゅ》病院函館分院で二二日二〇時までに一六九人、木内《きうち》病院一一二人、虎渡《とらわたり》眼科病院一〇八人、今田病院八九人等で全体としては二四〇二人であった。それらを病院別に分類した表があるので紹介しておこう。**表14**である。一人一病に分類している単純さに疑義もあるが、全体の傾向を知る手掛りにはなろう。

他方、軍部も独自に行動していた。二二日午前七時四〇分、重砲兵大隊内で編成された救護班はトラック二台に分乗して出動、大森海岸付近で多数の負傷者を発見、応急処置をしてトラックに収容、衛戍病院分院へ急送した。その結果、午前一一時半頃までに八〇人を収容することができた。午後は大森海岸、新川左岸地区の収容に転じ、約六〇人の重傷者を収容した。さらに、二二時頃駅周辺で発見された二人の重傷者を収容した。翌二三日は午前七時から出動したが、傷病者は少なく、重傷者三人を収容したのみであった。そのため、救護班は各避難所を巡回し、元町別院と商業学校で約六〇人を治療した。二四日は他班の救護所開設に協

病名	人数	%
火傷	五八二	二四・二〇
打撲傷	三三六	一三・九〇
擦過裂傷	二二八	九・四〇
挫傷	一一二	四・六〇
眼病	三二九	一三・四〇
感冒	三七四	一五・五〇
婦人病	一一〇	四・三〇
咽喉病	一五二	六・三〇
耳鼻病	九五	三・九〇
その他	八四	三・四〇
合計	二四〇二	

表14　負傷者数と病名
『災害誌』154頁の表から

力しただけで終り、正午をもって救護班の編成を解いて行動を終了した[387]。

その間、道庁の手配で続々と各地各組織の救護班が到着し活動を開始した。最も早くは道庁の木村衛生課長が一四人の課員を引率して、二二日一六時三〇分函館に到着した。車中には第七師団衛戍病院、北海道帝国大学、赤十字社北海道支部第七組織の救護班が同乗したので、課長は各班の代表者を一堂に集め打ち合せをすることができた。さらに到着後には、各班の代表者をつれ水上署を訪問、災害の程度の説明を受けた後、各救護班の部署を決定、必要事項を協議した。こうして道庁の指揮の下で（市当局のあずかり知らぬ所で）諸事決定され、衛生課長を本部長とする救療本部が立ち上げられたのであった。その本部は来援する救護班の支援、罹災者の保健・衛生を担当し、スムーズに運営できた。

月日	取扱数
三月二二日	五二三人
二三日	一五二九人
二四日	二五三二人
二五日	三〇八三人
二六日	三一一七人
二七日	二七一五人
二八日	二九四二人
二九日	二七三七人
三〇日	二七八五人
三一日	二一五九人
合計	二万四一二二人

表15　救護班の扱った傷病者数
『災害誌』161頁から

かくて、二二日夜の二一時までに七つの救護班が配置につき活動を始めた。二三日には午前六時の連絡船で青森県庁、赤十字社青森支部等本州勢の救護班等も到着し、本格的な活動を始めた。そのため、午後には小中学校や公共施設等に救護所一九ヶ所、二二救護班が配されて治療に当った。その後も救護班が到着し、最後は四月三日の北部保養院であった。しかし、早期に到着した救護班の中には一週間とたたずに撤収するものも少なくなかった。二四日には北海道帝国大学の第一班が退函した。その後を埋めて後続の救護班に入ってもらうなど救療本部は苦心もしている。[388]

四月に入ると、市内の混乱も収拾に向い、落着きを取り戻すが、重傷者で入院加療を要する者が多数いるため、本部は検疫所を仮設の庁立救療病院にし、二〇〇人を収入することにし、三月三一日より収容を開始した。その間、傷病者が次第に減少し始めたので、救護班は整理・廃止せられ、代って各バラックに設置された常設救療所が診療を行うことになった。[389] 最後に、救護班が診療した傷病者数を一覧にしてまとめたのが**表15**である。一〇日間で延人数は二万四〇〇〇人以上になったのであった。

遺体の収容

始まりは二二日であっても、だれがいつどこで始めたか、公式記録らしきものは見当らない。最初は発見されても収容されていなかった。そのため、遺体は東川町護岸、大森町遊郭、大森浜、砂山等に多数放置されていた。三箇三郎によると、それが二二日午後には「重砲連隊の兵士が死体を（川から）上げて川岸に並べておりました」[390]とあるから、新川にかかる橋の崩落で死亡した人の遺体収容が手がけられた頃が最も早い例になろう。

遺体の収容を担当した行政当局は道庁で、木村衛生課長を介して二五日遺体収容所を三ヶ所設置した。千歳町（路傍）、高森町（新川堤防左岸）、護法院（火葬場）である。遺体は二二日に早くも七六体発見されたが、捜索に当ったのは兵士、警察官、消防組員、青年団員等であった。彼らは二六日からトラック、荷馬車等に積み収容所に運び込んだ。その遺体を新川の堤防に並べる作業に追われたのが志海苔青年団の団員平野鉄男らであった。二六日から四月二日までに、それぞれの所内に六八五人、九一〇人、五〇九人を

図８　十字街

『函館大火災實況』津軽要塞司令部許可済（第329号）図８-14は同じ出典

図９　銀座街

図 10　十字街方面

図 11　地蔵町

図 12　鶴岡町

図 13　旭町

図 14　大森遊郭

収容した。それは遺体を散在させては衛生上も徳義上も好ましくないのと、家族が肉親の遺体発見をしやすくするためであった。収容所には隣接して巡査出張所と検視事務所を設置し、看視と処理に当らせた。[391]

やがて、日時の経過と共に遺体から異臭がただよい始めたので、引取り手のない身元不詳の遺体について、道庁は市当局と協議の上、市側に引渡し、茶《だ》毘《び》に付すことにした。ただ、護法院のある梁川町《やながわちょう》の火葬場だけでは不足のため、砂山町に臨時の火葬場を急遽設置し、対応しなければならなかった。[392]

焼跡整理

担当したのは函館警察署であった。火災直後は幹線支線を問わず路上には、電線が切れてたれ下り、電柱が焼けて傾き、鉄柱が飴状に曲がり、障害物が散乱し、車馬はおろか人間さえ通行は容易でなかった。ただ、火力が強く持続的であったから、木造家屋は完全に燃え尽きて、敷地には石やコンクリートの土台が残るのみであった。その点が津波や地震による被害と異なっていた。それらの場合、流されて来たり、その場でつぶれた家屋や船舶が所かまわず散乱して堆積し、長期に渡り機能不全に陥ったのだった。

函館では、水電会社による電線撤去、工兵第七大隊によるその他の障害物の撤去により、幹線道路の通行は二二日に着手して二四日頃までに可能になった。加えて、支線道路については市当局と近隣町村の在郷軍人や青年団員が協力して整理したため、三月末日までには通行が可能になったし、個人家屋の焼跡整理も個人が推進し、三月末日までには見通しが立つに至った[393]。

復旧措置

その間復旧工事も始まった。機能を失わず断水しなかった水道を別にすると、他の多くのライフラインが支障をきたしていた。

道路との関係でみれば、橋梁の架設が早い。決定は衛戍司令官山口正凞少将で、実行は工兵隊であった。場所は新川下流の高森橋と大森橋跡で、二六日に着手、二八日に自動車の通行が可能になり、午後から市当局の管理下で利用が始まった[394]。

電話、電気の復旧も進んだ。札幌逓信局は電話を市外について二二日午前九時四〇分に、市内について二四日午前一一時三〇分に復旧させた。水電会社は電気を二三日午後一八時三二分焼残りの地区に復旧させ明かりをつけた。市内電車についても二八日午後一八時に焼け残り車輛の中から一三輛を使用して運行を再開させた[395]。

しかし、都市ガスについては容易ではなかった。消失していた家屋でガスを使用していた世帯は二五〇〇以上あったが、帝国酸素瓦斯函館支社が昭和九年度中に復旧させたのは約半数にすぎなかった。[396]

鉄道と連絡線については復旧措置というより新たな事態に対処する応急措置とみるのが妥当であろう。まず、列車と連絡船の運行状況は三月二一日が大火のため既述のように大混乱になった。その大混乱は二二日もまだ続いた。青函連絡船は青森発が第一便、三便いずれも遅着で五便が欠航となった。第一便は二時間五分、三便は六時間遅着したため、それを継承して函館発の列車が遅発することになった。第四〇一列車釧路行は二三時発のところ一時間三四分遅れで、第三一一列車名寄行は二三時四〇分発のところ一時間三六分遅れで出発した。それに比較すると、他の列車は多少の遅延で済んだ模様である。他方、函館着は早朝を別にすれば旭川発と名寄発が遅着したのみで他は運休となった。貨物列車も上下線とも多くが運休となった。連絡線は函館発が第二便、四便共に船のやりくりがつかず欠航、六便が一時間一〇分の遅発ながら運航された。貨物船の便には多数の欠航がでた。

二三日、連絡船は青森発が第五便を欠航にしただけで順調に運航した。函館では、多数の避難民を送りだすため、二一時発で臨時便を運航した。函館発の列車は全列車（一一本）に車輛を増結（最大は名寄行に五輛）し、道内各地への避難民に対処した。運行は旅客、貨物列車共に所定通り運行された。しかし、貨物船の便には一部欠航がでた。

二四日、連絡船は上野発の臨時列車を継承するため、青森発の臨時第九一便を運航した（函館からも臨時第九二便を運航した）。旅客、貨物列車は共に運行されたが、貨物船の便には一部欠航がでた。

二五日、連絡船は前日同様臨時列車を継承するため、臨時第九一便を運航したが、貨物船の便には一部欠航がでた。

二六日、連絡船は全部運航。旅客、貨物列車共に所定通り運行して完全復旧をした(397)。

その間函館駅では、避難民の輸送、慰問品・救恤品《きゅうじゅつひん》・復興用資材の到着でパンク状態であった(398)。中でも避難民の輸送は喫緊の課題であった。多くの難民は焼け出され、無一文に近かった。炊き出しで飢えはしのげたものの、鉄道運賃の負担は不可能に近かった。駅長はすでに見越して前夜から独断で無賃乗車を認めたが、市長からの要請もあり、二二日午後から避難民には発着駅名、氏名、年令等を記載した証明書を交付することになった。それは二六日まで五日間続けられ、一万三一一人を輸送した(399)。

小荷物やその他の貨物の到着も深刻な困難を引き起した。殺到する小荷物は通知や配達が不能であるばかりか、荷さばきが困難なため、受託を停止したが、救恤品と復興資材を除く一般貨物についても同様の措置をとった。しかし、鉄道省は大臣名で告示をだし、三月二三日から救恤品は運賃を無料にし、復興資材は五割引にして対処した。そのためもあって、函館駅には救恤品と復興資材が殺到し、ホームその他の空間に山積されたため、駅構内には手荷物保管庫、貨物保管庫の仮設を、また荷下ろし線の不足から各二四〇メートルの三線を市有埋立地に仮設しなければならなかった(400)。

最後にラジオ放送は二一日夕刻放送不能に陥ったが、局舎は焼失を免れていた。そのため、NHK函館放送局によると、受電できるようになった二三日夕刻、札幌放送局からの短波放送を中継して再開したのだった。

さまざまな機関と団体の増派と応援

道庁衛生課の応援についてはすでに言及した。それ以外についてみれば、顕著なのは警察官の増派であった。二一日夜間に函館警察署から報告をうけるや、道庁の藤岡警察部長、桜井警務課長らは直に警察官派遣を決定し、予めたてていた動員計画を実行に移した。[401]

第一次派遣は増原保安課長引率の七五人で、小樽、室蘭、倶知安警察署等の署員で構成された、二一時四〇分発函館行きで出発、二二日午前六時函館に到着した。第二次派遣は一〇三人で、二二日一六時着函。第三次派遣は一〇三人で、二三日一六時着函。第四次派遣は二二人で二六日午後二二時着函。第五次は二三人で、第六次は五五人等合計三八〇人を増派した。[402] そのため四月一〇日には地元（函館署一九七人、函館水上署四二人）署員二三九人の他に応援のため増派され、残留した署員一二六人、合計三六五人が遺体の捜索、収容、検視、警備、治安維持に当った。実施に当っては警察署仮庁舎内に警務本部を設置し、警察部長自ら出張して来て陣頭指揮をとった。[403]

軍隊も直に増派してきた。それは機密保持の立場から明らかにされていないことが多い。判明する限りの事実をまとめると、函館衛戍司令官山口少将は第七師団（旭川）、第八師団（弘前）の留守司令官に部隊の派遣を要請した。それに応えて二二日一六時四〇分以後、部隊が続々と到着した。第七師団からは歩兵第二五連隊、工兵第七大隊、無線班、衛生班等が、第八師団からは歩兵第五連隊と歩兵第三一連隊、弘前衛戍病院班と青森衛戍病院班等が到着した。[404] 業務の多くは警備と道路・橋脚の応急措置にあったが、通信・救護にも及んだ。

国鉄も職員の増派をしてきた。すでに応急措置から明らかなように、函館駅では増加する乗降客と取扱貨物で天手古舞いであった。だが、職員の側では全体の四分の一に当る七一人が大火で家を失ない、家族からも一〇人の死者をだしていた(405)。そのため職員の増派（助勤者派遣）を行った。増派数は船舶掛七〇人、車掌二〇人、駅手一八人、駅務助手一五人等合計一三七人であった(406)。彼らの助力を得て、大火後一ヶ月間の乗降客数は三二万人（前年同期より一五人増）、貨物取扱量はほぼ二倍になったにもかかわらず捌きされたのであった(407)。

団体による応援や増派も実施された。最も早く独自に応援に踏み切ったのは湯の川村であった。そこでは村当局が前夜来村内で避難民の救済に当っていたが、二二日午前三時頃、岩船銀次郎組長自ら決断し、「函館消防を応援せよ」という命令を発し、消防車（ポンプ車）一台と一六人の消防手を火災現場へ送った。消防隊は函中前の貯水池を利用して第一部を応援し、大谷高等女学校、千代ヶ岱小学校の類焼を阻止するのに貢献した(408)。

さらに、函館市連合婦人会が加盟する団体も動きだす。ただその中には火災の罹災者が含まれているため、一部の団体に限られていた。加盟団体は五〇あったが、実働は二六団体であった。それらは愛国婦人会函館支部、宗教団体では函館仏教婦人会、天主公教会婦人会等、同窓会では函高女同窓会、遺愛女学校同窓会等、火防衛生婦人会では、宝町、鶴岡町、舟見町等であった。会員は慰問、見舞、手伝い、消息調査、寄贈された慰問品、見舞金の仕分け、配給、分配を行った(409)。

渡島連合青年団に加盟する各種団体も多数の団員を応援のため派遣してきた。それは渡島連合青年団長である小林薫が二二日朝から管内町村に職員を派遣し、男女青年団の応援を要請したのであった。その結

表16　男女青年団の動員数

日付	動員数	日付	動員数
3/22	273人	3/29	593
23	697	30	489
24	588	31	382
25	672	4/1	371
26	674	2	280
27	605	3	214
28	574	4	121
合　計　6533人			

『災害誌』243頁、救援団体出動状況より作表

果、二二日から四月四日までの二週間に、表16のごとく延べ六五三三人が来函し、支援業務に従事したのであった。業務内容は大火直後から経過するうちに次第に変化していった。二二日早朝からの業務は炊出し、死傷者の捜索、収容、死者の引揚げ、運搬等であったが、やがて路上から障害になる物の除去、焼跡整理、物資の運搬、官庁と避難所間の伝令へと移り、さらには船舶・鉄道の荷役作業、運搬、救援物資の仕分け、配給、清掃、洗濯、雑役等が加わった。動員された団体は青年団の枠を越えて在郷軍人分会、少年団、婦人会分会等に及び、その数一五〇から二〇〇近かった。派遣町村は銭亀沢村、上磯町といった近隣村落ばかりか、知内村、椴法華村、森町、長万部町にも及んだ(410)。

道庁臨時函館出張所の設置

以上のごとき危機管理の活動と前後して渡島支庁等の施設を利用して北海道臨時函館出張所が開設された。総務部以下六部で編制された。最も早く活動を始めたのは先に指摘した警察官の増派で始まった警察部と衛生課で、両者合わせて出張所内では警務部とされ、水上署内に事務所が設置された。さらに、その後到着の要員により総務部、物資部、義捐部が立ち上げられ、支庁内に事務室が設置された。三者は利用する電話三本が共通した番号のところから、狭いスペースにひしめいて仕事をしていた状況が想像される。その他に用材部が営林署内に、復興部が土木事務所内に設置された。六部の部長は全て本庁から部長級が出張して就いており、道庁の強い覚悟が感じられる。

佐上信一長官は折悪しく会議のため上京していたが。急報に接し、二二日午後東京を発し、大火後青森を出港した連絡船の第一便で二三日函館に到着し、出張所の一行と合流した。

出張所の業務は先に指摘した救護と衛生の他に、食糧品と衣類、救恤品と復興用資材の手配・輸送・提供、警備と保安の実施等多岐に渡っており、時には連絡や調整をしなければならなかった。最終的には四月二五日限りで閉鎖された[411]。

第七章　荒廃と混乱

社会の荒廃

大災害は人に生命財産の危機をもたらし、不安、恐怖、焦燥、失望……等を与えるが、その結果精神的に不安定になり、思わぬ行動に走ったり、自暴自棄に陥ったりすることが少なくなかった。しかし、その程度ならまだしも、明白な犯罪に走る者が多かった。函館大火では犯罪は大火が鎮火する前から生じていた。たとえば、谷地頭町の大崎幸子は逃げ込んだ函館公園の中で他人の着物を持って行く窃盗行為を目撃したし、住吉町の近藤ウメの家は函館公園の一隅に箪笥や大事な荷物をだしたが、翌日取りに行くと、箪笥の中身と荷物は全て盗られていた(412)。谷地頭町の平久保清は一家で要塞司令部の用地へ避難した。幸い火災は自宅の二〇メートル手前で焼け止り、焼失を免れたが、帰宅してみると家中の箪笥が開け放たれ、衣類をごっそり盗られていた。隣家も同様の被害を被っていた。機敏な避難民の仕業であろう(413)。

以上の事例から明らかなように、火災の際中ですら犯罪が生じるのであるから、物の行き渡っていない時代のことでもあり、翌日以降多種多様な犯罪が続出した。当時のある新聞から見出しを拾ってみよう。

三月二六日（月）暴利取締り厳重を要望　商連から函館署へ／東京大火のデマ犯人捕る　警察と憲兵隊で、三月三一日（土）少女に暴行し無残扼殺す　音羽町の焼跡で兇行、四月一日（日）少女絞殺犯人憲兵隊に挙る　荒川町の若者、四月一〇日（火）避難者の衣類を盗む前科七犯の賊御用、四月一一日（水）要塞の軍用電話線九十尺を切り取る魚商人　憲兵隊に捕る、とある。(414) 別の新聞では、三月二九日（木）不徳義な奸商に憲兵隊の目が光る　池田某槍玉に上がる／暴利疊屋が検挙される　今後は厳重に処罰、三月三一日（土）少女惨殺の犯人被疑者　漸く逮捕さる／罹災民を装ふあきれた男、四月一日（日）未決囚は誤り刑務所小使の息子　被害少女は尋常三年の級長　暴行惨殺事件後報、四月二日（月）火事泥した男鉄砲小路で豪遊　水上署員に捕はる、四月一二日（木）家賃一躍二五割！本町に恐ろしく機敏な大家さん　暴利取締りでお灸、四月一五日（日）待遇が悪いとバラック民煽動　悪周旋屋挙げられる／何んと図太い大森町の婆　避難民の荷物盗む、とある。(415) そこには殺人、窃盗から詐欺、扇動まで何でもござれの観がする。

大火後の犯罪は四月五日までの検挙数で一三六件。内訳は窃盗七一件、横領二七件、蔵物故買《ぞうぶつこばい》（盗品であることを知りながら買うこと）一一件、詐欺八件、逃走一件、古物違反一二件、公文書偽造一件、傷害一件、失火一件、其他一件であった。(416)

大火後五月六日までに発生した犯罪件数は約七〇〇件、検挙は約六〇〇件であった。犯罪は全部火災関連で、最も悪質なそれは死者から剝ぎ取った者や保険金の詐取であった。(417) そうした犯罪件数を多いとみるか少いとみるかによって評価は異なってくるが、新聞の論調は半ばあきれている。

さらに、犯罪すれすれの現象も横行した。それは人心を惑わしたり、欺いたりするデマやうわさである。

最も有名で影響力があり、多くの人の記憶に残ったのが放火犯稲山コウ（四三才）の処刑と呪いの一件であった。

事件は大正六年一〇月一一日（木）午前二時五〇分、相生町の木地挽屋《きじびきや》（木地のままで盆、椀などの細工をする仕事）から出火した火災にあった。被害の規模は全焼が六棟一〇戸と三棟三戸、半焼が四戸で、出火原因は放火。犯人は類焼者の人妻稲山コウ。放火に際し使用した石油缶に残った指紋が決め手になった。彼女は前科二犯であった。彼女は妊娠中に裁判を受け、汐見町の分監で翌年三月一三日女児を分娩した。裁判では第一審で犯行を全面的に否定したのがたたり、控訴院で死刑が確定する。処刑に当り、彼女は産んだ子に一目会いたいと嘆願したが、容れられなかった。そのため、処刑に際して彼女はその子（愛子という）の名を号叫《ごうきょう》しながら形相も凄まじく、年忌《ねんき》（毎年の命日）年忌には函館を焦熱《しょうねつ》地獄にしてやる、と呪いながら死についたという。執行日は大正八年三月二一日であった。つまり、今回の大火は期日も同じで、彼女の怨念の結果ということになる。さらに今回の大火で昭和橋のたもとにあった恩賜財団の済生会診療所が運よく焼け残ったが、それは稲山コウの遺児が成長して看護師（一六才）として勤めていたので、母の一念で娘を守るため焼失させなかったのだとうわさされた[418]。

加えて稲山コウの因念話に尾鰭がつき、西部と若松町以東方面に稲山コウの怨念でまた火災が生じるといううわさが流れた。そのため、函館署は流言蜚言《りゅうげんひご》として捜索を行うと警告を発している[419]。

他方、救援物資の配給について不平が生じていた。それは多くの新聞が伝えている。「不公平極まる市の配給方法俄然避難の声起る」という見出しが登場するかと思えば、「慰問品の配給に不平起る」という見出しが踊り、再び「配給の不公平に非難の声高まる」という批判が現われる[420]。それらは各地で生じる市

町名	避難数	配給米
若松	五八〇〇人	二一〇俵
高砂	四二〇〇	二四五
海岸	四五〇〇	二四〇
大縄	八〇〇〇	二六五
亀田	九〇〇〇	四〇〇
五稜郭	一〇〇〇〇	四〇〇
千代ヶ岱	六三〇〇	三四〇

表17　配給米数量
『函新』4月13日付から

役所と各町事務所等の配給方法を不公平としたものである。不公平を具体的数値で説明する記事がでた。それによると、「東部配給米西部より少し」の見出しで罹災への配給米の数量は西部方面では一人三升六合であったが、東部方面では一人三合程度と極端に格差が生じていた、と報じている。それをまとめると、**表17**となる。原因は明示されていないが、役所内部や事務所内で権力の力学が作用した結果であろう。それが時折運悪く露呈すると、末端の個人が摘発され報道されることになる。四月五日付の『函館日日新聞』には「混乱に乗じて配給係りが不正　函館署で秘密裡に調査」の見出しが出、その後には「配給所で配給員の窃取」、「罹災者の上前をはねる配給係を検挙　配給の都度盗む」の見出しが踊る(421)。

不公平が制度上の不備によるものか、関係者の不正によるものか、新聞はどちらとも判断しないが、罹災者の中からは公然と批判し仲間を扇動する者も現われていた。その典型を「収容所内の不平男　追放される」（二紙が同じ見出し）と報じられた事件にみることができる。それは一二日新川バラック第二号棟に収容されていた水木文治（五一才）が待遇が悪いと叫んで入居者を扇動したため、函館署へ引致《いんち》された事件である。同署ではその男を収容所から追放、今後同人には一切配給をしないことに決定した(422)。

不公平と待遇の悪さの間には因果関係があるように思われる。不公平が待遇の悪さを生んでいるのであろう。

もとより、行政機関側には罹災者救済は行政が良かれと思ってしてやる措置（恩恵）という考え方があり、ある程度のバラツキを留意しない気風があった。

以上の動向は流言、不正、抗議という目立ちやすい司直の手が入る分野であったが、人の感性（心の在り様）を揺るがす内生的な分野もまた注目すべきであろう。そこでは、余りの衝撃から大火がトラウマ（精神的外傷）になり、末永く本人の心の中に生き、折にふれてそれを語ったり、逆に触れるのをさけることがあった。

たとえば、すでに指摘したように、栄町の物産卸業の次女山田芳子は大森浜で姉と二人の妹を失なう。父が出張中であったため、生き残ったのは母と本人だけであった。それ以来彼女は笑を忘れた少女になった。海を見るのもいやで、母とも姉妹について話題にしなかった。事件は封印され、心の奥底にしまわれたのであった[423]。

その例は理性的だが、心の均衡が崩れ、精神に異常をきたした者も少なくなかった。新聞には早くも三月中に「大悲惨時に哀れ狂へる人」の見出しが現われるし[424]、四月に入ると「火災の産んだ狂人で柏野病院賑ふ」といった見出しが踊っている[425]。記事によると、罹災者の中から身内を失なって狂人になった者が続出。火災後すでに十数人が精神病院の柏野病院に収容されたという。

伝染病の多発

大火後罹災者は知り合いの家、避難所、収容所のバラックに集団で住むことが多く、人と人との接触が多くなっていた。そこへ悪性のウィルスや細菌が入り込めばどうなるか。さまざまな感染経路により伝染病が流行しても不思議ではなかった。従って、行政当局は従来の経験から今回もある程度の予想をしていたのであった。

案の定、伝染病は音もなく現われた。新聞が気づいて最も早く報道したのは三月三一日付で「伝染病」という小見出しで、二八日現在の患者は一六人と報じていた。(426) 他紙も続いて「伝染病流行合計二一名」、「だんだん殖江る伝染病御用心　火災後の発生二十八名」といった小見出しをつけている。それが四月八日には「伝染病蔓延す　大火後の函館」として患者が四月六日現在合計五〇人に達したことを伝えている。(427)

伝染病はジフテリア、猩紅熱、腸チフスであった。いずれも当時は法定伝染病で、前二者は幼児のかかりやすい伝染病であった。それらについて防疫対策はある程度準備されていた。ジフテリアの予防は注射によるもので、二才から小学三年生以下までに行う。一度注射すると免疫ができるので、三〇〇〇人分が用意されたという。バラックでは四月一三日から開始されたが、小学生は学校で、幼児は各組合事務所で行う予定であった。腸チフスの予防としては全市民に内服ワクチンを服用させることにしていた。すでにバラックに収容していた罹災民にはワクチンの内服を終了していたので、中学校の生徒には一二日から、小学生には開校後に、一般市民には各組合から配布する予定であった。(428)

伝染病はさらに増加する。函病はすでに大火の負傷者等で満員のため、山背泊《やませどまり》の検疫所を拡充し、数百人を収容できる規模にする予定であった。

新聞は四月一二日付で「伝染病患者　二日現在六一名」として内訳がジフテリア二八人、猩紅熱、二六人、腸チフス七人と報じ、(429) さらに、「依然終息せぬ伝染病」の見出しで二五日までの患者数が一〇九人になったことを報じている。しかし、増加の一途をたどった伝染病にも天井を打つときがきた。新聞は「伝染病もようやく下火　当局もほっと一息」という見出しで、五月三日までに患者が二八人にとどまったことを記し、発生に衰えが見え始めたことを報じた。[430]

かくて、伝染病の脅威は次第に遠のくが、それでも五月後半に新聞は「天然痘函館に発生」の見出しで五才児の発病を伝え、警鐘を鳴らしたのであった。[431]

物価の高騰

大火により多量の物資が焼失した。その結果、事後極端な物不足に陥った。特に食料品や生活用品が日常生活を左右するだけに必要とされた。放置すれば、商品価格は需要と供給のアンバランスを口実にした商人に値上されよう。当然何らかの規制が要請ないしは決定される必要があった。

最も早くそれを取上げたのは三月二四日開催された商工会議所第四回緊急役員会で、商業手形決済期間の延長等の他に暴利取締方の励行を申合せたが、要請となると、函館商工連合組合会であった。三月二六日、同会斎藤会長は折から在函中の佐上道庁長官を訪問して、暴利取締りに関し警察署長に命令を発するよう要請を行なった。それは同会会員の中から値上げをして暴利をむさぼる者がでているので、市民の批判をかわす目的もあったのであろう。しかし、それが新聞に「暴利取締り厳重を要望　商連から函館署へ」の見出しででることにより、会員を牽制する役割も担ったのであった。[432]

にもかかわらず、現実には値上げが各所で報じられた。小売商品の物価は後述するが、他のさまざまな利用・使用料金が値上げをみた。たとえば、タクシー料金は市内交通機関の壊滅を前にして自然に値上りした。そのため、函館署で暴利取締りの観点から料金を決定し、市内は八〇銭均一、五稜郭方面は一円、

品名	単位	大火前の平均価格	大火後の平均価格	高騰率
白米上	一升	〇・二五円	〇・二七円	一〇八%
同中	一升	〇・二四	〇・二五	一〇四
同下	一升	〇・二〇	〇・二三	一一〇
甘藷	一貫	〇・二二	〇・二五	一一四
葱	一把	〇・〇九	〇・一〇	一一一
鶏卵	一個	〇・〇四	〇・〇五	一二五
砂糖	百匁	〇・一四	〇・一七	一二一
ビール	一本	〇・三三	〇・三五	一一六
紅茶	一封	三・六〇	四・三〇	一一九
染がすり	一反	〇・九五	一・二〇	一二六
綿ネル	一反	一・〇〇	一・二〇	一二〇
メリヤス	一組	一・五〇	一・六〇	一〇七
下駄	一足	〇・五〇	〇・六〇	一二〇
ゴム靴	一足	二・〇〇	二・八〇	一四〇
軍足	一双	〇・一〇	〇・一五	一五〇
軍手	一双	〇・〇八	〇・一二	一五〇
敷布	一枚	〇・七〇	〇・八〇	一一四
木炭	一俵	一・九〇	二・一〇	一一一
石油	一升	〇・三八	〇・四〇	一〇五
杉角	一本	一・五〇	二・〇〇	一一七
杉板	一坪	一・五〇	一・八五	一二三
トタン板	一枚	〇・七九	〇・九〇	一一四
釘	一貫	〇・七〇	〇・七五	一〇七
ござ	一枚	〇・四〇	〇・六〇	一五〇
洗面器	一個	〇・三〇	〇・四〇	一三三
バケツ	一個	〇・三五	〇・四〇	一一四

品名	単位	大火前の平均価格	大火後の平均価格	高騰率
畳	一枚	二・八〇円	三・五〇円	一二五%
竹行李	一個	一・三〇	一・七〇	一三〇
箒	一個	〇・五〇	〇・六五	一三〇
布団地	一反	一・五〇	一・七〇	一一三
大豆	一升	〇・一六	〇・一六	—
小豆	一升	〇・二二	〇・二二	—
豚肉	一斤	〇・五〇	〇・五〇	—
食酢	一合	〇・〇三	〇・〇三	—
分蜜糖	百匁	〇・一三	〇・一三	—
清酒	一升	一・八〇	一・八〇	—
打綿	一貫	三・七〇	三・七〇	—
靴下	一足	〇・二五	〇・二五	—
石炭	一俵	一・〇〇	一・〇〇	—
コークス	一俵	〇・九〇	〇・九〇	—
ちり紙	十帖	〇・一五	〇・一五	—
化粧石けん	一個	〇・一〇	〇・一〇	—
飲茶碗	一個	〇・〇五	〇・〇五	—
マッチ	一個	〇・〇五	〇・〇五	—
小麦粉	一貫	〇・八〇	〇・七三	九一
馬鈴薯	一升	〇・〇六	〇・〇五	八三
玉葱	一貫	〇・三八	〇・三五	九二
牛肉	百匁	〇・三五	〇・三〇	八〇
味噌	一貫	〇・七〇	〇・六〇	八六
緑茶	一斤	一・六〇	一・二八	八〇
番茶	一斤	〇・六〇	〇・五〇	八〇
晒木綿	一反	〇・七三	〇・六五	九〇
足袋	一足	〇・二八	〇・二〇	六四

表18　小売物価一覧表（三月末日調査）
『災害誌』662–663頁

護法院（焼場）は一円二〇銭、湯の川は二円とした。[433]それは一時市内は二円、湯の川は五円までした料金の是正であった。しかし、地代、家賃の値上げとなると、発覚するのは氷山の一角であったと思われる。借地人や借家人は値上げに異議をとなえると追い立てを食う危険があるため、おいそれと反対できなかったのである。四月一二日、「不正家主を槍玉に　廿円の貸家で四十五円ぼる　函館署で厳重取調べ」といった見出しが紙面に踊ったが、[434]表面化は少なかった。

他方、小売商売となると、建築用木材の価格統制に成功した例を別にすれば、他の品目において、一定の値上りをみることになった。建築用木材は道庁の斡旋で供給され、函館木材商組合が全部引受け、わずかな手数料をとって販売することになっていたが、[435]そのような仕組のない一般的な小売の商品は商店の思惑次第で変動していた。函館署は三月二五日から四月二四日までの暴利取締りの結果を公表している。それを報じた新聞によると、市内商店二六八五店に取締りを行ない、報告六件、説諭五六一件、注意一一八五件、合計一七五二件を数えた。[436]その間明らかになった商工会議所の調査による火災前後の小売物価一覧がある。それを表にしたのが表18である。それを見ると、値上りが三〇品目、変動なしが一四品目、値下げが九品目であった。それらを検討すると、値上り食料品はほとんどが内地からの取寄せ物で、変動なしの食料品、値下げのそれは道内調達が可能な品目が多いことが指摘できよう。

結局、物価の高騰はあったと言えるのであろうか。結論から先取りして言うなら、大火後の混乱した状況の中で一時的に高騰は見てとれる。しかし、①三月二二日の佐上長官による告諭に代表される道庁の経済政策（暴利行為の阻止）に従って警察署が十分監視を強め、きびしく取締ったこと、②ほとんど全ての倉庫が類焼を免れ、在庫品に被害がでなかったため、[437]多量の商品が確保されていたこと、③多量の商品・

物資が陸路海路で運び込まれ、たとえば函館では焼失物資の補塡品、救恤品、(438)見舞品が殺到して、到着貨物量は日ごと激増して平日の三倍半の多きに達して大混乱を来す程であったこと等のために、やがて物価は時をへずに平常に復したように思われる。

御真影の取り扱い

明治以来、小中学校には宮内省より御真影《ごしんえい》という天皇・皇后両陛下の公式肖像写真が貸与されてきた。校長はそれを校内にもうけられた泰安殿《ほうあんでん》に教育勅語謄本と共に安置し、厳重に管理し、学内の儀式に使用していた。危機の際御真影をどう扱うべきか。危機が学校に迫るや、校長や教員は馳せつけ、身命を賭して御真影と教育勅語謄本を取りだし、安全な場所へ移す奉遷《ほうせん》を行なったのであった。安全な場所は予め決められていなかったから、その時の関係者の判断で臨機応変に変更され、寺社、学校、軍駐屯地、時には自宅へ移された。函館女子高等小学校の御真影が奉遷された記録は「御真影奉遷記」として発表され、避難民が御真影と聞いて道を譲る愛国美談として反響をよんだが、(439)他方には深刻な事態を招きかねない顚末記もあったのである。

それはある校長に生じた一生忘れることのできない痛恨事であった。それを明らかにした本人は後年兄から聞かされてそれと知ったのであった。本人によると、大火の夜、父は家族を避難させると、ひとりで自分が校長の小学校へ向った。途中には新川橋があり、それを五稜郭側から松風町側へ渡らねばならなかった。しかし、既述のように、松風町側から渡ってくる圧倒的多数の避難民のためどうしても渡ることができなかった。新川橋が駄目なら別の橋へ移動しなかったのか、その間の事情は分らない。ともかく、橋が崩落したため、渡ることができないうちに学校は焼失してしまった。その結果、御真影と教育勅語謄本をもちだせなかったのである。校長としては大失態であり、進退問題に発展するのは必定であった。翌朝、父は焼け残った自宅へ悄然として帰宅した。相当な覚悟の上であったと思われる。そこへ知らせが入った。宿直の代用教員が機転をきかしてくさりを切り、御真影と教育勅語謄本をもちだし奉遷してくれていたのだった。彼のおかげで父は危地を脱した。公式には、奉遷により御真影の取扱いは万事遺憾なきを得て安泰であった、ということで通った。父は長男にのみ真相を明らかにし、黙して語らなかった。御真影は全部御安泰という事実の背後には、このようなドラマがあったのであった。(440)

第八章　責任と被害

大火の法的責任

大火はだれの責任であろうか。火災は烈風が吹きつけ大火になったが、火元があり原因は人為的であった。状況が状況だけに発火は不可抗力とも、あるいは家人の不注意による失火とも取り沙汰された。

そうした中で火災の火元について有罪か無罪か法的責任を裁判に問うことが妥当なのか、問題であった。函館区検事局は札幌控訴院検事局とも打合せ、起訴か不起訴を検討したが、発火原因に不注意な点を認め、九月二九日火元の長男杉澤八十郎《やすろう》の内縁の妻金森リワ（二八）を起訴と決定した。初公判は函館区裁判所（第一審）において一一月一二日開廷し、検察より罰金二〇〇円を求刑された。それに対し、一二月一五日、罰金一〇〇円の有罪判決が下った。しかし、被告はそれに不服で直ちに控訴した。以来事件は罰金一〇〇円を踏襲した札幌控訴院（第二審）さらに東京大審院（最終審）と移り、昭和一〇年一二月二五日同院刑事第二部において最終判決が下った。

それは「失火は不可抗力と認め、原判決（罰金一〇〇円）を破棄し改めて無罪とする」ものであった。判決理由は次の通り。すなわち、当日は二、三〇メートルの烈風が吹き荒み、二階で針仕事をしていたリワは危険を察知して大部分の火を消し壺に入れて残火で仕事を続けていた。しかし、風はますます募る一方なので、その残火にも冷たい灰をかぶせる等周到な注意を払ったが、ついに屋根を吹き飛ばされるに至り身に危険を感じ避難した。その間二階で残火から出火したもの。もし屋根が吹き飛ばされなければ、出火はしなかった筈である。しかも、あのような烈風は全く予想もされないもので、リワのとった行為は決して間違いではなく、そのときのリワとしては万全の対策であった。それに対し刑罰を加えるのは社会通念に反するばかりか、刑法もそれを要求しない、というものである。[441]

かくて、起訴された金森リワは晴れて無罪になった。そうなると、あれだけの大火にだれも責任がないことになる。法的に決着がついたが、多大の犠牲と被害をこうむった市民には釈然としないものが残って当然であろう。ところが、うらみがましい言動や怒りは表面化しなかったし、新聞にもほとんど全く責任追及の論調は現われなかった。

なぜであろうか。日本人には、もたらされる社会の激変や破滅、さらには理不尽な結末に寛大になる気風があるように思われる。それは一種諦観《ていかん》とも言うべき境地で、「しょうがない」として大勢に準じて鋭く原因（責任）を追求しない特性である。その特性は歴史的に見ると、明治維新、関東大震災、日中戦争、太平洋戦争、原爆投下、終戦等の際に、当事者と利害関係者のごく一部を別にすれば多くの市民が従容《しょうよう》として受け入れたことによって立証されている。函館大火についても事の本質は同じと受取られたのであろう。焼けだされたにもかかわらず、「今更仕方がない」と割り切っていた。多くの市民は、三回の大火を経験し「これからやり直し」と言ってさばさばしていた安村久子の母のように、[442]正面きって責任追及の声を挙げることはなかった。しかし、消防関係者は当然責任を感じていた。報道によると、三月二三日、勝田組頭と佐田第一部長は市長を公式訪問、大火の報告の後幹部の辞表を提出した模様だが、受理に至らなかったようである。市民にとって唯一救いだったのはリワの内縁の夫、八十郎が道義的責任をとったことにある。彼は市消防組第二部の常備消防手で消火活動に従事し、左眼に火傷を負っている。しかし、「実家から発火したのは何とも申訳ない」として辞職した。[443]火元の息子は消防手という皮肉な関係であった。

大火になった原因

法的責任はなかったとしても、大火になった原因は究明されなければならない。それには、気象、都市構造、消火方法の観点から検討する必要があろう。

函館測候所は「大火を誘発せし主因」として

①烈風のため消防の活動を阻害せられしこと。

②家屋の倒壊、破損屋根葺材《ふき》の剝飛せしもの多数に上りしは延焼飛火も最も熾烈《しれつ》ならしめしこと。

③発火地点は市の南端にして一方に偏在し消防施設上遺憾ありしこと。

と、三点を指摘している。[444]いささか古めかしい表現ながら、意味は明瞭である。

消防組はさらに具体的に言及している。

①最高二四メートルという稀に見る台風にして、火勢猛烈を極め消防の活動意の如くならず、水勢乱れて局所注水不可能に陥り、注水中消防手が時々吹飛ばされ、各所に飛び火して一時に発火したこと。

②地形の関係に依り延焼中頻《しき》りに施風突風が起ったこと。
③発火地点附近に矮小《わいしょう》木造家屋が連なり、市内全般に亘り可燃焼建築物の多かったこと。
④道路が概して狭隘で防火地区少なく、広場、公園等は、都市計画上の施設未《ま》だ完成して居らなかったこと。
⑤発火地点は水道の終点なる為、水圧弱く水量に乏しかったこと。

と、五点を指摘している。[445] それらは測候所のまとめた主因三点をさらに一層詳細に区切って説明的にまとめ、それに都市の現状を加えたもので、追加点を別にすれば内容相互に矛盾はない。指摘された諸点は技術的にみて大火になった原因としては異議なく納得できよう。

被害を大きくした原因

大火になったとして、なぜまたあのような大被害をだしたのであろうか。まずもって問題にすべきは当時の函館を支配した行政機関の仕組とその運用方法にあると思われる。

大火に直面した行政機関をみると、最も重要な役割を演じたのは陸軍（国）、警察・消防（道）、市役所（市）であった。陸軍には、津軽要塞司令部、津軽要塞、重砲大隊、憲兵分隊等があり、それぞれの部署が事の重大さに覚醒して動きだしたのであった。その際は上下間に密な連絡があり、上級者の指揮下で行動している。また、後の五月八日、市長が大火への救援について全国へ感謝の放送をした際、各部隊の出動があたかも市長の命令であったかの印象を与えたとして軍が猛反発、司令官山口少将が独自の判断で各師団へ出動要請したと主張し、憲兵隊が放送原稿の調査に乗りだす一幕もあった。それははからずも、各機関が連携を欠き、バラバラであったことを示している。警察・消防はどうか。当時両者の間には制度上、上下関係があり、消防が従属的な立場にあった。両者は密な関係にあり、火災現場では署長と組頭が巡視の上消火について協議をしている。しかし、連絡は警察と消防の内部に限られ、市役所、渡島支庁にさえ十分とられた形跡がない。市役所はどうか。市は自ら防災に主体的行動をとることはほとんどなかった。かけつけた市長以下多数の職員は役所内で重要書類の搬出に大童《おおわらわ》で、逃げ仕度に終始したと言っても過言ではない。彼らには、緊急連絡を担当する部署さえ決っていなかったように思われる。たとえば、上京中の北海道長官へ大火の急報と救護の要請をするのさえ、必要性を感じて自発的に行動を起した庶務課秘書係山澤達男の機転であった。

鎮火して救助組織が立ち上げられると、行政機関には相互に連絡もなかった位であるから、バラバラであった。三月二二日未明、市の救護本部が市役所（公会堂に移転）内に設置された。同日午前八時、道の救済本部が道庁（札幌）内に設置された。同日夕刻、救療本部が支庁（函館）内に設置された。三者間にどのような連絡・調整がなされたのであろうか(446)。

以上の事実から行政機関の権力の仕組は縦割りであったと言えよう。その特色は自律性が強く、上からの調整能力に優れているが、他部署との、まして他機関との連携に欠け、得た利得や情報を握ってはなさず、非公開にすることにある。

そうした行政機関の運用方法をみると、住民自治がなおざりにされてきた現状が如実に現われていた。それは官主導であったからである。民間の経済力や発言力が弱かったこの時代の日本では一般的とも言えるが、特に北海道は明治期以来開発に着手された後進地方で、移住者はひと握りの成功者と多数の無知な細民からなり、中産階級に相当する社会層の成長が十分でなかった。行政機関の側はそうした社会層の保護・育成をするどころか、成長不足をよいことに、一部識者の懇談会や集会を開催して形式的手続を踏むだけで、細民の多い市民との対話をかさね、期待される政策やサーヴィスを探る努力を怠ってきた。その結果、行政機関は何かを実施するときには、政策といい、規制といい、市民にやってやるといった高圧的、独善的な考え方による独断専行であった。それは真に市民の必要とするサーヴィスには無関心であった。

防災行政を例にしてみよう。函館では市当局は災害時に必要な広域避難所に相当する土地の指定さえしていなかった。明治六年、それは開拓使により一度は指定されたが、その後は立ち消えになっていた。まして避難勧告など決められていなかった。そのため、大火の際市民は避難先について自分や周囲の人々の意見で決定しなければならなかった。その状況は第五章の避難した証人たちの行状によって明らかである。言わば、市民は自力救済に追いこまれ、行政機関から放置されたのであった。当時路上で警察官や火災警備隊のだした指示は場当り的なものにすぎなかった。

かくて、行政機関の仕組みと運用方法は縦割り行政と官主導ということである。それら自体は特に欠陥でも弊害でもない。しかし、それらが何らかの突発的な新しい事態に直面したとき、仕組みと運用方法は試練を受けることになる。函館の場合、暴風下の大火という災害に遭遇したのであった。その結果、行政機関はその硬直性（たとえば他部署、他機関との連携の欠如、情報の非公開等）を露呈させ、柔軟に対応（他機関の有効な利用、市民への広報活動等）できなかったのであった。

よって露呈した硬直性、柔軟性を欠いた対応、それらこそが被害を大きくした原因とみるべきであろう。

被害一覧

大火によって生じた函館市内に限っての被害の一覧をできるだけ広い範囲にわたり、一部くりかえしになるが、まとめておこう。

○焼失町　全焼二二ヶ町　半焼一八ヶ町

全焼町――住吉町、青柳町、春日町、相生町、曙町、壽町、恵比須町、蓬萊町、東川町、宝町、栄町、汐止町、地蔵町、西川町、旭町、松風町、東雲町、大森町、千歳町、高盛町、宇賀浦町、砂山町。

半焼町――谷地頭町、汐見町、末広町、船場町、豊川町、鶴岡町、音羽町、高砂町、若松町、新川町、堀川町、金堀町、的場町、千代ヶ岱町、時任町、人見町、中島町、真砂町。

○焼失面積　約四万一六三九ヘクタール（約一二五万九六〇〇坪）

それは市街地面積の二七・三七％に及んで広大であった。

○焼失建物棟数一万一一〇五（普通家屋九一二一）棟

それにより、二万二六六七世帯（外国人八六世帯）が焼けだされたが、平均すると、一棟当り四・〇二世帯であった。

○被害見積額　一億二三九一万八〇二七（建物三六五三万七四一五）円

明治四〇年の大火における被害額が三一一四万八三三七円、大正一〇年の大火における被害額が一七七九万八五四九円であるから、今回の大火が桁はずれであることが明らかになろう。

○罹災人口　一〇万二〇〇一人

総人口二一万六九〇〇人の都市で一〇万二〇〇一人の罹災者がでたのである。それは％にすると、四〇・七〇％である。要するに、四割の市民が焼けだされたのであった。

○死者　二一六六人

内訳は大火による死者二〇五四人と大火による傷病者一一二人である。大火による死者では溺死が九一七人、焼死が七四八人、凍死が二一七人、窒息死一四三人、その他二九人である。死因の一位が溺死なのは注目に値しよう。大火による傷病死では肺炎五二人、凍死一八人、火傷一七人の順である。それらの数値が意味するものは大森浜で激浪にさらわれて溺死した人、運よく助かったものの全身濡れ鼠になり凍死した人、橋の崩落で新川に転落し窒息したり凍死した人、寒さで肺炎になって死亡した人等が火焔と火流に倒れて焼死した人より多かったということである。

○行方不明者　六六二人

それは、家族、親族、知人より届出のあった者の数であるが、激浪で海中に呑まれたものと考えられている。

○重傷者　二三一八人　軽傷者七一六七人

消防組調の統計による数値だが、「大火ニ因ル罹災傷病者調」とは一致しない。重傷と軽傷の区別も判明しない。

○主たる焼失建物　学校一八、官公署一〇、病医院四一、神社・仏閣一六、劇場一〇、公設・私設市場一〇、銀行会社九、工場倉庫一三

主たる焼失建物は多く、深刻な打撃を受けたかのように見える。確かに多数の小学校、病医院、神社・仏閣、劇場、市場を、さらに市役所、消防組本部、警察署、裁判所等を失なった。しかし、よく観察してみると、多数の重要な建物が残ったのであった。学校では中等学校はほとんどが、官公署では支庁、土木事務所、公会堂、函病、中央郵便局、電話局、放送局、税関、函館駅が、神社・仏閣では歴史的な高龍寺、称名寺、本願寺別院、八幡宮、招魂社が、銀行会社では日銀函館支店、第一銀行支店、安田銀行支店、函館貯蓄銀行本店や日魯漁業、函館船渠、函館製綱船具等が、工場倉庫では郵船、竜紋、佐々木、安田、金森、相馬、小熊、弁天といった大手の倉庫が無傷で残ったのであった。かくて、復興に着手されると、都市機能は急速に回復することになった。

○焼失交通手段　市内電車四八輛、バス七台、トラック一二台、その他一〇台、自転車三三〇五台、荷積馬車三二二台

電車関係では新川町の車庫が焼失したため、それに伴い焼失車輛が多くなったが、一六輛が焼け残った。バスは移動の自由が利くため焼失が少なく九台が焼け残った。しかし、バスはもとより電車の路線を補完する補助交通手段にすぎなかったので大火後多数を導入（七月三日現在二八台までなる）したが、ついに交通手段の中心になり得なかった。その他個人営業のタクシーは被害少なく、大火直後には交通手段の中心であった。

○倒木　四五〇〇本以上

場所	種類	倒木数	%
えぞだて山附近	松、杉	二、〇〇〇本	七〇
函館八幡宮附近	松、杉	一、八〇〇本	二〇
招魂社附近	松、桜	一〇本	二〇
元町配水池附近	松、杉	三二〇本	六〇
五稜郭附近	松、杉	三三〇本	五〇
公園内	松、桜	五〇本	二〇
二十間坂附近	楓	二〇本	五〇

表19　倒木の種類と数

『調査報告』54–55頁

であった。発生時間は一九時か二〇時以後、南南西ないし西南西の風によった。函館測候所による倒木の調査結果をまとめたのが**表19**である。それを見ると、蝦夷館《えぞだて》山附近は総数二〇〇〇本の松、杉が倒れていて一番多い。それに次ぐのは八幡宮附近だが、そこも一八〇〇本の松、杉が倒れている。前者は全体の七〇%、後者は二〇%である。同じ並びの元町配水池附近も三二〇本と、数は減少するが、全体の比率としては六〇%、函館公園内も五〇本の松、桜が倒れ、二〇%を失なった。他方、五稜郭附近は平地であるが、三三〇本の松、杉が倒れ、比率も五〇%に及んでいる。しかもそれは函館山とは離れている点に注目すべきであろう。烈風は平地でも吹き荒れたということである。

なぜ倒木が多かったのであろうか。当日は烈風の他に、融雪のため土壌が水分を十分含み、土地にゆるみが生じていたためであった。函館山の斜面には残雪が多く、沢筋では腰当たりまであったし、五稜郭周辺では平地にもかかわらず数十センチ程の残雪であった。

かくて、倒木が多くでても飛び火で森林火災をひき起こすことはなかった。無数の火の粉、時にはこぶし大の火の粉が五稜郭、日吉、湯の川ばかりか志海苔、銭亀沢の上空にも飛来し、さらには亀田山脈の川汲《かっくみ》峠を越えて尾札部《おさつべ》村にも及んだ。そこは函館から二〇キロメートル離れているが、屋根から剥離した鉄板、屋根柾《やねまさ》、衣類等が各集落内の森林に飛来し発見されている。最も多かったのは郡境の分水嶺附近の森林内であった。

○橋梁の被害　新川に架かる大森橋、高盛橋、新川橋と函館公園内の白樺橋が崩落した。いずれも木造橋であった。

○水道の被害　給水専用栓五七〇九個、共用栓六二六個、量水器二〇〇〇個を焼失した。

○火防設備の被害　消防本部等庁舎四棟、大型自動車ポンプ一台、ホース三二本、火災報知機八七台、中央受信機一台を焼失した。

○警察・消防の殉職三人（巡査部長加藤修聿、巡査武田四郎、蒸気部小頭正村佐吉）、負傷一三九人（警察二九人、消防一一〇人）[447]である。

第九章　復　興

人の移動

大火の結果、市民にはたとえ一時的であっても函館を離れる様々な事情が生じていた。そうした市民のために、駅長が証明書を発行して無賃乗車をすることができた。その利用人数は三月二二日から二六日まで一万三二人に達していた。証明書代りに、新川町の三上美代子はまだ子供だったためか、手の甲に函館駅のスタンプを押印された[448]。避難先も千差万別で、恵比須町の大植荘一は姉と本人だけで大阪の知人宅へ預けられたが、証言者の範囲だけでも、松風町の洞口朋子は兄と二人で登別の祖父の家へ、豊川町の石塚與喜雄は姉らと南茅部の知り合いへ、堀川町の上町勇は母らと鹿部の親戚宅へ避難した[449]。

函館には、その他に陸路と海路による避難方法も残されていた。下海岸は銭亀沢村の五才黒島宇吉郎と戸井村の四才住田進は大火の翌日、自宅前を馬ソリに乗って多数の人が避難して行くのを見た。住吉町の近藤ウメは母、姉と共に父の漕ぐ小舟で下海岸の尻岸内《しりきしない》村の親戚宅へ、東川町の酒井みど里と浅見幸子は母ら家族と共に叔父の手配した船で大奥村の母の実家へ、避難したのだった。[450]

そうした罹災者の避難先と人数を明らかにしたのが、**表20**である。それによると、避難のピークは三月二八日で、それ以後は減少傾向にある。原因は市内の秩序と生活の回復に伴い、学校の始業、商売と事業の再開等を区切りにして生活の再建が本格化したからである。

それを帰還者の数値で見ると、**表21**である。それによると、四月一四日には一八〇〇人、一七日一〇〇

調査月日	湯の川村外五町村	道内及び各府県
三月二八日	八二四六人	約一五二八九人
四月三日	七八九九人	約一五一六二人
八日	七三二三人	約一五一五五人
一一日	七三〇〇人	約一五〇〇〇人
一四日	六〇〇〇人	約一四五〇〇人
一七日	約五五〇〇人	約一四〇〇〇人
五月六日	約四五〇〇人	約一三八五〇人
六月七日	約四一〇〇人	約一三七六〇人
七月七日	約四〇六九人	約一三七六〇人

表20　罹災者の避難先と人数

『災害誌』400–401頁の表の一部から作表

調査月日	帰還者数
四月三日	四七四人
八日	五八三人
一一日	一七八人
一四日	一八〇〇人
一七日	一〇〇〇人
二一日	一六〇〇人
五月六日	五五〇〇人
一三日	四五〇〇人
六月七日	四〇〇人
二七日	三一人
合計	六七〇六人

表21　避難先からの帰還者数

『災害誌』401頁から作表

〇人、二一日一六〇〇人と急増しピークを迎える。四月中・下旬が生活再建の始動期であろうか。それを外すと減少し、帰還は将来を見すえたよりゆっくりしたものになる。従って、未帰還者数は六月末時点では相当数にのぼった。

救恤金と物資

大火の報が伝わり、悲惨な状況が知れると、各界に同情が沸き起った。三月二三日、天皇・皇后両陛下は罹災者救済のため御内帑金《おないどきん》七万円の下賜と現地視察のため徳大寺侍従の派遣を申し出られた。さらにその後、各宮家から金一封、満州国皇帝から金五万円が寄せられた。(451)

救恤金はそれにとどまらなかった。佐上長官は函館市役所、北海道協会、北海道倶楽部等と協力して、北海道函館火災救援会を組織し、広く政府、府県知事、貴衆両議員を始め国民に訴え、救済のための募集を行った。事務局は道庁臨時函館出張所内に置かれ、義捐部《ぎえんぶ》と称する部局が新設された。募集要項を要約すると、①救恤金は一口五〇銭以上とし、五〇銭未満は団体として取りまとめて送付すること、②期日は五月二〇日までとし、③受付場所は道庁社会課、各支庁、各市役所、各町村役場と新聞社とする、等であった。(452)その結果救恤金は道庁と市役所に続々と送付され、四月二〇日までに受取った金額は一六一万円余、最終的には三四六万四六八六円八銭に達した。(453)

救恤物資も続々と到着した。救恤品では皇后陛下より四月一二日、衣服地の白綿ネルが下賜されることになった。それは六〇才以上の罹災孤独者、一四才未満の罹災孤独者、それに罹災重傷病者を対象にし、四月二七日、該当者に伝達された。該当者は六〇才以上の人が一一〇人、一四才未満で二〇人、重傷病者で三四八人、計四七八人にのぼった[454]。

その他の救恤品も到着し、関係者に仕分けされた。たとえば、川崎市長名で発送された品目、数量を見ると、衣類六四包、学用品二包、雑品二包、衣類七個、食料品一包、薬一袋、白米二袋、味噌一樽、料理取合皿一一八個とあるし、道内空知郡栗澤村村長名で発送されたそれは白米五三俵、馬鈴薯四二俵、小豆三俵、大根六俵、牛蒡一俵、漬物六樽、衣類一三梱とあるし、市内森屋百貨店のそれは時計三個とあった[455]。要するに多様であり、しかも発送元は官から私企業にまで及んでいた。

それらの物資は学校の避難所、バラック収容所、病院等で使用されたり、衛生・火災予防組合の事務所を介して配給されたりした。しかし、一律に同一の物資を配給できなかったから、運・不運や公・不公平が生じ、議論を呼び、すでに三月三一日の緊急市会で宮川議員より質問がでていた[456]。

坂本市長のラジオ放送用原稿によると、四月二七日までの救恤物資の集計は白米七六一八俵、缶詰一六三二箱、副食物一万五三四樽、蔬菜一万八二五俵、衣類八九七〇梱、寝具五一二七枚、毛布二万六一三七枚、雑品八万三三五八個であった[457]。

そうした救恤金や物資はさまざまな方法によって罹災者に分配された。まず、天皇・皇后両陛下の救恤金は罹災者に一人つき金五〇銭、死亡者に対しては一人につき金二円が配分された。七月一二、一三日の両日、市役所等五ヶ所に伝達所を設け手渡したが、市外へ避難した者にはその管轄官公署に伝達を依頼する気の配りようであった。結局、最終的には昭和一一年一二月までに救恤金の伝達は一〇万四四一二人に及び、金額は五万四二五二円五〇銭に及んだ[458]。

次に救恤金の内、市役所が取扱った一般的資金から市は罹災市民で戸数割年額一五円未満を納付する世帯主を標準にして、家族のある者三〇円、独身者二〇円の生業資金を交付することにした。それは五月二八日と二九日、バラックにて交付したのを皮切りに市役所など五ヶ所で、さらにその後も市役所などで続け、昭和一〇年三月一五日までに二万三〇七二世帯に六三万五四〇〇円二二銭を交付した。また、新聞社に寄託《きたく》された分からも殉職消防手、警察官、それに負傷者らへの香料と見舞金がだされた。(459)

しかし、道庁、市役所等に寄せられた多くの救恤金はその使途をめぐって議論が生じた。たとえば、昭和九年三月三一日、第三回函館市議会議事録では池田啓蔵議員が市長に質問している。趣旨は大火の救恤金は総額いくらか、ということと、その使途はどのようになるか、ということにある。しかし、質問の論点が整理されていなくて、後から続々と質問がでるばかりか、質問者が答弁内容を先まわりして陳述したりするので混乱し、枝葉の問題に入り込んだり、派生的な質疑がでたりと大にぎわいであった。本人は大団円を取り仕切ったつもりでさぞ満足であろうが、議事録を参照した筆者には本筋を正確に把握した自信はない。市長の答弁は誤解を正すことから始まり、言質を取られないように、ああでもない、こうでもないと言い抜け、直接と間接ではちがう等として金額を明示せず、間接的な救護に要した費用にも使用するなどとし、最後に道庁受取分も含めて三〇〇万円位だとしている。(460)

結局、救恤金の収支一覧を見ると、道庁扱い分は昭和一〇年一二月二一日現在で二一八万六七五七円二銭五厘であった。収支の部を見ると、函館火災罹災者救済費とあるが、項目で見ると、罹災者収容所費、被服費、衛生医療費、児童給食ならびに診療費、社会事業団体助成費、共愛会交付金、職業紹介助成費、応急救護諸費……と続き、最後は水難救護船建設交付金まで現れる。(461) 今日的な見地よりすれば、それらのいくつかは補正予算を組んで、その中で措置するか、予備費を充当すべきことで、国民からの献金を使用すべきでなかったと思われる。

市長扱い分は直接受領した分が一二九万五七七〇円三八銭五厘で、さらに道庁を経て指定された交付金や救済会からの交付金を総計すると、一七七万六三五四円三九銭五厘であった。[462] 支出の部を見ると、救護費とあるが、項目で見ると、救済費、救助費、救療費、罹災防疫費、死体処理費、学校諸費、罹災神社仮建築費、諸費、大火記念慰霊堂建設費充当金が並ぶ。[463] それらは要するに、市民に配給する食料の購入費、バラック収容所の建築費、生業資金、病院の建築費、治療費、死体処理費、火葬費、罹災児童調査費、六神社の仮建築費、収容所材料購入費、慰霊堂建築費等々である。それらもまた道庁扱い分と同様に補正予算か予備費を充当すべき項目と神社仮建築費のように本来無関係な項目である。

国民からの救恤金であることを想起するとき、その趣旨にそうのは慰霊堂の建設費位で、他は便乗にすぎないであろう。

保険金の支払い

大火前多くの市民が生命保険に入っていたので、保険金を受け取れることになった。最も早くに支払いに応じたのは簡易生命保険で、三月二四日から始めている。窓口は函館郵便局保険課分室であった。警察の調べによると、三八三件、五万九二一三円が支払われたが、他はその後に支払われた民間の保険会社で一四四件、二一万五〇〇〇円であった。[464]
火災保険は焼失区域が広大で、保険を掛けた市民が多数に及んでいたため複雑であった。[465] 保険会社は協定会社三三社、非協定会社二社、動産会社の保険部三社、外国の保険会社一〇社を数えた。支払いは非協定社が四月二日から、協定社が五日から一済に始めたが、保険金額が巨額なため、会社は支払いを渋りがちで受取人を苦しませた。当時確実な支払いを行っている会社は一〇社にすぎないとされ、函館署がしばしば警告したり介入をしている。悪辣な会社は保険金額の一〇～二〇％引を承諾すれば即時支払うが、そうでなければ調査のため日数を要する、と加入者の足元を見て迫ったり、関東大震災を例に支払いが十分でなかった例を引き、今回も二〇～三〇％引きで支払う、と支払い額の減額を通告したりなり振りかまわぬ対応で逃れようとした。そのため、新聞の四月七日付には「不正保険会社に当局の眼鋭く光る　支払立会を拒む怪しい態度　幽霊会社戦々恟々《きょうきょう》（誤り…戦々兢々）」「インチキ保険会社被保険者悩まさる　函館署の警告に対し其会社忽ち恐れ入る」、一一日付には「支払ひを渋る保険会社警察の警告に屈服　昨日迄に二千万円払出し」といった見出しが紙面をにぎわすことになった。(466) 結局、大きな事件に発展せず、払出しは順調に行なわれた。警察の調べでは、合計すると、支払件数は六六〇六件、支払金額は一九三〇万七七五四円であった。(467)

復興の都市計画

大火直後の混乱が納まると、復興が問題になり始めた。今後の函館はどうあるべきか、それを考えるとき、関東大震災や函館の数次の大火が想起され、道や市ばかりか市民も防災都市の建設を期待した。

そこで、道庁では、復興計画を作成するにはまず土地の区画整理を必要とするとみて、本建築の建物を建設されてしまうと計画の遂行上支障をきたすので、先手を打って三月二六日、告示第三五八号をだした。それは焼失区域には都市計画法に基づく土地区画整理を行うので完成まで（約六ヶ月の予定）仮設建築物以外建設を認めない、というものであった。[468] さらに二八日には、道庁令第三七号により火災で損害を受けた不燃質建築物を修理する場合は着手前に長官の許可を受けるべきこと、と釘を刺したのであった。[469]

その一方で、道庁は都市計画課の職員を大挙函館へ送り込み、計画全般のための状況調査をさせ、防火第一の都市計画案を作成した。それに対し、函館市は賛意を表し、計画案の遂行を道庁に一任することを決定したので、道庁の計画案が現地案として内務省に提出された。[470] 四月六日、内務省は函館復興計画の第一回会議を開催し、計画案大綱につき協議し、決定した。函新によると、それは①土地区画整理の断行、②公園の増設、③幅員《ふくいん》五五メートルの大道路の増設と都市計画線の追加という三方針からなり、それにそって都市計画課が原案を作成し、北海道都市計画地方委員会にかけることになった。[471]

四月一〇―一一日、札幌では第一回地方委員会が開催され、内務省原案が懸けられた。そこには、道庁幹部の他に坂本市長、山口要塞司令官、恩賀《おんが》市議ほか五人の市議が参加し、原案を討議し、一部を変更したり、追加をしている。その結果、合意に達したのが復興案で、内務省により公示された。[472]

その概要は

①緑樹帯の新設（幅員三〇、三六、五五メートル）
②交通幹線の拡築（幅員二五、二七メートル）
③補助路線の整頓（幅員八、一一、一五、一八メートル）
④不燃質橋梁の新設
⑤防火地区の設定　である。

①②③は防火と通行の至便を目的に従来から部分的には拡幅された道路を一層整備するものであった。た

函館市復興
縮尺一万

図 15　復興街路図

『市誌』巻頭所収

とえば、緑樹帯では、幅員五五メートルの場合、両側に一一メートルの車道を設け、中央部三三メートルに植樹してグリーンベルトにする。それは一大火防帯をなし、火焔を阻止することが期待された。総延長は四七五〇メートルで、新設が三〇一〇メートルに及んだ。幹線については二五メートルの場合、歩道と車道を区別した。総延長は七四二〇メートルで、新設が一一九五メートルで、在来路の方が長かった[473]。④はいずれも新川に架設する五つの橋で、道路と同じ幅員とし、鉄筋コンクリート造りとした。⑤は末広町の二十間坂下から地蔵町、駅前、大門前を経て昭和橋に至る道路、末広町から蓬来町を経て海岸に至る道路の両側、奥行一一メートルを防火地区に指定するものである。それは市内主要部にほぼ正方形の防火帯を設定するものであった。さらに、その東側の端、新川町の昭和橋附近には官庁を集中的に配置し、耐火建築物群により、防火壁をなす構想も導入された。その結果、裁判所、警察署、税務署、道庁総合庁舎が建設されることになった[474]。

また、防火地区に耐火建築物を建築する者に対し昭和一〇年度より一〇ヶ年間、一定の条件の下に総額六〇万円を国庫から補助し、加えて預金部資金二〇〇万円の低利貸付をすることにし、地区の耐火性強化を奨励したのだった[475]。

その他には、公園の増設を指摘できよう。それは有事には市民の避難場所へ転用する目的で、三ヶ所の用地を買収して公園にすることになった。第一の公園は住吉町内に一五一二坪、第二のそれは大森町と千歳町内に八一六八坪、第三のそれは新川町内に九六八〇坪で、昭和一〇年より五ヶ年の継続事業であった[476]。

かくて、その案を土台に市当局が区画整理を進め、案の実現をはかることになった。

他方、政府筋が復興案の実現に際し、市や民間に協力を求めることもあろうかと、それに協力するため、三月三一日の緊急市会で恩賀議員が函館市復興会の組織を提唱し、満場一致で可決された。四月八日、市長は代表発起人となって復興会を立ち上げた。総裁には道長官を、理事には道の各部長、市長、助役、商工会議所会頭等を、平の委員には衆議院議員、市会議員、道の職員、市の職員、新聞社の社長・支局長、近隣の村長、商工会議所議員、各町の衛生・火災予防組合長、日魯漁業等民間会社の幹部、民間の有力者を就けていた。[477] それは当時の官民挙げての応援団であった。

復興会では、一一の委員部会が設置され、必要が生じるつど会合が持たれたが、土地区画の整理に関する委員会でみると次の通りである。六月一三日、都市計画部委員会（出席六三人）、八月一四日、区画整理委員会（四四人）、八月二七日、復興会委員総会（九三人）、九月二〇日、都市計画部、区画整理、街路、建築委員会（六六人）となる。[478] そうした会合がどれだけ区画整理に貢献したかは分らない。

しかし、それとは別に市役所内に設置された函館市復興事務局は区画整理の先兵として積極的な役割をはたした。事務局は大火の直後公会堂内に設置されたが、六月一日より正式に区画事務をとることになった。

区画整理事業はまず道路の測量、土地各筆の調査、官民有地の調査、土地台帳の作成等に着手、組合設立の準備をした。次に六月中旬には各地区主任を決定、他官庁との交渉、土地現況図の作製、換地位置の調査、組合設立発起人の選定を行い、土地区画整理組合一〇を設立した。八月中旬、今度は土地所有者を一堂に集め、都市計画の必要性や区画整理の意義を説明して協力を求め、同月下旬には関係書類を揃えて組合設立の認可を道長官に申請した。その結果、道からは一〇月九日―一二日付をもって九組合（第七地区は地元町民の反対で遅れる）の設立が許可された。[479]

道路や公園等の新・増設に伴う地権者への換地予定地の通知は一一月二日より二二日までの間に行なわれた。予定地の決定した地区には一一月二日、道庁告示第一五七三号をもって本建築を許可し、仮建築物を認めないこととした。しかし、区画整理にともなう建物や工作物の移転は急ぎ実施しないと、復興事業の進捗状況に影響するので懸念された。実際焼失区域は約一二五万坪、そこへ街路計画を実施すると、潰《つぶ》れ地《ち》(=宅地化されない土地)が約二二万坪余、区域の約一七%もでるという。これを買収する費用は莫大な額に上り、市の負担ではとうてい不可能であった。しかし、市民は都市計画の完成を熱望し、潰れ地の無償提供も厭わなかったのであった。そのため整理組合の手続は予想以上にはかどり、第七地区以外は一一月に全部換地処分の完了をみたのである。[480]

換地予定地が確定してみると、仮建築の総棟数は九一七一棟で、移転を必要とする(潰れ地内にある)棟数は四五八六棟であった。[481]それらを全部移転させ終えないと、街路計画は実現できない。従って、一見着手してすぐ実現できるかに思える都市計画はまず土地区画の整理をして換地予定地を確定し、地権者に提供してもらい、その終了を待って本建築を許可し、いざ復興に本格的着手、という段取りであった。なお、移転には補償金がでたが、不服や異議を唱える者がほとんどなく、協力的であったという。

以上が土地区画整理事業で、昭和九年度、一〇年度の二ヶ年で完成する予定であった。街路、公園その他の事業はさらにその後になり、一〇年以降五ヶ年間に施行されることになった。

結局、復興事業費総額は土地区画整理費一九六万二二〇三円、街路費一三五万二五〇六円、公園費三三万六二〇円、上水道費三四万六七四円で、合計すると、三九八万六〇〇三円であった。その内、市の負担額は二一一万一四九六円、国の補助額が一八六万八〇八二円であった。[482]

経済の動向

函館経済の二大特色は商業と水産業にあったが、三月はいずれにとっても多忙で書き入れ時であった。商業からみると、北洋漁業の出漁準備期に当り、呉服・洋服業界では春物の入荷・陳列の時期に当り、学校では卒業・入学・進級の時期に当っていた。納入業者は船団に供給する物資の仕入れに忙殺されていたし、デパート、呉服、洋服店といった服飾関係の小売業者は春物を揃えるのに気を配り、デパート、書店、スポーツ用品店、文具店……等学校関係の小売業者は制服、ランドセル、スポーツ用具、靴、学用品、参考書等の販売に力を入れていたし、写真店主は卒業、入学、出漁の記念写真を強く推奨していた。図16は新聞の広告であるが、売らんかなという商魂が伝わってこよう。

水産業を見ると、北洋漁業の第一陣が四月には出漁することになっていた。カニ工船で、オホーツク海方面が五隻、ベーリング海方面が三隻である[483]。いずれも数千トン以上の大型船で仕入れる物資も、漁具も多量であった。乗組む出稼ぎ労働者も少なくない。本来なら前景気で、かつて程ではないにしてもそれなりの賑わいを示すところであった。

そのとき、大火が発生したのだった。昭和七年の職業分布調査によれば、商業に従事する世帯は一万二四八八であった。その内罹災した商人は全焼町内で四三二〇世帯、半焼町内で推定一八一五世帯、合計約六一三五世帯であった。全商人の四九・一二%である[484]。罹災商人を職種別に見ると、最も多いのは物品販売業で三三四七世帯、以下運転業一一〇七世帯、旅館飲食業八〇八世帯、金融保険業四一三世帯……と続く[485]。

入学準備に著名商店の案内

函一
品が良い
値が安い
種類が多い
齋藤文房具店

各中小學校教科書參考書
あらゆる學用品取揃
森大正堂

新學期用品豐富取揃
アンタノ入學ノ日モ近ヅイテキマシタヨ
お支度はボーニトキメマシタヨ

祝御入學
御道具柔道着 特價提供
川口屋運動具部

十字街
エミヤの靴下
大丈夫ヨ ナンボ引ッパッテモ

ヤア 君も入學ですナ
森屋で

通學用には堅牢無比の荒木の自轉車を是非一台
荒木商會
ヤウ ハヤイナー イツモ一番

祝御入學御進級
學生用時計大特賣
三本木時計部
ゴホウビノ時計デ女学生タクサンワ

輝く春の新學期
嬉しい御入學に樂しい御進級に
新學期用品を豐富に取揃へたる
森屋
各中等學校
各高等女學校
各小學校
御制服特價調製

エヘン！コノ制服ハスタイルダウ
各中等學校制服!!
柿木毛織物店

新入學生の洋服は
スズヤで御仕度下さいます様……
婦人子供服專門
スズヤ洋裝店

學生用家具賣出し
一、机椅子付
一、本箱
一、本立
一、硯函
及能家具木工所
サイタサイタサクラガサイタ

靴……靴……靴は
マルゴへ……
丸山百靴店
丸山支店
ワア合格！

各中等學校指定
柔道衣
上靴
ラムキ運動具店

御入學・御進級を祝す。
YUSENDO
KENGAN
SEIKAKU
有泉堂眼鏡商會

◎進級御入學の御用意は
定評ある開文堂書店に
目下特價の奉仕中

山葉ピアノが當る
山葉オルガン特賣中
古屋樂器店
イヨウ ダンゼン！

図 16　新聞広告

『函日新』昭和 9 年 3 月20日付

水産業における分布はどうか。市内の水産業者は一一〇三人（世帯ではない）であるが、沿岸漁業を営む者と北洋漁業を営む者に大別される。前者の大部分を占める者は山背泊町等港内側と住吉町から大森町に至る海峡側に居住していた。中でも住吉町は火元で大森町まで全て焼失したため、そこへ居住していた業者はことごとく罹災者になっていた。全罹災者数は漁業者で五二八人、製造業者で六五人、合計五九三人であり、全市の五三・七六％に相当する被害であった。[486] また、住吉町漁業組合と大森町漁業組合の被害は漁船、漁具、建物等で合計五〇万六一二〇円に達した。

他方、沖へ出漁する業者では、エトロフ島や北千島へ出漁する者に三九人の罹災者と被害額一五万九一四三円をだしたが、大手の日魯漁業や共同漁業は類焼を免れ、被害をだしていなかった。[487]

かくて、商業では、全商人の中で半数近くの者が罹災して店舗を失ない打撃を受けたが、水産業では、市内で漁業を営む業者は大被害を受けたものの、主力となる大手の漁業会社には支障がなく、例年通り四月には出漁のはこびとなった。しかも、その年は近年まれなる豊漁の年で水産界は活況を呈し、予想外に早く沿岸漁業も復興の運びとなった。

終　章　大火の記憶

文字表現による記憶

以上の締めくくりに、市民に刻印された記憶を整理してまとめておこう。さまざまな形や行為となって残っている。たとえば、そのひとつは作文・手記・エッセー・短歌・標語・芳名帳・表彰状・火災相互会申込書といった文字表現によっていた。

市内小中学校では、大火の思い出（記憶）をまとめた作文を書く授業が大火の直後から実施された。そこでは、多数の罹災児童や生徒が異常な体験を振りかえって綴り、いまわしい思い出を新たにしたのであった。優秀な作文は選ばれて作文集に掲載された。

そうした作文集の中から内容豊富な例を紹介しておこう。たとえば、ひとつは函館女子高等小学校の『昭和九年三月二十一日罹災記念誌』である。それは単なる作文集ではなく、大火時の教職員の行動、学校の対応、事後の措置、不便な運営、児童の消息等を明らかにした罹災の報告である。もうひとつは住吉高等小学校の『昭和九年三月廿一日大火記念帖』である。児童と父兄に配布された『住吉通信』（第三〇号）の冒頭に掲載された校長の説明文によると、大火の戒めを失なわないように編集した、とある。『記念帖』も作文集にとどまらず、校舎焼失の状況報告、教職員の行動、学校の対応、児童の調査等を明らかにした罹災の報告であった。

手記は以前からあった筈だが、一九九〇年頃から目立ち始めた。たとえば、米谷勇『母の死――函館大火』、大久保邦子『函館大火と父と叔父の人生』はその典型であろう。[488] それらはいずれも編集者の手の入らない素人の文章であるために、整理が悪く、くり返しや脱線もあり、引用には注意を要するが、本人の強い思いは伝わってこよう。

大火については、行政機関や民間組織から刊行された調査書、報告書、災害誌を別にして、個人の手になる文章をエッセーとみなすなら、代表的な二篇を挙げることができよう。

ひとつは宝尋常高等小学校訓導吉田覚三の「函館燃ゆ」である。それは吉田が当夜学校から帰宅するところから始まる体験記である。母をつれ避難しながらも周囲を観察して適切な状況把握をし、火災の延焼を観察して推測をなし、時宜を得た判断で母の安全をはかり、鎮火後の中心街を確認する行動力を示して強い好奇心と豊かな知性をうかがわせた。[489]

もうひとつは物理学者にしてエッセイスト寺田寅彦（一八七八～一九三五年）の「函館の大火について」である。彼が書いた時点ではまだ大火の概要が整理されていないため、不正確さが目立つが、エッセーは被害の大きさへの驚きと科学的研究の必要を痛感する趣旨であった。なお、「天災は忘れた頃にやって来る」は寺田の残した名言ということになっているが、「大火について」にその文言はない。[490]

短歌は短い簡潔な文章の中に思いを込めて表現できるため、それを嗜《たしな》む人が少なくなかった。記念誌や同窓会誌にもしばしば採用されて紹介されている。先の吉田覚三にもいくつかの歌がある。紹介すると、

立ちのぼり崩れひろがる大火柱
　ほのほの海は全市ひとなめ

火に追はれ煙にまかれ無辜《むこ》の民
　あび叫喚の地獄に陥ちゆく

山腹に立ちて修羅場《しゅらば》を眺めなば
　暴君ネロすら三舎《しゃ》避けなむ(491)

等とあるが、函高女の同窓会誌「つつじヶ丘大火記念号」にみると、桜田角郎に

重傷《いたで》負へる妻を背負ひて念じ来し
　砂山すでに炎《ほのお》の海となりつる

砂山に渦巻く炎堪へがたし

身体《からだ》埋めむとただに砂ほる

雪もよふ風吹きさらす川尻に
重なり揺らぐ人の屍《しかばね》

本間美津に
ひたすらに逃げ行く我は亡き母の
位牌を固くにぎりしめをり

今井キヨに
すがられて知らぬ子なれど手を引きつ
逃げゆく方も炎となりぬ

留守節子に
あかあかと燃えゆく火の手逃れ来し
山の林よりただ見つめをり

中原つやに

渦を巻く炎にまかれ逃げまどふ
　人等の叫未だ耳に残れる

等とあるし、(492) 森屋百貨店の社員たちによる『大火実見記』によると、

西村喜美子に
　渦を巻く炎におはれ逃げまどう
　　我が行く先ぞ何処にあるらん

　あかあかと燃えゆく火の手逃れ来し
　　砂山一面また火となりぬ

等がある。(493) しかし、圧巻は栄町で罹災し肉身を失った山田芳子であろう。彼女は永らく函館短歌研究会で活躍した経歴があり、大火の経験を風化させないため、そのときの気持や、状況を率直に詠んだのであった。彼女が詠んだ短歌は多数にのぼるが、合同歌集から紹介すると、

　強風下火災のサイレン鳴り響き
　　半鐘きこゆ彼岸の宵に

父不在大八車に家財積み
　家族五人はよろめき歩む

はらからの生と死分かつとも知らず
　兄とも頼る人に従ふ

辿り来し大森浜に空焦がす燃えゆく炎の
　行方みつめる

突然に強風の向き北へ変り
　激しき炎われらを襲《おそ》ふ

前は海、護岸の下に経唱へ
　燃え来る炎避けて佇《たたず》む

護岸越す大波によろけ前をゆく
　見知らぬ男《ひと》の背に縋りたり

火も風も漸《ようや》く鎮まり母と身を
　寄せ合い一夜浜辺に明かす

大波を被りし髪は砂まみれ
　櫛も梳き得ず固まりしまま

大波に怯え戦《おのの》くかの時の夢に目覚むる
　老いたる今も

母とわれ此の日の事は口閉ざし
　幾歳月を過ごし来たるや

姉一人妹二人を奪われし
　かの大火日のまた巡り来る

等がある。(494)

短歌のような芸術性には欠けるが、火事を戒める標語も忘れられてはいなかった。市民の心構えを期待する分り易い表現が求められ、大火後市内に復興の気運がでてくると、作られ始めた。住吉小学校では全学年で作られたとみえて、『大火記念帖』には昭和九年七月に作成された尋常一年から六年までの代表作四三篇が掲載された。それらの中から幾篇かを紹介しておこう。

一年　ハコダテフッコウ火ノヨウジン　浮田昇佐久
二年　火じを出すな函館に　荻野瑞夫
三年　家はやけても元気はやけぬ　小林方子
四年　興せ函館働け市民　平澤国松
五年　家は焼けても心は強く　金井京子
六年　消防百より用心一つ　盛岡金一郎
大火は我等のいましめだ　保城トシ(495)

罹災に際して受けた見舞の便りや金品を記憶にとどめるため記録がとっておかれた。それは商家に目立っていたように思われる。なぜなら、商家には帳簿をつける習慣があり、日々生じる生活、到来する便り、金品等を記録する労を惜しむことはなかったからである。一例をあげるなら、恵比須町の梅津商店の場合である。同店では「昭和九年八月六日谷地別荘日記梅津奥」なる覚書が作成されていた。それは八月一〇日から始まり、夫人の手になる毛筆で、「主人の夏シャツ階下の箪笥ニ引き出し、八月十七日、主人のラクダの冬のシャツ階下一引き出し等と記録されている。以下延延と日付、品目、仕舞った先を記録したり、衣類の洗濯日と内容、ノリ付……等を列挙したり、土蔵の中の掃除を報告していて家政記録をなしている(496)。

日常の生活すらこのように記録する習慣があった位であるから、罹災した商家の中には人から受けた見舞の便りや金品を記録する帳面を作成する場合も十分あった。帳面はさまざまで名称も異っていた。前者（図17）は相生町の菓子卸問屋山加《やまか》加納商店の記録帳で、後者（図18）は大森町の風呂屋[イ]《かくい》鹿の湯の記録帳である。

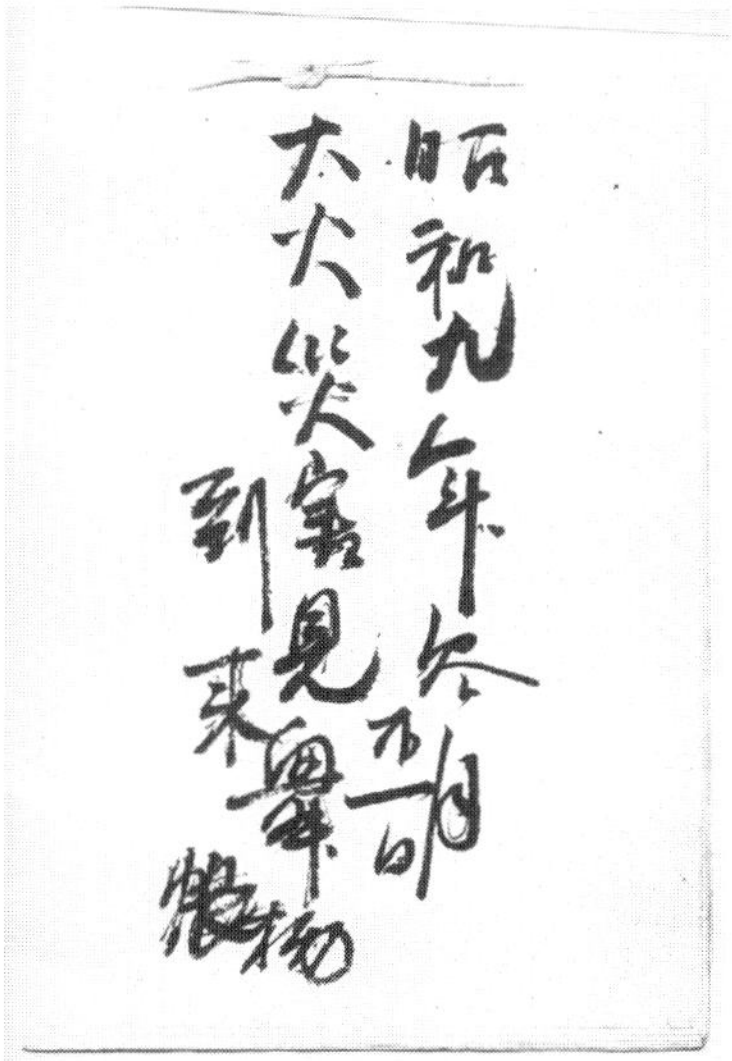

図17　大火災害見舞物到来帳

前者では、まず、見舞電報七通、見舞文二二通が記録される。電報には一部電文の紹介もある。主人出身の下北半島大奥村の親類からの電文には「大火の由《よし》皆ブジカ」とある。次いで見舞の氏名と品目の列挙に移る。宮崎様茶道具一式とか、ナ

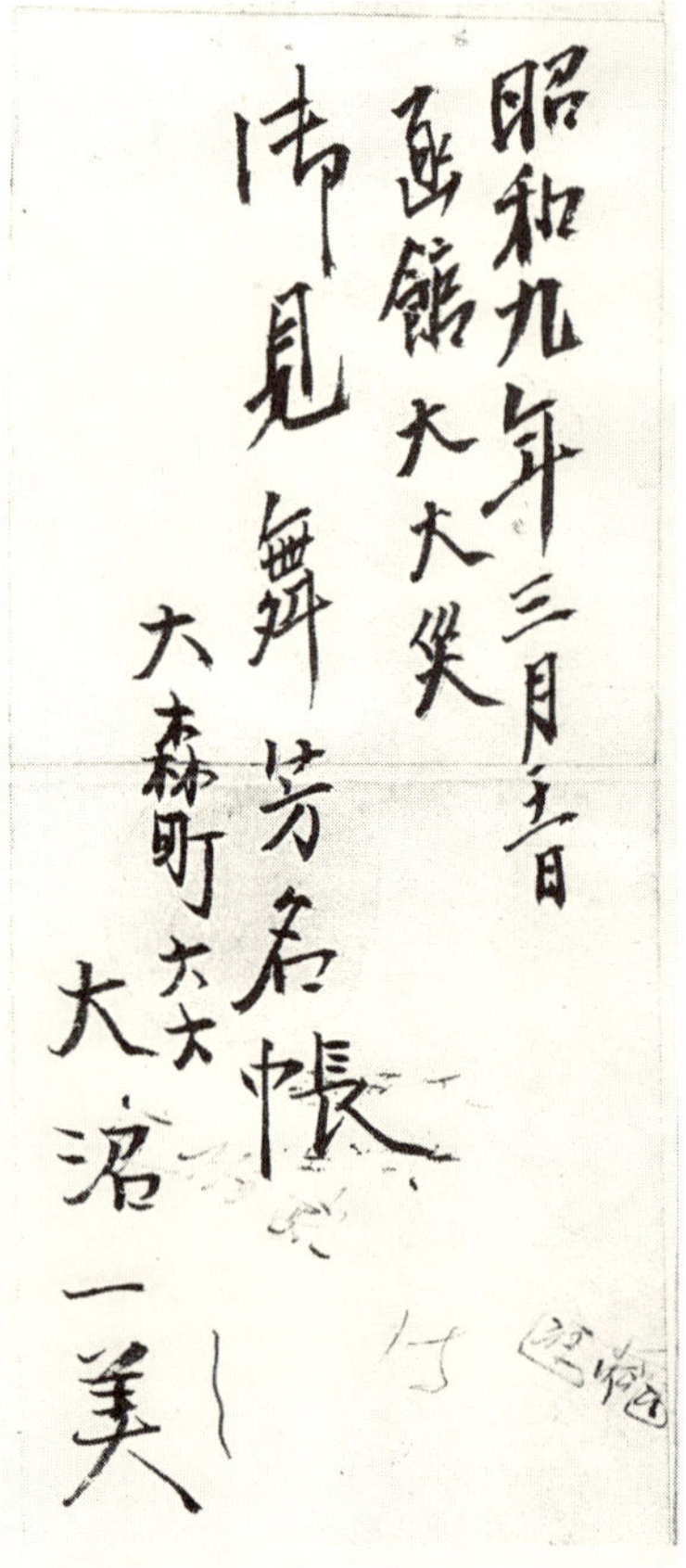

図 18　御見舞芳名帳

べ二つ、バケツ一つ、洗面器一つといった生活用具から萱様タオル六本、風呂敷一枚とか寝巻一枚、長襦袢一枚とかサージズボン一、毛布一枚等と衣類、寝具に至るまでの記載が現われる。食物は市の配給の米六升、芋、キャベツ、大根等の項目の他に見舞品として醤油一本、海苔三袋、清物一樽といった品目や炭一俵、国旗一枚といった記載も現われる。見舞金は二円、五円、二〇円といった記載が散見される。最後は「記　[二]《かくに》宮野様より」として寝具、衣類、食品類の内容が具体的に記されている。実家筋からの見舞品で締めくくっているのであろう。[497]

後者では、まず、見舞の品物と時には住所を付けた氏名の列挙が始まる。前者より記載は大雑把で、衣ルイ一とか夜具布トモ一通りとか、物品といった記述もある。しかし、多くの場合はザル五個とか火ばち一ツ、御鉢三ツ、椀五ツ、テイブル一ツ、トダナ一ツとかホロー（ほうろう引きか？）薬カン一といった生活用具から丹前一枚とか毛布三枚とかタヲル三、フロシキ一、シキフ二とか丹前一枚、袴と羽ヲリ等と衣類、寝具に至るまでの記載である。食物では醤油一樽、缶詰二ツ、うどん、タマゴ、奈良漬一箱といった品が現われるが、圧巻は見舞金である。それは見舞品の項目にも一部混入しているが、別立てで見舞金のそれが設定されている。そこでは、上段に金額下段に名前が書かれている。件数にすると、全部で一〇七件である。金額は一部判読不明の箇所があるため正確ではないが、一、二、三、五、一〇、二〇円刻みで包まれ、合計すると少なくとも三七〇円に達した。前者が一六件、最大限に見積って九六円であるところから、見舞金額は桁はずれに高額である。ひとつの理由は鹿の湯では、長男大沼敏男（明大卒、函新に就職内定）二二才と長女歌子一七才が新川河畔で焼死するという悲劇に見舞われたからであった。見舞品や見舞金の間に、線香、御香、ローソクの記載があることからも、単なる罹災見舞だけでなく弔意が含まれていた事がうかがい知れよう[498]。

いずれの例も記入者について律儀《りちぎ》な働き者を髣髴《ほうふつ》とさせる。記録して記憶にとどめるという事が本人ばかりか家族を介して子孫にまで感謝の念を伝えることになるのであろう。

記憶は大火で顕著な働きをして防災や減災のために貢献した人々をたたえ表彰することへと発展した。その際の働き、言わば功績なるものは表彰機関が評価した内容によって異なり、人命救助といった直接結果の見えるものから、戸籍簿の搬出、不眠不休の通信勤務といった結果の計測しにくいものまで千差万別であった。表彰は表彰状、感謝状、賞状、賞辞の形式で本人に手渡された。功績となった記憶は文字で表現されたのである。

功績の表彰は陸軍部隊と在郷軍人についてが最も早く、三月末に始まり、四月に集中した。内容を見ると滑稽で、「伝令トシテ往復スル四回」とか、「御真影ノ護衛兵トシテ」とか、「発火当時ヨリ鎮火ニ至ル迄司令部ニ勤務シ」といった程度で表彰された。軍は変化のない勤務に降って湧いた事件を好機とし、表彰の大盤振る舞いをしたのであろう。在郷軍人の表彰も同様であった。大火の功労という理由で表彰状、感謝状、賞状が一〇九人へ御手盛でだされた[499]。

北海道社会事業団連合会も八月一〇日には総会の席上で病者搬出を理由に四人を表彰している。

道庁による表彰は人命救助、人命救療、人命救援、人命救護、防火等で九月二〇日、六四人に行なわれた。

市役所による表彰は「公ニ奉シタルモノ」としてたたえるもので九月二四日、一四三人に行なわれた[500]。いずれも表彰された本人ははれがましく、賞状により大火の記憶をよびさまされるのであった。

火災相互会（火災講）も申込書を介して大火の記憶を伝えていた。同会は火事の多い函館の伝統から身を守るべく、昭和二年に戊子《ぼし》会を結成し、昭和六年に第一回の募集をして約一〇〇人で発足した。それは災害時に見舞金を贈る取決めであったが、大火のため一度解散し、昭和九年九月再発足した。それからの会は大火で火災の恐ろしさを体験し、相互扶助の必要性を痛感した市民に支えられ、火災からの保証のみを目的に火災相互会と称し、一時は一五組約三〇〇〇人の会員にまで発展した。戦後はそれまで以上に発展し、昭和六〇年には山敷火災相互会と名称を改め現在まで続いている。同会の説明を係員から受け申込書に記入、捺印することにより、市民は改めて大火の記憶に思い至るのであった[501]。

絵・映像・歌で残された記憶

最初は文字表現に絵が組み合さった供養和讃《くようわさん》から見てみよう。それは大火の犠牲者をなぐさめ冥福を祈るため作成された。同書にある「発刊のことば」には「慰霊堂に祀られてゐる精霊《しょうれい》を心から復興の人柱としてお慰め申上げたい、けれども月日の経《た》つにつれて、ともすれば忘れがちになるのはまことにお気の毒に堪《たへ》ないではありませんか、せめては月に一度の命日に復興途上を歩む人々の胸に記憶を喚《よ》び起して永遠に供養の優しい心を手向《たむけ》て戴きたいと云ふ切切の一念はこの御供養和讃となりました」とある[502]。著者は高龍寺の布教師斎藤彰全師であった。正式名は函館大火遭難死亡者供養和讃といい、四節一五〇行から成っていた。内容は

皈命頂礼観世音《きみょうちょうらいかんぜおん》
物の哀れの其中で
現在我子を見るなれど
姿形《すがたかたち》が変りはて

見わけもつかぬ不憫さよ
親とも知らず子と知らず
一家全滅跡絶て

図19　供養和讃の一部

『供養和讃』昭和12年，定価20銭

……

と、日本人好みの七五調で哀れをさそう文面である。それに発火現場、新川河畔、砂山、東川護岸、慰霊堂の挿画が加わり、一巻の絵入り供養文に仕上っている。一般に市販され好評を博したとされ、大火関係の記事には何かと引用された。

いよいよ文字表現を離れて絵に移ろう。本職の画家による絵画はほとんど目につかない。せいぜいのところ供養和讃に挿入された斎藤彰全師の手になる火災のカットか函館女子高等小学校の罹災記念誌の表紙に、当時同小の図画教師をしていた後の大画家田辺三重松が描いた同小の廃墟のカット程度である（図20）。しかし、小学生が大火の記憶をたどって描いた図画となると、今ではほとんど消失したが、当時授業で描いたものが展示されていた（図21）。

絵よりも早く正確に実態を写す写真は大火の際中から撮られた。素人の個人写真からプロのカメラマンに

図20　田辺三重松のカット（廃墟と化した女子高等小学校校舎）
『罹災記念誌』表紙

よる写真まで多数あったが、それらが今日写真集となって、残されたのである。中にはプロのカメラマン管初次が撮った火災と復興の写真集がある。そこには焼失した市内の状況写真が多数集録された[503]。

そうした中で、写真を絵ハガキにして売りだす方法もとられた。当時発売された絵ハガキは何万枚であろうか。荒涼とした焼跡、廃墟と化した土蔵、焼け落ちた橋……それらが絵ハガキになって販売され大火を知らなかった人の目に触れることになった。**図8―14**はその一部である。かくて、写真は大火の記憶を伝える貴重な手段のひとつとなったのであった。

映像も重要な役割をはたした。火災の現場で撮影されていたのである。それは当時の新聞、北海タイムスに勤め、社命により大火当夜札幌から函館までノンストップで

三年 笠原隆平

二年 大笹文子

三年 中谷トシ子

二年 小川千春

三年 横山喜代子

三年 松本克子

（昭和十年五月二十九日津輕要塞司令部檢閲濟）

子孝地菊　年四

子美富森　年三

郎拓田池　年四

恵川小　年四

ヨミ田梅　年四

次正林小　年四

（昭和十年五月二十九日津軽要塞司令部検閲済）

図21　大火の記憶

『大火記念帖』60–61頁

かけつけた救援列車に便乗していた近澤美智雄、木俣実樹雄両氏によって撮影された。大火後映像は最初に函館で公開されたが、その後はどの程度一般に公開されたのか、ニュース映画になったのか等明らかではない。北海タイムスの販売店を巡回して上映されたことは分っている。[504] 現在でもネットで「函館の大火」と検索すれば、その一部を見ることができる（上映時間は三分二〇秒）。しかし、それまでである。

それから四五年後、昭和五四（一九七九）年三月二一日に、UHB（北海道文化放送）のテレビ番組（特番「ドキュメント函館大火」）で、その映像フィルムが再生され、放映された。[505] それは大反響をよび、大火の記憶が改めてよびさまされたのであった。

歌謡曲や浪曲も作られ、歌われた。大火にまつわるいくつかの曲が登場した。最も早くは五月、タイヘイレコードから発売された吉田一男の書生節『呪はれの函館』であろう。タイトルから見ると、恨み辛みを述べるように思えるが、

ああ昭和の九年《ここのとせ》
時は弥生の中ば過ぎ
海を隔てて北日本
歴史に名高い五稜郭
函館市内の大惨事
聞くも語るも涙なり

と、歌詞は平凡である。[506]

八月、コロンビア・レコードから発売されたのが松平晃の『函館復興行進曲』である。今となっては歌詞すらも分っていない。[507]

さらに、タイヘイ・レコードから発売された浪花節に天光軒満月の『函館大火孝子美談』（一—四）があり、リーガルからは津軽小原節に村上コヨ子の『函館大火』がある。前者の「一」の歌詞を読むと、

昭和九年三月二一日
ちょうど彼岸の中日というので
町の人たちは久しぶりの休暇
思い思いの楽しみに
その一日を過ごしたが
その夜の七時を過ぐる頃！
……

といささか説明的だが、後者のB面を読むと、

ああさても恐ろし火の海を
ようやく逃れ新川の土手に

来てみりゃこはいかに
ああ命の綱と頼みたる
橋は焼け落ち跡もなし
浜に追われて大波にもまれて
恨みは海の底
……

と情緒的である。[508] しかし、それらの人気は長続きしないで消滅していった。それもその筈で、その年は秋になると、九月二一日には未曾有の室戸台風が来襲して関西地方が大被害を受け、大火の重要性が相殺されてしまった。しかもその年の流行歌には流行歌史上に残る強力なライバルが現われ、一世を風靡したのであった。東海林太郎の『赤城の子守唄』とディック・ミネの『ダイナ』であった。そのため大火に取材した『呪はれの函館』など東京では吹き飛んでしまったのである。

慰霊・消防訓練で残された記憶

大火の記憶を直接的に表現するのが死者の慰霊であった。それをどうすべきか問題であった。多くの死者は家族に引きとられていった。しかし、親族縁者も分らない無縁仏はどうすべきなのか。北国とはいえ、日がたてば異臭を放つため、市はやむなく遺体を荼毘に付したが、葬儀はどうすべきなのか。結局、市は見切りをつけて、大火の日より二一日目の四月一〇日、元町の大谷派別院にて各宗派僧侶約八〇人の協力を得て合同葬儀を営んだ。葬儀委員長は彌吉《やよし》茂樹助役が務め、道、市、軍の幹部等から一般市民まで六〇〇人が参列し、五九三体の霊に冥福を祈った[509]。

以後、四月一七日、湯の川仏教連合会が湯の川村根崎温泉に仮堂を設け、根崎温泉に漂着した多数の遺体を追悼する会を龍吟寺住職を導師に行い、終了後はまだ遺体の上らない生霊のために流し供養を行って冥福を祈った。やがて、九月には龍吟寺境内に大火供養碑が建てられることになる[510]。

四月二一日には、高龍寺の僧侶による、新川で没した生霊を慰め追悼する会が河畔で行われ、数千人に及ぶ参列者があったという。

四月二四日、大火後三五日に当るので、先の大谷派別院と同派別院婦人法話会が共催で、一山の僧侶を総動員して大火の死者の大追弔法要を行った。

五月九日、函館教育会、中等学校校長会、小学校校長会の三者が合同して大谷派別院にて学校職員、児童、生徒の殉難者二三四人の追悼会を行った。会場には職員、生徒代表、遺族等三〇〇〇人近くが参列し、盛会であった。

六月二日、札幌逓信局主催の職員と家族の殉難者四六人の追悼会が同じく大谷派別院にて行われた。会場には逓信参与官ら関係者多数が参列し、冥福を祈った[511]。

以上のような各種法要の後、昭和一〇年三月二一日、大火一周年がやって来た。大森町の新川尻に設けられた祭場で、慰霊祭が午前一〇時から始まった。サイレンを合図に一斉に汽笛が吹鳴され、全市民一分間の黙禱の後、市長の祭文朗読により式が始まった。以下内務大臣等の弔詞代読が続き、その後僧侶による読経が始まる。その間、参列者は焼香を始め、一般市民も加わった。参列者七万人と言われる大慰霊祭

図22　函館大火慰霊堂正面
著者撮影

であった。

函館放送局では祭場から全道民に実況放送をして雰囲気を伝え、さらに一〇時四〇分からは二〇分間市長による感謝の辞を全国に放送した(512)。

かくて、一周年記念の慰霊祭は終了したが、あれだけの犠牲者をだした以上、彼らを慰霊する記念堂の建立は必要であった。市は仮堂を設けたが、四〇坪程度の木造であった。そこで、財団法人共愛会が慰霊堂を建立することにし、それを引き継いだ函館市が昭和一二年五月工事に着手した。しかし、建築材料の高騰によって建築が頓挫するなど予想外に難行し、一三年一〇月八日入仏落慶式《らっけいしき》にこぎつけ、完成した。それが現在の鉄筋コンクリート建築の函館大火慰霊堂である。そこには引取り手のない遺骨六七九体も納められている(513)。今日でも毎年三月二一日には、函館仏教会主催で殉教者慰霊法要が行なわれ、僧侶多数が読経、関係者が参列、冥福を祈っている。正式名称は「大火殉難者〇回忌慰霊法要」といい、大火の記憶を今日に伝える中心をなしている。

　大火の記憶は消防訓練によっても表現された。消防の苦い思い出は当時の関係者の記憶になって残っていた。しかし、定期的な訓練がないために、大火の記憶は時代と共に風化していた。そこで、消防本部では「あの日あの時」を記憶として市民に伝える工夫をかさねてきた。大火の記録写真展を開いて記憶を伝える努力をしたことなどもそのひとつであろう。その一環として昭和六〇年から現在の形での消防訓練が始まった[514]。それは市役所前の東雲広路などで、さまざまな状況を想定して実施された。消防本部員の他に、消防団員、地域住民等も参加し、開かれた危機管理が目ざされている。

註

第一章

（1）函館市史編さん室『函館市史』（以下『市史』と表記）通説編第一巻、昭和五五年、三頁、『フリー百科事典ウィキペディア』（以下『ウィキペディア』と表記）〈函館〉の項、函館市公式サイト。
（2）『平凡社大百科事典』（以下『大百科事典』と表記）第九巻、一九八五年、〈津軽海峡〉〈津軽海流〉の項、須藤隆仙『青函文化史』東洋書院、平成四年、一六一―一六四頁。
（3）津軽海峡海難防止研究会編『津軽海峡の天気とことわざ』（以下『天気とことわざ』と表記）北海道新聞社、平成元年、一四―一六頁。
（4）『大百科事典』第一一巻、〈函館山〉、〈函館湾〉、〈函館平野〉の項。
（5）『市史』第一巻、五九―八六頁、木村マサ子『自然ガイド函館山』北海道新聞社、二〇一一年、八―一三頁。
（6）『市史』第一巻九四―九五頁、『ウィキペディア』〈気候〉の項。
（7）『市史』第一巻九四―九六頁、大谷東平『暴風雨』岩波書店、昭和一五年、一四七―一四八頁、宮澤清治『近・現代日本気象災害史』イカロス出版、一九九九年、三七―四〇頁。
（8）『天気とことわざ』、二四―二七頁。
（9）長谷誠一他『風土の刻印ヤマセ北東風社会』東奥日報社、昭和五八年、二五頁。
（10）『天気とことわざ』、二四―二七頁。

(11)『市史』第一巻、九六―九九頁。
(12)国土交通省気象庁過去の気象データ http://www.data.jma.go.jp。

第二章

(13)『市史』通説編第二巻、平成二年、四二四―四三二頁、『函館市誌』(以下『市誌』と表記)函館日日新聞社、昭和一〇年、一三九―一四二頁、一七六―一七七頁。
(14)『市史』第二巻四五〇―四五七頁、『市誌』一七七頁。
(15)『市史』通説編第三巻、平成九年、二二三―二三三頁、『市誌』一七九頁。
(16)『市史』第三巻二三七―二三九頁。
(17)前掲書三六頁、『市誌』九三一―九三二頁。
(18)『市史』第三巻二三三―二四二頁、『市誌』一八二―一八五頁。
(19)『市史』統計史料編、昭和六二年、七頁、『市誌』二四二―二四三頁。
(20)『市史』統計史料編一四四頁。
(21)前掲書一四〇頁、一四四頁。
(22)前掲書一七六―一七七頁、一八〇―一八三頁。
(23)前掲書一八六―一八九頁、一九二―一九三頁。
(24)前掲書二五六―二五七頁、二八〇―二八一頁。
(25)『市誌』二七三頁。
(26)前掲書三二頁。
(27)前掲書一頁。
(28)楯石保「〈研究ノート〉函館の「町内会」いまむかし」『はこだて』、一四号、一九九一年、五八―六一頁。
(29) 井上金之助『函館衛生火防組合連合会史』（以下『組合連合会史』と表記）図書裡会、昭和五六年、二〇七頁。
(30)『市誌』三四七—三五一頁。
(31) 前掲書三五七—三五八頁。
(32) 前掲書三五八頁。
(33) 池田清『函館大火災害誌』（以下『災害誌』と表記）北海道社会事業協会、昭和一二年、五七頁、一九〇頁。
(34)『市史』第三巻五〇九頁、表二—八八。
(35) 前掲書五一一—五三三頁。
(36) 前掲書五四九—五五三頁、『災害誌』六三—六四頁。
(37)『市誌』三九九頁。
(38) 前掲書九三一頁。
(39) 阿部龍夫『市立函館病院百年史』（以下『病院百年史』と表記）自費出版、昭和三九年、二一七頁、二一九—一二二一頁。
(40) 前掲書一三一一—一三三二頁。
(41)『市誌』九〇八—九一二頁。
(42) 前掲書八五七—九〇一頁。
(43) 前掲書一〇八〇—一〇八二頁、『市史』都市・住文化編、平成七年、一〇七頁。
(44)『市史』第二巻一四七九—一四八二頁、『市誌』一〇七六—一〇八〇頁。
(45)『市史』第一巻三二頁、須藤隆仙『新訂函館散歩案内』南北海道研究会、昭和五三年、一二一—一二三頁。

(46) 『市史』第二巻一四九四―一四九六頁、『市史』第三巻、二七七―二九一頁、『市誌』八八六―八八八頁。

第三章

(47) 『市史』第一巻四〇三―四〇四頁。
(48) 根本直樹「函館の都市人口の実態とその特性」『はこだて』二六号、一九九七年、五頁。
(49) 『市史』統計史料編七四頁。
(50) 根本前掲論文一九頁。
(51) 根本前掲論文四頁。
(52) 根本前掲論文八頁。
(53) 根本前掲論文一〇頁。
(54) 根本前掲論文一九―二三頁。
(55) 『市誌』四八七―五〇四頁。
(56) 前掲書四九五頁。
(57) 前掲書四九七頁、表「邦人経営漁区従業員数」参照。
(58) 前掲書四七〇、四九六―四九七、五一〇―五一一、五一六、五二六頁。
(59) 前掲書五二七頁。
(60) 前掲書四九六頁。
(61) 根本前掲論文二六―二七頁。
(62) 『市史』第三巻、五九八―六〇六頁。
(63) 前掲書三〇四―三〇六頁。
(64) 前掲書三〇四―三〇七頁。

(65)『市誌』五七二頁。
(66)『市史』第三巻、七〇一—七〇九頁。
(67)『市誌』四二九頁。
(68)『市史』第三巻、六二一頁、表二—一三一参照。
(69)『市誌』四六一—四六二頁。
(70)前掲書五〇〇—五〇一頁。
(71)前掲書五一二—五一三頁。
(72)前掲書五一七頁。
(73)前掲書五一七頁。
(74)『市史』第三巻、五三四頁、表二—一〇二参照。
(75)前掲書五三四頁、表二—一〇三参照。
(76)前掲書五三三—五四四頁。
(77)前掲書四六四頁、表二—七三参照。
(78)前掲書四六二頁、表二—七二参照。
(79)前掲書四四五—四四六頁、四六二—四六三頁。
(80)『市誌』六二九—六三〇頁、六三六頁、六四〇頁。
(81)『市史』第三巻、三五三頁。
(82)前掲書三六〇—三六二頁。
(83)前掲書三五八頁、表二—三二参照。
(84)前掲書七七頁。
(85)前掲書三九一頁。

(86) 前掲書三九六—三九七頁、『市誌』二八七—二八八頁。
(87) 『市史』第三巻、四〇〇—四〇二頁。
(88) 『災害誌』六〇六—六一九頁、『市誌』二九八—二九九頁。
(89) 『市誌』三四一頁。
(90) 前掲書三六二—三六六頁。
(91) 前掲書三七一—三七四頁。
(92) 前掲書三八二頁。
(93) 前掲書三七六—三七九頁。
(94) 前掲書三七九—三八二頁。
(95) 前掲書三八二頁。
(96) 『市史』統計史料篇、一一四一頁、小学校総覧一参照。
(97) 『市史』第三巻、六七五頁、表二—一六二参照。
(98) 前掲書六七六頁。
(99) 前掲書六七七—六八〇頁、『市誌』七〇九—七一七頁、『市史』統計史料篇、一一八〇—一一八四頁。
(100) 『市誌』七一八—七二四頁、『市史』統計史料篇、二八〇頁、二八九頁、二九一頁、二九三頁。
(101) 『市史』第三巻、六五六—六六〇頁、『市史』統計史料篇、一一八七頁。

第四章

(102) 冨原章『函館の火災誌』(以下『火災誌』と表記)私家版、二〇〇四年、五—六頁。
(103) 前掲書七—九頁、日本災害資料集火災編第三巻、田中哮義編『函館大火史附消防沿革史』(以下『大火史』と表記)、クレス出版、平成二五年、一五九—一六〇頁、『組合連合会史』三二一—三二二頁。

(104) 大矢根淳他編『災害社会学入門』弘文堂、二〇〇七年、二二頁、吉井博明他編『災害危機管理論入門』弘文堂、二〇〇八年、一八—一九頁。
(105)『大火史』一六〇—一六一頁、『火災誌』九—一〇頁。
(106)『組合連合会史』三三頁、『火災誌』一〇—一一頁。
(107)『大火史』一六三—一六四頁、『火災誌』一一頁。
(108)『大火史』二三八—二三九頁、『火災誌』四四—四五頁。
(109)『大火史』二一八—二一九頁、『火災誌』八一—八二頁。
(110)『大火史』二二五—二二八頁、二四六頁、二四八頁、『火災誌』八八頁、一〇三—一〇四頁。
(111)『大火史』二二八—二二九頁。
(112) 前掲書二五三—二五九頁。
(113) 前掲書二七六頁。
(114) 前掲書二六〇—二六四頁、二六七—二六八頁。
(115) 前掲書二六二—二六三頁、二六九—二七一頁、二九一—二九二頁。
(116) 前掲書三三六—三三八頁。
(117) 前掲書三〇二—三〇三頁。
(118)『組合連合会史』一九二頁。
(119) 池井勇編『函館市汐見尋常高等小学校児童文集』(以下『児童文集』と表記) 非売品、昭和九年、一二一—一三頁。
(120) 前掲書四〇頁。
(121) 前掲書三八頁。
(122) 前掲書二〇頁。

(123) 前掲書五〇頁。
(124) 前掲書二五頁。
(125) 前掲書一九頁。
(126) 前掲書三一頁。
(127) 前掲書六七頁。
(128) 倉谷重次編『函館市住吉尋常小学校昭和九年三月二十一日大火記念帖』(以下『大火記念帖』と表記)、昭和一〇年、六八頁。
(129) 前掲書六九頁。
(130) 函館市立東川小学校編『大火の洗礼を受けて』(以下『大火の洗礼』と表記)ガリ版刷り、九頁。
(131) 前掲書二二頁。
(132) 函館女子高等小学校編『昭和九年三月二十一日罹災記念誌』(以下『罹災記念誌』と表記)、昭和一一年、六八頁。
(133) 函館高等女学校校友会編『つつじヶ丘――大火記念号』(以下『つつじヶ丘』と表記)、昭和九年、一一頁。
(134) 『児童文集』二七頁。
(135) 前掲書四六頁。
(136) 『災害誌』一一―一五頁、『函館消防のあゆみ』函館消防本部、一九五五年、一六―一七頁、『函館消防の沿革――函館大火まで――』函館消防本部、二〇一三年、四―一四頁。
(137) 宮崎宗孝編『函館中学校校友会学叢』(以下『学叢』と表記)、第四十三号、「大火を偲びて」、昭和一〇年、二〇一頁。

第五章

(138)『市誌』一八六―一二七頁。
(139)『函館新聞』(以下『函新』と表記)三月五日、六日、一一日、一二日、一九日付。
(140) 当日避難した証人はA、匿名希望の避難した証人はB、目撃した証人はC、匿名希望の目撃した証人はDとし、個人には番号を付して表示した。個人名は巻末に一括してリストアップしてあり、参照できるようにした。小林ウメヲ以下を順に表示すると、A―47、A―73、A―70、A―50、A―18、A―43、A―38、A―4。
(141) 渡辺熊蔵編『森屋店員大火実見記』(以下『実見記』と表記)森屋百貨店、昭和一〇年、三三頁。
(142)『大火記念帖』六九頁。
(143) A―53。
(144)『実見記』五頁。
(145) C―17。
(146)『実見記』四八頁。
(147) A―31。
(148)『昭和九年三月二十一日暴風に因れる函館大火災及被害調査報告』(以下『調査報告』と表記)函館測候所、一九三四年、五三頁。
(149) 前掲書五三頁。
(150) 宮澤清治『近・現代日本気象災害史』イカロス出版、一九九九年、三八頁。
(151)『調査報告』五九頁、第二図、低気圧進行速度表参照。
(152)『災害誌』一二二―一二三頁。
(153) 前掲書一二二―一二三頁。

(154)『大火史』六二頁、『災害誌』二二二—二二三頁。
(155)『児童文集』二二二頁。
(156)『函館日日新聞』(以下『函日新』と表記)三月二〇日付が大火前最後の紙面。
(157)『大火史』二九四頁。
(158)伊藤博編『寶尋常高等小学校創立百周年記念誌寶』(以下『寶』と表記)寶尋常高等小学校同窓会、昭和五四年、五六頁。
(159)『大火史』九五頁。
(160)『実見記』七頁、一九頁。
(161)『大火史』二頁。
(162)前掲書九五頁。
(163)『寶』二四頁。
(164)『函新』昭和九年八月二日、一〇月二日、昭和一〇年一二月二六日付、『函日新』昭和九年三月二三日付一一月一日、一一月一三日、一二月六日、一二月一五日付。
(165)『大火史』二頁。
(166)前掲書四頁。
(167)前掲書四頁、一〇頁。
(168)前掲書一〇—一一頁。
(169)前掲書一一頁。
(170)前掲書三頁。
(171)A—2。
(172)A—1。

(173) A—7。
(174) A—4。
(175) B—1。
(176) A—5。
(177) A—8。
(178) A—3。
(179) 大谷『暴風雨』一四九頁。
(180) A—11。
(181) A—9。
(182) A—10。
(183) A—13。
(184) A—16。
(185) A—17。
(186) 『大火史』四八頁。
(187) A—15。
(188) A—14。
(189) 『大火史』一二頁。
(190) A—2。
(191) 『大火史』一二頁、一六—一七頁。
(192) 前掲書二〇—三九頁。
(193) A—18。

(194) A—19。
(195) A—22。
(196) A—23。
(197) A—27。
(198) A—26、中里憲保『北の球聖　久慈次郎』草思社、二〇〇六年、一三六頁。
(199) A—24、A—25。
(200) A—21。
(201) A—20。
(202) B—2。
(203) A—41、A—42。
(204) A—36。
(205) A—33。
(206) B—3。
(207) A—35。
(208) A—28、A—29。
(209) A—30。
(210) A—32。
(211) A—31。
(212) 『災害誌』一三八頁。
(213) A—52、A—59、B—2。
(214) 『災害誌』一三八頁。

(215) A—56。
(216) A—58。
(217) 吉井民子『質屋の蔵』みやま書房、刊行年不詳、一三八頁。
(218) 『実見記』九頁。
(219) 『災害誌』二三八—二四〇頁。
(220) 『先駆——函館駅八〇年の歩み』(以下『先駆』と表記)函館駅開業八〇周年記念協賛会、昭和五八年、九一頁、内田宗治『関東大震災と鉄道』新潮社、平成二四年、一九五頁。
(221) 函館薬業復興委員会編『昭和九年三月大火災函館薬業組合罹災復興史』(以下『罹災復興史』と表記)復刻版、二〇一二年、七—八頁。
(222) 『災害誌』二四〇頁。
(223) 前掲書二四〇頁。
(224) 『大火史』七二頁。
(225) 『市史』第三巻、六八九頁。
(226) 『児童文集』二九頁。
(227) 『大火記念帖』七二頁。
(228) 『大火の洗礼』一頁。
(229) 『児童文集』六九頁。
(230) 『市誌』六八七頁。
(231) 『大火史』七二頁。
(232) 『学叢』一九六頁。
(233) 『実見記』三九頁。

(234) 前掲書四一頁。
(235) 菅野照光『回想記（函館大火五十周年）焼跡に立つ「どろんこ人生」』手書き、函館中央図書館蔵、一一五頁。
(236) 『大火史』七二頁。
(237) 『寶』七五頁。
(238) 『学叢』一九三頁。
(239) A―59。
(240) A―67。
(241) 『災害誌』四五頁、二四一頁、『北海道警察史』（以下『道警史』と表記）(二)昭和編、北海道警察本部、昭和四三年、三七七―三八二頁。
(242) 『罹災復興史』六頁、A―44、A―46、A―48、A―57、A―81。
(243) 『児童文集』三三頁。
(244) 『大火の洗礼』三一頁。
(245) 『実見記』四五頁。
(246) 『大火記念帖』七二頁。
(247) 『児童文集』四七頁。
(248) 『大火記念帖』七一頁。
(249) 『児童文集』二二頁。
(250) 前掲書一二頁。
(251) A―16、A―35、A―39、B―1、A―15。
(252) A―6、A―9、A―19、A―20、A―31、A―12。

(253) A―17、A―18、A―33、A―30、A―8、A―32。
(254) A―41、A―42、A―11、A―14、A―28、A―29。
(255) A―42、A―12、A―28。
(256) A―31、A―32、A―9。
(257) 『児童文集』四八頁。
(258) 『学叢』二〇六頁。
(259) A―13、A―25、A―40、A―34、A―56。
(260) A―37、中村嘉人『函館人』言視舎、二〇一三年、一五九頁。
(261) A―37、A―22。
(262) A―80。
(263) A―79、A―78、A―81。
(264) B―6。
(265) 『児童文集』六四―六五頁。
(266) 『実見記』三七頁。
(267) 前掲書四一―四二頁。
(268) 『寶』七六頁。
(269) A―7。
(270) A―53。
(271) A―55、B―4。
(272) A―74。
(273) A―68、A―66、A―76。

(274) A—67。
(275) 『大火史』六八頁。
(276) 『つつじヶ丘』一四頁。
(277) 『児童文集』六一頁。
(278) A—45。
(279) 『大火の洗礼』五一六頁。
(280) 『児童文集』三五頁。
(281) 『大火の洗礼』一五頁。
(282) A—46、A—47。
(283) A—48。
(284) A—50。
(285) A—49。
(286) 『災害誌』三五頁。
(287) A—7。
(288) A—38。
(289) 『児童文集』八〇頁。
(290) A—43。
(291) 『学叢』一九八頁。
(292) 『罹災記念誌』四—五頁。
(293) A—54、A—44。
(294) 『つつじヶ丘』一〇頁。

(295) 『児童文集』三三―三四頁。
(296) 前掲書六頁。
(297) A―75。
(298) 『大火史』五一頁、八四頁。『災害誌』三四頁。
(299) 『児童文集』二一頁。
(300) A―73。
(301) A―69。
(302) A―70。
(303) A―64、『大火史』七〇頁。
(304) A―63、A―27。
(305) A―60、A―63。
(306) A―61。
(307) A―71、A―72。
(308) A―62。
(309) 『児童文集』八〇頁。
(310) 『学叢』一九八頁。
(311) 古坂武雄『函館大火災史』(以下『大火災史』と表記)新函館新聞社、昭和一〇年、九一―九二頁。
(312) 『実見記』三四頁。
(313) 『つつじヶ丘』一五頁。
(314) 前掲書一一頁。
(315) D―1。

(316) A—24。
(317) A—51。
(318) 『災害誌』三五頁。
(319) A—4、A—22。
(320) 『学叢』一九七頁。
(321) 『大火の洗礼』三一頁。
(322) 『実見記』二六頁。
(323) 函館市立東川小学校四年二組文集『光第一号』（以下『光』と表記）、ガリ版刷り、昭和一〇年、三六頁。
(324) A—23。
(325) B—5。
(326) A—54、A—43。
(327) 『大火災史』七五頁。
(328) 前掲書七五—七六頁。
(329) B—3、B—5。
(330) A—43。
(331) 『罹災復興史』六—七頁。
(332) 『大火史』六八頁。
(333) C—5、C—4、C—2、C—3。
(334) C—1。
(335) 大淵玄一『寒川』私家版、二〇〇〇年、一—一四頁、中村光子・古庄紀子『寒川集落』（改訂版）私家版、二〇〇〇年、二—五頁、一二—一五頁、二九頁。

(336) C―6。
(337) C―13。
(338) C―17。
(339) C―11。
(340) C―14。
(341) C―12。
(342) C―15。
(343) A―65。
(344) C―7。
(345) C―8。
(346) C―9。
(347) C―10。
(348) C―16。
(349) C―28。
(350) C―27。
(351) C―26。
(352) C―24。
(353) C―25。
(354) C―23。
(355) C―20、C―21、C―18。
(356) C―19。

(357) C―22。
(358) C―30、C―29。
(359) C―31、C―32。
(360) C―33、C―34、C―35。
(361) C―36。
(362) C―37。
(363) C―39、C―40、C―42。
(364) C―38。
(365) C―41。
(366) C―43。
(367) C―45、C―44。
(368) C―46、C―47。
(369) C―48。
(370) C―49、C―50。

第六章

(371) 函館住吉町会編『住吉町史』平成二三年、一五八頁。
(372) 『罹災記念誌』六〇―六一頁。
(373) 『実見記』一一頁。
(374) 前掲書二〇頁。
(375) 『学叢』一九三―一九四頁。

(376)『寶』二六頁。
(377)三箇三郎『八十八路の画家の雑記帳』私家版、二〇〇八年、九—一〇頁。
(378)『函館ゆうかん』六月一八日付。
(379)『災害誌』一一五—一一六頁。
(380)『大火史』一三五頁。
(381)『災害誌』六三—六四頁、八一九—八二〇頁。
(382)前掲書四六—四八頁。
(383)前掲書九九—一〇〇頁。
(384)前掲書六四頁。
(385)前掲書一〇四—一〇五頁。
(386)前掲書一五三頁、『病院百年史』一三一—一三二頁。
(387)『災害誌』一六五—一六六頁。
(388)前掲書一五一—一五九頁。
(389)前掲書一六〇頁。
(390)三箇『雑記帳』九頁。
(391)『災害誌』一八五—一八八頁、C—30。
(392)前掲書一八八—一八九頁。
(393)前掲書一八九—一九〇頁。
(394)前掲書一九〇頁。
(395)『大火史』七二頁、『災害誌』三八六頁。
(396)『災害誌』三八〇頁。

(397) 前掲書一一一—一一三頁、三九三—三九四頁。
(398) 前掲書三九〇頁。
(399) 前掲書三九一頁、『大火史』一三五頁、『函新』四月一三日付。
(400) 『災害誌』三九〇—三九二頁。
(401) 前掲書二三六—二三七頁。
(402) 前掲書六九—七一頁。
(403) 前掲書七二—七三頁。
(404) 前掲書九二—九四頁、四二九頁。
(405) 『先駆』九一頁。
(406) 『災害誌』三九〇頁。
(407) 『先駆』九一頁。
(408) 『災害誌』二五六頁。
(409) 前掲書二五六—二六一頁。
(410) 前掲書二四三—二五五頁。
(411) 前掲書六六—六七頁、『大火災史』二九頁、『函日新』昭和九年四月二六日付。

第七章

(412) A—11、A—5。
(413) A—10。
(414) 『函日新』三月二六日—四月一一日付。
(415) 『函新』三月二九日—四月一五日付。

(416) 前掲新聞四月九日付。
(417) 『函日新』五月八日付。
(418) 『函館毎日新聞』(以下『函毎』と表記)大正六年一〇月一二日付、『函日新』大正七年五月一〇日付、昭和九年四月六日付。
(419) 『函毎』昭和九年四月一六日付。
(420) 『函日新』三月三〇日付、『函館民報』(以下『函民』と表記)ガリ版刷、四月二日付、『函日新』四月六日付。
(421) 『函民』四月二四日付、『函毎』四月二五日付。
(422) 『函日新』、『函毎』四月一五日付。
(423) A—49。
(424) 『函日新』三月二六日付。
(425) 『函民』四月九日付。
(426) 『函新』三月三一日付。
(427) 『函日新』四月一日、四月三日、四月八日付。
(428) 『函日新』四月一四日付。
(429) 『函民』四月一二日、四月二六日付。
(430) 『函日新』五月三日付。
(431) 『函民』五月一九日付。
(432) 『函日新』三月二六日付。
(433) 前掲新聞三月二九日付。
(434) 前掲新聞四月二日付。

(435) 前掲新聞三月二八日付。
(436) 『函民』四月二五日付。
(437) 『函日新』三月二四日付。
(438) 『函新』四月八日付。
(439) 吉村圧治「御真影奉遷記」(『罹災記念誌』所収、三—七頁)。
(440) 事柄の性格上慎重を期すため、実名を表記することを避けた。

第八章

(441) 『函新』昭和九年八月二日、一〇月二日、一一月一日、一一月一三日、一二月一五日、一〇年一二月二六日付。
(442) A—38。
(443) 『函新』三月二四日、四月一日付。
(444) 『調査報告』五六頁。
(445) 『災害誌』三〇頁。
(446) 前掲書八一九—八二〇頁、六五頁、一五二頁、一五四頁、『函日新』五月八日付。
(447) 『大火史』九—四〇頁、四九頁、六一—七六頁、八四頁、八八—九一頁、『災害誌』七九二—七九七頁、『道警史』(二)三七八頁、『調査報告』五七頁。

第九章

(448) A—71。
(449) A—23、A—55、A—35、A—64。

(450) C—32、C—34、A—5、A—41、A—42。
(451) 『災害誌』四二三—四三〇頁、四三四頁。
(452) 前掲書四三六頁。
(453) 前掲書四八八頁、『大火災史』三五頁。
(454) 『災害誌』四三三頁。
(455) 前掲書四四七—四四九頁。
(456) 『函日新』三月三〇日付、『函新』四月一日付。
(457) 『大火災史』三四—三五頁。
(458) 『災害誌』四三二頁。
(459) 前掲書五九〇—五九一頁。
(460) 『函館市議会議事録（速記録）』中の昭和九年第三回函館市会（三月三一日）分。なお、大火以前の議事録は全て焼失して存在しない。
(461) 『災害誌』五八〇—五八二頁。
(462) 前掲書五八二—五八三頁。
(463) 前掲書五八四—五八七頁。
(464) 『函日新』三月二六日付、『函新』四月二日付、『大火史』八七頁。
(465) 『災害誌』六三七—六三九頁。
(466) 『函新』四月七日付、『函日新』四月七日、四月一一日付。
(467) 『大火史』八七頁。
(468) 『災害誌』三九六頁。
(469) 前掲書三九六頁。

(470)『函新』四月三日付。
(471)前掲新聞四月八日付。
(472)前掲新聞四月一三日付。
(473)『大火史』九九頁、一〇六―一〇七頁、『災害誌』七一三―七一九頁。
(474)『大火史』一〇〇―一一〇頁。
(475)前掲書一〇〇頁。
(476)前掲書一一〇―一一一頁、『災害誌』七二一頁。
(477)『災害誌』六八五―七〇六頁、『函新』四月八日付。
(478)『災害誌』七〇六―七〇七頁。
(479)前掲書七三八頁。
(480)前掲書七一〇頁、七三九頁。
(481)前掲書七一一頁。
(482)前掲書七三一―七三八頁。
(483)『函新』四月一五日付。
(484)『災害誌』六五五頁。
(485)前掲書六五六頁。
(486)前掲書六四六―六四九頁。
(487)前掲書六四九―六五四頁。

終　章

(488)米谷勇『母の死――函館大火』私家版、一九九八年、大久保邦子『函館大火と父と叔父の人生』新風舎、二〇〇三年。
(489) 『寶』二四―二七頁。
(490) 『中央公論』昭和九年五月。
(491) 『寶』二七頁。
(492) 『つつじヶ丘』九頁。
(493) 『実見記』四九頁。
(494) 『晶』(函館短歌研究会合同歌集)第七号(平成二〇年)所収。
(495) 『大火記念帖』八二―八四頁。
(496) 家政記録『昭和九年八月六日谷地別荘日記梅津奥』(個人蔵)。
(497) 『昭和九年参月廿一日大火災害見舞物到来帳』(個人蔵)。
(498) 『昭和九年三月二十一日函館大火災御見舞芳名帳』(個人蔵)。
(499) 『災害誌』八二六―八四二頁。
(500) 前掲書八二三―八二六頁、八四二―八四六頁。
(501) 山敷火災相互会入会案内書。
(502) 斎藤彰全『函館大火遭難死亡者供養和讃』函館和讃奉讃会、昭和九年。
(503) 菅初次『函館大火災復興写真帳』函館、昭和九年。
(504) 合田一道『ドキュメント函館』恒友出版、昭和五四年、一七一―一七四頁、一八五頁。
(505) 前掲書一五〇頁。
(506) 吉田一男作詞作曲『呪はれの函館』。
(507) 松実菱三作詩、中川則夫作曲『函館復興行進曲』。
(508) 長井静泉作『函館大火孝子美談』(一)―(四)、『函館大火』(A・B面)。

(509)『災害誌』八四七―八四九頁。
(510) 前掲書八四九―八五〇頁、『新訂函館散策案内』、一九四頁。
(511)『災害誌』八五〇―八五二頁。
(512) 前掲書八五二―八五六頁。
(513)『市史』第三巻七三八頁、『新訂函館散策案内』一六―一七頁。
(514) 消防本部調べ(平成二八年三月一八日)。

証人リスト

大火から避難した証人A

番号	氏名	生年月日	年令	居住地	親の職業	家族構成
1	石岡《いしおか》 作治《さくじ》	大正一四・三・八	9 男	住吉町七九番地	漁師	祖父母、父母、子六人、本人次男
2	桜《さくら》木《ぎ》 藤雄《ふじお》	大正一〇・八・一四	12 男	住吉町	漁師	祖母、父母、子三人、本人長男
3	杉澤《すぎさわ》 秀雄《ひでお》	大正九・九・二	9 男	住吉町六四番地	漁師	祖父母、父母、子五人、本人次男
4	木村《きむら》 正二《しょうじ》	大正一四・四・二六	8 男	住吉町	ちくわ製造業	父母、子五人、本人次男
5	近藤《こんどう》 ウメ《うめ》	昭和三・一一・一	5 女	住吉町一四番地	漁師	父母、子六人、本人四女
6	和田《わだ》 ツワ《つわ》	大正七・一二・一	15 女	住吉町一二番地	漁師	父母、子九人、本人次女

7	佐藤《さとう》 文子《ふみこ》	大正一二・一一・七	10 女	住吉町一一番地	漁　師	祖母、父母、子五人、本人三女
8	荒木《あらき》 君子《きみこ》	大正一五・一〇・一五	7 女	住吉町	船大工	祖父母、父母、子五人、本人三女
9	笹野《ささの》 操《みさお》	大正一〇・三・二二	12 女	谷地頭町一六番地	華道教授	父母、次男夫婦等九人、本人四女
10	平久保《ひらくぼ》 清《きよし》	大正一五・一・三〇	8 男	谷地頭町一〇〇番地	廻漕店支配人	父母、子五人、本人次男
11	大崎《おおさき》 幸子《ゆきこ》	大正五・二・一六	18 女	谷地頭町	会社経営	父母、子二人、本人長女
12	上田《うえだ》 栄子《えいこ》	大正一三・三・二五	9 女	谷地頭町	魚　屋	父母、子三人、本人次女
13	富樫《とがし》 留吉《とめきち》	昭和四・五・一四	4 男	青柳町	会社員（北洋漁業）	父母、子九人、本人末っ子
14	山田《やまだ》 茂《しげる》	昭和四・七・一二	4 男	青柳町	酒・雑貨店	父母、子三人、本人長男
15	日高《ひだか》 慶《けい》	大正一四・一・九	9 女	青柳町	市職員	父母、子一人、本人ひとりっ子
16	大和《おおわ》 慶三《けいぞう》	昭和五・二・二〇	4 男	青柳町一六番地	鉄工所従業員	父母、子六人、本人末っ子

17	岡田《おかだ》 弘子《ひろこ》	大正一四・一・三	9 女	青柳町二三番地	市職員（図書館長）	父母、子三人、本人末っ子
18	信太《しだ》 政《まさし》	昭和三・一一・一六	5 男	春日町二九番地	沖仲士（労働者）	父母、子二人、本人末っ子
19	廣川《ひろかわ》 帰一《きいち》	昭和四・六・八	4 男	曙　町	会社員（函館水産販売）	父母、子二人、本人末っ子、女中
20	加納《かのう》 俊子《としこ》	大正五・一一・一六	17 女	相生町	菓子卸問屋	不　明
21	佐々木《ささき》節郎《せつろう》	昭和三・一一・三	5 男	相生町	印判屋	父母、子五人、
22	川崎《かわさき》 栄《さかえ》	大正六・一一・四	16 男	蓬萊町二七番地二	運送屋	父母、子八人、本人長男、伯母
23	大植《おおうえ》 荘一《そういち》	大正一二・八・一	10 男	恵比須町	風呂屋	祖父母、父母、子三人、本人末っ子
24	桝山《ますやま》 秋子《あきこ》	大正一〇・一一・一三	12 女	恵比須町六番地四	畳　屋	祖母、父母、子七人、本人三女、職人一人
25	桝山《ますやま》 京子《きょうこ》	昭和四・一・四 秋子の妹	5 女	恵比須町六番地四	畳　屋	祖母、父母、子七人、本人三女、職人一人
26	紺野《こんの》 和子《かずこ》	昭和三・五・一四	5 女	恵比須町六番地九	写真館経営	祖母、父母、子二人、本人末っ子、技師二人、女中一人

27	関口《せきぐち》 清《きよし》	大正一二・四・七	10 男	恵比須町	天理教布教師	父母、子三人、本人長男
28	三熊《みくま》 悦郎《えつろう》	大正九・六・二三	13 男	東浜町三九番地	海産物商	父母、子六人、本人長男、使用人二人
29	三熊《みくま》 欣子《きんこ》	大正一四・八・二二 悦郎の妹	8 女	東浜町三九番地	海産物商	父母、子六人、本人次女、使用人二人
30	猪股佐代子《いのまたさよこ》	昭和四・三・一二	5 女	東浜町四九番地	竹材商	父母、子一人、本人ひとりっ子、使用人二—三人
31	斉藤《さいとう》 誠一《せいいち》	昭和四・九・一五	4 男	末広町八番地	会社員（安田倉庫）	祖父母、父母、子三人、本人長男、親族三人
32	高橋《たかはし》 愛子《あいこ》	昭和三・六・二四	5 女	元町三九番地	酒屋	父母、子三人、本人長女、女中一人
33	乳井《ちちい》 邦衛《くにえ》	大正一三・一一・七	9 男	地蔵町一五番地	小間物屋	母、子七人、本人三男
34	田中《たなか》 昭吾《しょうご》	昭和五・一・二三	4 男	豊川町	海産物商	父母、子五人、叔母一人
35	石塚與喜雄《いしづかよきお》	昭和四・四・一七	4 男	豊川町	薪炭商	父母、子五人、本人長男、使用人一人
36	松田《まつだ》 武《たけし》	大正一三・三・三〇	9 男	鶴岡町三六番地九	薪炭商	父母、子七人、本人長男

37	中村《なかむら》 嘉人《よしひと》	昭和四・四・一八	4 男	鶴岡町	化粧品・雑貨問屋	父母、子一人、本人ひとりっ子、女中一人
38	安村《やすむら》 久子《ひさこ》	大正一四・四・二一	8 女	西川町一二番地	布団屋	母、子五人、本人末っ子、親族九人
39	打田《うちだ》 正幸《まさゆき》	昭和四・一〇・二三	4 男	西川町	家具屋	父母、子二人、本人長男
40	花岡《はなおか》 千代《ちよ》	昭和二・一・一七	7 女	西川町	印刷屋	祖父、父母、子三人、本人長女
41	酒井《さかい》 みど里《みどり》	大正一一・七・六 幸子の異父姉	11 女	東川町	生菓子店	父母、子四人、本人は母の連れ子で長女
42	浅見《あさみ》 幸子《さちこ》	昭和六・八・一三 みど里の異父妹	2 女	東川町	生菓子店	父母、子四人、本人三女
43	塚田《つかだ》 とし《とし》	大正一一・二・二〇	12 女	東川町	海産物商	父母、子六人、本人五女、使用人一人
44	乾《いぬい》 博《ひろし》	大正九・一〇・二三	13 男	東川町	雑品屋	父母、子四人、本人長男
45	増川《ますかわ》 耕治《こうじ》	大正一四・一・二一	9 男	東川町	廻漕店支配人	父母、子四人、本人次男
46	小林《こばやし》 サキエ《さきえ》	大正一二・三・二五	10 女	東川町	皮なめし職人	祖母、父母、子三人、本人長女

47	小林《こばやし》ウメヲ《うめを》	昭和二・九・二三	6 女	東川町	皮なめし職人	祖母、父母、子三人、本人次女
48	角谷《かどや》 隆一《りゅういち》	大正一〇・七・九	12 男	栄町一番地	材木商	父母、子三人、本人長男
49	山田《やまだ》 芳子《よしこ》	大正一〇・三・九 姉一人、妹二人死亡	13 女	栄 町	食品・土産品卸商	父母、子四人、本人次女
50	桃井《ももい》トシ子《としこ》	昭和三・一・二 父、姉二人死亡	6 女	栄町一五八番地	材木商	父母、子六人、本人四女
51	本家《ほんけ》 昭三《しょうぞう》	昭和四・三・三〇 祖母、妹一人負傷	4 男	栄 町	酒 屋	祖母、父母、子四人、本人次男、使用人二人
52	榊田《さかきだ》 久夫《ひさお》	昭和四・九・二二	4 男	旭 町	薪炭商	祖父母、父母、子八人、本人三男、伯父一人
53	森田《もりた》しげ子《しげこ》	大正一〇・五・二八	12 女	東雲町二番地三	漁 師	祖母、父母、子三人、本人長女
54	古永《ふるなが》 富枝《とみえ》	大正一五・二・五	8 女	東雲町	左官請負業	父母、子一人、ひとりっ子
55	洞口《どうぐち》 朋子《ともこ》	大正一三・一一・三〇	9 女	松風町一四番地	建材商	父母、子三人、本人長女
56	村瀬《むらせ》 幸雄《ゆきお》	大正一一・二・二	12 男	若松町	旅館業	父母、子五人、本人次男

57	長澤《ながさわ》 正徳《まさのり》	昭和三・五・二二	5 男	音羽町	旅館業	父母、子二人、本人長男
58	松谷《まつや》 勇《いさむ》	昭和四・八・一	4 男	高砂町二二四番地	薬剤師	父母、子二人、本人長男
59	籏山《はたやま》 チエ《ちえ》	大正六・七・一一	16 女	高砂町	無職	母、子七人、本人三女
60	高瀬《たかせ》 勝美《かつよし》	大正一三・一〇・一五	9 男	大森町	労働者	父母、子四人
61	桶谷《おけたに》 ふみ《ふみ》	大正一三・七・八	9 女	大森町	鉄道員	父母、子二人、本人次女
62	藤田《ふじた》 建一《けんいち》	昭和六・八・八	2 男	高森町三番地二	沖仲士（労働者）	父母、子六人、本人五男、義兄
63	気仙《けせん》 潤一《じゅんいち》	大正一四・一・二〇	9 男	高森町	雑貨商	父母、子二人、本人次男
64	上町《うえまち》 勇《いさむ》	大正一三・七・二三	9 男	堀川町	船員	祖父母、父母、子四人、本人長男
65	鹿又《しかまた》 キヌ《きぬ》	大正一四・一一・一	8 女	時任町六〇番地	教員	父母、子一人、本人ひとりっ子
66	竹田《たけだ》 千鶴《ちづ》	昭和四・一一・一五	4 女	時任町	会社員（日魯漁業）	父母、子一人、本人ひとりっ子

67	天坂《あまさか》 多喜《たき》	大正一〇・一一・一三	12 女	本　町	鉄道員（船長）	父母、子二人、本人次女
68	下河原《しもかわら》 修《おさむ》	昭和四・九・一二	4 男	松蔭町三八番地	小学校教員	父母、子五人、本人三男
69	林《はやし》 良三《りょうぞう》	大正六・二・二〇	17 男	新川町二四番地	会社員（函館ドック）	父母、子五人、本人三男、子守一人
70	舘山喜美枝《たてやまきみえ》	昭和二・一二・二一	6 女	新川町一四六番地	大　工	父母、子七人
71	三上美代子《みかみみよこ》	大正一〇・一〇・二	12 女	新川町	船大工	祖母、父母、子二人、本人長女
72	三上《みかみ》 八恵《やえ》	大正一三・一・一七 美代子の妹	10 女	新川町	船大工	祖母、父母、子二人、本人次女
73	高橋《たかはし》 順一《じゅんいち》	昭和二・九・一二	6 男	新川町	会社員（雪印乳業）	祖母、父母、子一人、ひとりっ子
74	奈良《なら》 信子《のぶこ》	昭和二・八・一一	6 女	新川町	塗　師	父母、子六人
75	林原《はやしばら》 栄子《えいこ》	大正一二・一〇・一九	10 女	中島町	市職員	父母、子三人、本人長女
76	加藤富佐子《かとうふさこ》	大正一二・二・二八	11 女	大縄町三番地	会社員	父母、子四人

77	遠藤《えんどう》 トシ《とし》	昭和五・六・一八	3 女	大縄町三番地	大工	父母、子六人、本人三女
78	成澤《なるさわ》 毅《たけし》	昭和三・一一・三	5 男	大縄町一四番地	郵便局員	父母、子四人、本人次男
79	倉内《くらうち》 政雄《まさお》	大正一三・九・三〇	9 男	大縄町	行商	父、他不明
80	吉田《よしだ》 嘉宏《よしひろ》	昭和三・一・二七	6 男	海岸町	材木商	祖父母、父母、子二人、本人長男
81	塩越《しおのこし》 光春《みつはる》	昭和四・一〇・九	4 男	宮前町	土木業	祖母、孫二人

匿名希望の避難した証人B

氏名はイニシャルのみ表記。本人を特定する決め手になる生年月日と家族構成を割愛した。

番号	氏名	性別	年令	居住町名	親の職業	備考
1	M・T	女	10	住吉町	失業中	
2	H・S	女	9	相生町	海産物商	祖父焼死
3	I・S	女	6	豊川町	海産物商	
4	T・E	男	7	松風町	歯科医	
5	H・H	女	8	大森町	運送屋	
6	G・I	女	5	新川町	会社員	

大火を目撃した証人C

番号	旧氏名	生年月日	年令	居住地	親の職業	家族構成
1	小柳《こやなぎ》 忠三《ちゅうぞう》	大正六・九・一三	16 男	大町三四番地	呉服屋	父母、子四人、本人三男
2	金谷《かなや》 茂《しげる》	大正一四・三・三	9 男	幸町	鉄工所従業員	父母、子四人、本人次男
3	納代《のしろ》 正信《まさのぶ》	昭和五・五・一七	3 男	船見町一一五番地	会社員（日魯漁業）	祖母、父母、子二人、本人長男
4	佐藤《さとう》十三男《とみお》	昭和四・二・一三	5 男	鱈澗町二九番地	海産物商	父母、子五人、本人四男
5	中村《なかむら》 昌躬《まさみ》	大正一五・一〇・二	7 男	小船町七番地	イカの塩から製造業	祖母、父母、子二人、本人次男
6	植木《うえき》サヨ子《さよこ》	昭和五・八・一〇	3 女	山背泊町字寒川一八五番地	漁師	父母、子七人、本人三女
7	長谷《はせ》 久子《ひさこ》	大正一五・一一・二八	7 女	中島町	鉄工所従業員	祖父母、父母、子四人以上、長女
8	太田《おおた》 政蔵《せいぞう》	大正七・四・一一	15 男	中島町（松前町出身）	漁師	不明
9	三沢《みさわ》 トミ《とみ》	大正一三・一・二	10 女	柏木町	菓子製造業	父母、子五人、本人長女

10	佐藤政五郎《さとうまさごろう》	大正一四・一二・二九	8 男	柏木町一二番地	園芸農家	祖母、父母、子六人、本人長男
11	遠山《とおやま》 富子《とみこ》	大正一四・九・一九	8 女	白鳥町	園芸農家	父母、子五人、本人長女
12	田原《たはら》 善亘《よしのぶ》	昭和四・八・六	4 男	亀田村字昭和	農家	祖父母、父母、子四人、その他三人
13	岩井《いわい》 淳子《じゅんこ》	大正一三・九・一八	9 女	亀田村字港町	鉄道員	父母、子四人
14	成沢《なるさわ》 定義《さだよし》	昭和二・不明	6~7 男	亀田村字港町	鉄道員	父母、子七人
15	西端《にしはた》 サダ《さだ》	大正六・九・二六	16 女	鍛冶村に逗留	鉄工所経営	父母、子四人、本人四女
16	水島《みずしま》 やえ《やえ》	昭和三・九・三	5 女	湯の川村字日吉	農家	父母、子三人、本人長女
17	澤田《さわだ》 三郎《さぶろう》	昭和二・一〇・二	6 男	七飯村字大中山	農家	祖父母、父母、子四人、本人三男
18	杉村《すぎむら》 フミ《ふみ》	大正一二・八・二三	10 女	七飯村字大中山	農家	祖父母、父母、子八人、本人長女
19	島田《しまだ》 秀雄《ひでお》	大正三・四・八	9 男	七飯村字大中山	農家	父母、子九人、本人四男

20	桜井《さくらい》 幸《こう》	大正一一・一一・一二	11 女	七飯村字大中山	農家	父母、子四人、本人長女
21	桜井《さくらい》 貞《てい》	大正一四・一〇・一三 幸の妹	8 女	七飯村字大中山	農家	父母、子四人、本人次女
22	木村《きむら》まさゑ《まさえ》	大正一三・四・二八	9 女	七飯村字大中山	農家	父母、子六人、本人次女
23	福原《ふくはら》ミユキ《みゆき》	大正九・四・八	13 女	大野村字一本木	農家	父母、子二人、本人長女
24	澤田《さわだ》信一郎《しんいちろう》	大正四・五・一〇	18 男	上磯町一三八番地	酒屋手伝い（本人）	父母、子一三人、本人長男
25	島崎《しまざき》ミツ子《みつこ》	昭和三・七・六	5 女	上磯町	会社員（日本セメント）	父母、子三人、本人長女
26	池田《いけだ》 初枝《はつえ》	大正一三・九・二九	9 女	茂別村字茂辺地一九七番地	山林作業員	祖父母、孫（本人）一人、
27	吉田《よしだ》 典世《つけよ》	昭和三・六・一三	5 男	木古内村字釜谷	漁師	祖父母、孫（本人）一人、両親死亡
28	田高《ここう》 清吉《せいきち》	大正三・六・二三	19 男	知内村	郵便局員（本人）	不明
29	平野《ひらの》 栄悦《えいえつ》	昭和四・一〇・七	4 男	銭亀沢村字志海苔二五七―二	漁師	祖父母、父母、子四人、本人次男、他二人

30	平野《ひらの》 鉄男《てつお》	大正三・一〇・七	19 男	銭亀沢村字志海苔二五七―二	漁師	幼少期に両親が死亡、母の弟平野家で養育される。
31	山内《やまうち》竹次郎《たけじろう》	大正一五・三・一〇	8 男	銭亀沢村字銭亀六三番地	漁師	父母、子六人、本人次男
32	黒島《くろしま》宇吉郎《うきちろう》	昭和三・一一・二二	5 男	銭亀沢村	漁師	不明
33	住田《すみた》 タツ《たつ》	大正二・四・八 祖母ら三人新川で死亡	20 女	戸井村字小安四二四番地	漁師	父母、子八人、本人長女
34	住田《すみた》 進《すすむ》	昭和四・一〇・一五 タツの弟	4 女	戸井村字小安四二四番地	漁師	父母、子八人、本人七番目
35	山路《やまじ》 栄《さかえ》	大正一三・以下不明	9〜10 男	戸井村字小安	漁師	祖父母、父母、子二人、本人長男
36	池田《いけだ》 トシ《とし》	昭和五・一〇・一一	3 女	戸井村字釜谷	漁師	父母、子五人、本人三女
37	平井《ひらい》 兼光《かねみつ》	大正一四・九・二二	8 男	下風呂村	鍛冶屋	祖父、父母、子五人、本人四男
38	南《みなみ》 芳徳《よしのり》	大正一二・七・二七	10 男	大奥村字大間	漁師	祖父母、父母、子七人、本人長男
39	藤枝《ふじえだ》 正友《まさとも》	大正一四・一二・一五	8 男	大奥村字大間	漁師	祖父母、父母、子七人、本人四男

40	能戸《のと》みつえ《みつえ》	大正七・一・八	16 女	大奥村字大間	漁師	祖父母、父母、子八—九人
41	稲葉《いなば》 清三《せいぞう》	昭和四・九・一四	4 男	大奥村字大間	海産物商	祖父母、父母、子多数、本人三番目
42	熊谷《くまがい》 辨治《べんじ》	大正一一・四・二五	11 男	大奥村字大間	漁師	父母、子一人、本人ひとりっ子
43	張江《はりえ》末次郎《すえじろう》	昭和三・四・六	5 男	大奥村字大間	漁師	祖父母、父母、子五人、本人次男
44	菊野《きくの》 良祐《りょうすけ》	大正一四・八・一八	8 男	大奥村字奥戸三四番地	漁師	祖父母、父母、子五人、その他七人
45	菊池《きくち》 金一《きんいち》	大正一五・一一・一五	7 男	大奥村字奥戸二〇〇番地	漁師	父母、子三人、本人次男
46	岡村《おかむら》 義道《よしみち》	大正一三・一〇・一	9 男	佐井村字大佐井	山林作業員	父母、子四人、本人次男
47	福田《ふくだ》欽次郎《きんじろう》	大正一三・三・二〇	10 男	佐井村字大佐井	漁師	父母、子六人、その他多数
48	中村《なかむら》 栄吉《えいきち》	大正七・一〇・二二	15 男	佐井村字大佐井	不明	不明
49	田名部《たなべ》武男《たけお》	大正一三・八・一八	9 男	佐井村字古佐井	漁師	父母、子四人、本人末っ子

50	宮宅《みやけ》 すみ《すみ》	昭和二・二・二〇 福田の妻になる	7 女	佐井村字矢口	漁師	不明

匿名希望の目撃した証人D

氏名はイニシャルのみ表記。本人を特定する決め手になる生年月日と家族構成を割愛した。

番号	氏名	性別	年令	居住町名	親の職業	備考
1	O・S	男	6	砂山町	鉄道員	
2	Y・T	女	8	亀田村字富岡	農家	

状況推移表（昭和九年三月二一―二二日を中心に）

月日時刻	気象状況	罹災町名	災害状況と救護	消火活動
三月 一九日	中国華北で問題の低気圧発生			
二〇日	日本海へ			
二一日 六・〇〇	低気圧若狭湾沖に移動、正午には秋田沖へ達する		この日、春季皇霊祭のため休日、新聞は休刊	
一二・三〇	降雨始まる			
一五・四〇			ラジオで気象通報	
一六・〇〇	風向南々西に転じると同時に強風となる		ラジオニュースで神戸、大阪地方の風強く風速二六メートルと伝える	
一六・四〇	風速一七・三メ		市内では立木が折れ看板が飛	

ライフライン	
電気	
ガス	――供給――継続――
水道	――供給――継続――
電話	
ラジオ	
電車	
青函	
鉄道	

一七・〇〇	ートルになる	び、屋根のはがれる暴風になる	消防の出動により鎮火
一七・五〇頃	降雨止む	森屋百貨店強風のため臨時閉店 連続的に六ヶ所から漏電で小火発生	消防本部非番召集
一八・〇〇頃	低気圧寿都沖にあり、ますます発達する。そこから道内を横断、オホーツク海へ入り北東へ進む		
一八・二〇	風速二〇メートルになる	全市停電、ラジオ（ＪＯＶＸ）放送も受電できず放送不能になったと思われる	
一八・三四		第三七列車（長万部行）定時発車、青函連絡船運行不能、駅構内電話不通	
一八・四〇		住吉町で火災発生（大火の火元）	
一八・五〇			警察全署員召集
一八・五三頃			
一八・五八			西川町第二望楼火災発

一九・〇〇	——二〇・〇〇	住吉町 青柳町 春日町 相生町と 谷地頭町の一部		見、第一部から第五部までの消防車を出動させ防火につとめる
一九・二〇	風速二四メートルになる		火災住吉町全域に拡大	
一九・三〇頃			警察専用電話不通	火流第二次防御線（八幡宮より交番をへて海岸に至る谷地頭電停附近）を突破
一九・三五頃			住吉小飛火で災上	
一九・五〇頃				第三次防御線（各部長は消防車二車三車を一隊として率い、火流を東海岸に狭めて遮断すべし）へ移る
二〇・〇〇	——二一・〇〇	宝町	東川小災上	
	満潮	蓬来町		
二〇・〇一		曙町	第一八列車（旭川から）二三分遅れで到着	
		寿町		
		東川町		
二〇・二〇	雨霰（あられ）降る	栄町	市内電車運転不能	
		旭町と汐		

×

△

二〇・二五	測候所の風力計二五・一八メートルにして破損	見町の一部			
二〇・三〇			函女小災上		
二〇・五〇頃			警察署留置人三五名を解放		ハドソンポンプ自動車隊ら函館公園へ後退
二一・〇〇	―二二・〇〇	恵比須町 砂山町 高盛町	市長名の救援要請電報を北海道長官らに打電する工作始まる。終了は二二日一時近く		
二一・〇一			電話杜絶	×	
二一・〇五			道庁に大火の第一報入る		
二一・一五頃			警察庁舎焼失 汐見町刑務所支所受刑者九〇名を解放		
二一・二〇			大森町若松楼災上		
二一・二五			大森小災上		
二一・三〇	―二二・三〇	宇賀浦町			
二一・四〇頃			大森橋災上、崩落		
二一・四二頃			新川橋崩落		
二一・五五頃			高盛橋崩落		
二二・〇〇	―二三・〇〇	松風町	この頃大森浜で大量遭難。第	○	残存消防力を集中して

頃	風向は西南西に変り始める	西川町 金掘町と新川町の一部	三九列車（森行）一時間三七分遅れで出発			死守する最後の防御拠点六ヶ所（函館公園、二十間坂全線、豊川町魚市場附近、函館駅附近、高砂町通り、堀川町電車線路）を定める
二二・二〇	雨止み霰のみ降る		丸井百貨店災上			
二二・三〇	――	音羽町の一部				
二三・〇〇頃	――二四・〇〇 ―― 西風吹き始める	地蔵町 汐止町 船場町 豊川町 高砂町 真砂町 人見町の一部	鉄道電話不通 市当局近隣市町村に翌朝の炊出しを依頼			駅附近の防御のピーク（―一・〇〇頃まで）
二三・二〇			第二九列車（上磯行）三六分遅れで出発		○	
二三・三〇			大森浜陸揚室焼失により本土との電信電話杜絶			
二三・五〇頃			市役所庁舎焼失 要塞司令部救援のため増援された部隊到着			
二三・五八			第三二列車（名寄行）一八分		○	

三月二二日					
○・○○	夜半から雪霰となる	末広町	遅れで出発		
○・○五	— 風力次第に衰える	鶴岡町 若松町の一部	末広町日東ゴム会社災上		
一・○○	—	堀川町			
一・○五		中島町 千代ヶ岱町	衛戍司令官治安維持、救護及び配給に関する命令を下す		
一・○八		東浜町の一部	第四八列車（上磯から）二時間三〇分遅れで到着	△	
二・○○頃	— 風速一四・六メートル	時任町 的場町の一部	市当局公会堂を臨時市役所とす 地方裁判所焼失		函館公園の消防隊、二十間坂全線の応援に移動
二・三〇頃			重砲大隊炊出しの準備始める		
三・○○頃			湯の川村の応援消防ポンプ車到着		火災下火になり始める
三・一五			負傷者函病に殺到し始める 第一六列車（名寄から）四時	△	

三・二〇	霰止み雪のみ降る	間三八分遅れで到着 重砲兵大隊司令官よりの命令を受領し持ち帰る		
五・三〇		重砲兵大隊講堂を罹災民収容所とする		
五・五八		函館水上署、本庁に火災概況を船舶無線で報告		
六・〇〇	低気圧樺太東方の海上に進み猛烈に発達、そのため北海道は暴風雪となる			火災これ以上延焼せず鎮火と認められる
七・〇〇		第一五列車（名寄行）出発	○	
七・四〇		重砲兵大隊救療班トラック二台で大森浜へ		
七・五五	降雪止む			
八・〇〇		道庁内に罹災者救済本部を設置	延	
八・三〇	降雪始まる。以後断続的に夕方まで続く	重砲兵大隊配給班炊出しと乾パンを罹災者と避難所へ配給す		
一〇・〇〇		郵便局は本庁舎が類焼しなかったため、焼残り区域に配達一号便をだす	遅	
一一・〇〇頃		森屋百貨店一階の一部で開店		
一一・三〇		大森浜で重傷者八〇名収容		

一六・四〇
一八・〇〇
二二・三〇
三月二三日
二・四〇
一八・三二
三月二四日
一一・三〇
一・〇〇
三月二五日
一一・四〇

午後から避難民のため鉄道運賃を無料にする（―二六日まで）
札幌より救護部隊到着
大森浜と新川左岸で約六〇名の重傷者を収容
旭川より救護部隊到着
炊出しはこの日正午までとし、夕食から各避難所で行うことになった。
佐上信一北海道長官東京より帰着
焼残区域に電気復活
函館放送局放送再開（札幌放送局から短波を中継）
電話復旧
第一回市立小の校長会
重要道路車馬の通行可能になる
ジフテリア患者一名発生
徳大寺侍従来函、救恤金を佐上長官に伝達
遺体収容所三ヶ所に設置。食

放送再開

遅延と一部欠航
通常運行

この日二四四遺体を発見
この日二八四遺体を発見
この日遺体の収容なし

日時	事項	遺体
三月二六日	糧品の配給二五、六日から順調になる ジフテリア患者四名、猩紅熱患者四名発生	この日一六二遺体を発見
一七・三〇	徳大寺侍従退函 道は告示により土地区画整理の完成までは仮設以外の建築物を認めず	
三月二七日	ジフテリア患者四名、猩紅熱患者一名発生 救恤物資を民家に寄寓する罹災者へ配給	この日一七一遺体を発見
三月二八日	腸チフス患者一名、猩紅熱患者一名発生	この日遺体発見なし
一三・三〇	大森橋、高盛橋の架設工事完了	
一八・〇〇	市内電車運転再開	
三月二九日	腸チフス患者一名、猩紅熱患者二名発生 大火で焼失したホース三二本の補充なる	この日二五遺体を発見
三月三〇日	伝染病の発生なし	この日九遺体を発見
三月三一日	伝染病の発生なし 緊急市会（第三回市会に相	

電話復旧

一部運転再開●

通常運行

通常運行

		当）開催さる	この日三九遺体を発見
四月一日		千歳バラック、西部バラック入居を開始	この日一遺体を発見
四月二日		前日発覚した少女扼殺事件の犯人逮捕さる	
		市役所市民会館に移転	
		火災保険の支払い（非協定社）始まる	
	一八・〇〇	身許不明、引取人のない四六七遺体をこの日から火葬に附す	
四月四日		中等学校授業開始	
四月五日		火災保険の支払い（協定社）始まる	
四月六日		内務省、函館復興計画の原案を決定す	
四月一〇日	―一一日	原案道庁の会議で討議され、一部変更、追加の上決定さる	
	一四・三〇	市主催で引取人のない無縁仏の合同葬儀	
四月一二日		図書館開館	
四月一七日		市内居住児童の一斉調査	
四月二三日		各小学校授業開始	
四月二五日		この日までの伝染病患者数一	

			○九名
七月一三日			新川畔に納骨堂を建立、無縁仏の遺骨を安置
九月二〇日 一四・〇〇			大火功労者の表彰式
九月二九日			火元の長男の内縁の妻を起訴と決定（後に大審院で無罪）

あとがき

大火を通して都市を考える事に決めてからどの位の月日が経過したであろうか。かれこれ一五年にはなろう。最初、私は一七世紀フランスの都市トゥルーズを例に考え、一書にまとめた。それが『災害都市、トゥルーズ』（岩波書店、二〇〇九年）である。その執筆過程である程度内容が固まると、私の悪い性癖がでてきた。それは似たような別箇の災害と都市を日本で探し始めることにあった。

日本の都市災害の中で一番ありふれているのは地震と火災である。地震では東京、横浜が手近な研究だが、もうかなり手がけられている。その点火災は十分でないように思えた。江戸、静岡、酒田の火災等も考えたが、昭和九（一九三四）年の函館のそれは規模も損害も大きいのに、研究が十分でないように思えた。しかも、火災を経験したり目撃した人々を今ならまだ努力すれば探し出せる。かくて、昭和九年の函館の大火に照準が合わされることになった。

もうひとつ、函館にたどりつく因縁のようなものがあった。私の祖先が幕末・明治期に何人か五稜郭戦争をめぐって、歴史に登場している。私の曾祖父赤松大三郎則良は江差の港外に沈む開陽丸を幕府が発注・建造した際、第一回幕府派遣の留学生としてオランダへ行き、立ち会ったひとりであったし、その義兄榎本武揚は同じ留学生であったが、帰国後五稜郭戦争の立役者になった。そのため、私は親から子供の頃より断片的に函館の名を聞かされ、親近感をいだいていた。しかも、私は若い頃しばしば函館に来る機会に恵まれ、すっかり魅了されていたのであった。それは私が北海道教育大学釧路分校の専任教員になり、上京の途中下車しては市中を徘徊したからであった。かくて、勝手知ったる街として函館の過去に照準が合わされることになった。

研究の第一歩は市史等文献の渉猟を首都圏の大学図書館や函館中央図書館で行ない、ノートを作成するところから始めたが、やがて証言の収集を始めるに至った。切っ掛けは義弟の母の死にあった。聞くところによると、彼女は上磯町の有川神宮の宮司の娘で、当時函高女の生徒であった。大火当日は登校して、帰りは列車が不通になったため折よく拾えたタクシーに乗り帰宅した、という。女学生にとっては貴重な体験ではないか。このような事例が目前にあるのだからいつでも聞くことができる……と私の心の中に安心が住みついた。しかし、それは彼女の死によって潰《つい》え去った。「しまった!」と思ったがもう遅い。証言して下さる方は高齢でいつ何が生じても不思議ではない。義弟の母が死去したのは平成二三(二〇一一)年三月であった。それは大火の発生が昭和九(一九三四)年三月であるから七七年後ということになった。大火の記憶をもつ方は当時早くて三才の後半、はっきり記憶にある方は四才の後半位からであった。従って、平成二三年当時、大火についての記憶のある方はどのようにお若くても七七プラス三、満八〇才であった。正確で詳細な記憶を求めるなら、それ以上の年齢の方ということになろう。もはや一刻の猶予も許されない。私は時間との闘いであることに気づかされた。

それからの私は証言者探しに没頭した。函館で、その周辺部で、東京で、知り合った協力者を介して、さまざまな方の証言を得ることになった。それは私が直接面接してお話を聞いて書き込むだけでなく、アンケート用紙を配布して書き込んでいただくことも、時にはご親族が代筆して下さることもあった。しかし、証言者は高齢で学歴にも差があり、恣意的な判断を下しがちであったから、私の意図通りに答えて下さるとは限らなかった。そこで、私はかなり早くから鋳型にはめたようなアンケートへの回答を放棄し、自由に記憶しておられることを述べて下さることに期待した。その結果、一定の均質な回答の集約をあきらめ、統計的な処理を放棄して、生き生きとした印象や感想を綴ることにしたのである。それが叙述として成功したか否かは読者の判断に委ねたい。

証言は予想以上に順調に収集された。期間にして三年余、年六―七回は函館と神奈川県の自宅を往復した。その間証人探しの旅は東京、横浜はもとより上海岸、下海岸、下北半島へまで及んだ。多くの方がよくここまでと言いたくなる程に記憶しておられた。八〇年以上前の出来事なのに、私が函館の大火を見て記憶しておられる方を探している……と言っただけで「あァあの火事！　私は当時〇才で、どこそこから見た……」とよどみなく答えて下さったものである。それ程大火が強烈な印象を子供にまで刻印したということであろう。証言者の多くがお名前の引用を快諾して下さった。有難いことである。しかし、中にはお名前の公表を躊躇された方もいる。そのような方には全く匿名で情報を非公開にすると、史料としての信憑性（筆者が捏造した可能性）を問われかねないので、名前をイニシアルにして他の情報は公開したことをお断りしておきたい。

大火から避難した人、大火を目撃した人、合計で一三九名という数自体はどうであろうか。これが事後五〇年なら証言者を五〇〇名は必要であろうが、八〇年以上たった今では証言者が少数になっているので、一三九名でも評価できる数であろうと思われる。

読者の中には、本書が大火とは無関係な叙述が多く、退屈だという印象を受ける向きもあろう。そのような向きは第五章のみを参照して下さればよいと思う。私の意図は函館という都市を丸ごと理解し、そこに生じた一大災害、大火を通じて函館の都市機能はどう発揮され対応したか、罹災市民は都市機能と大火の狭間でどう対処し、立ち廻ったか、結果、市は、市民はどうなったか、記憶はどのような形で残されたか、を明らかにすることにあった。そうした私の意図がはたしてどれだけ読者に伝わったか心もとないが、手を変え、品を変えて説明したつもりである。手法としては本書の姉妹研究とも言うべき、先に記した『災害都市、トゥルーズ』とほぼ同じである。

最後に、本書を書き上げるに当っては実に多くの方々にお世話になった。中でも函館の薬業界の重鎮松谷勇氏は函館の市政・行政・医薬業界について、その豊富な知識をおしみなく提供してご指導下さったばかりか、証人探しの労もとって下さった。フリー編集者の加能諄治氏は函館の商慣習、屋号の読み方、下北半島との関係等をご教示下さったばかりか、到来帖の貸与、証人探しの労もとって下さった。「函館の歴史を学ぼう会」の斎藤和克《かずよし》氏は証人探しの労をとって下さったばかりか、文献・新聞調査、その複写、送付等細かい作業までお手伝い下さったし、元教員の本間淳一氏は証人探しの労をとって下さったばかりか、当時の消防手がもつ消防手帳等私が泣く泣く没にした史料のコピーを入手して下さったし、車で上海岸、下海岸をご案内下さった。

また、七飯町議会議員の佐野史人氏は町内で証人探しの労をとり、私に調査のため車を提供して下さった。大間町の老人福祉施設くろまつの看護士熊谷敦子さんはお仕事柄得た知己を介して、多数の目撃者を見つけて車でご案内下さった。彼女の手助けなしには知人のいない下北半島で大火の目撃者探しは難渋したであろう。

その他お名前をいちいち挙げないが、実業界の有力者から海事関係者まで、市職員からタクシー運転手まで、さまざまな職種の男女の方々にご協力をいただいた。これらの方々は私心なく大火研究の成功を期待してご協力下さった。ここに深甚なる謝意を表するものである。

ところで、本書の証言は高齢者によるものであるから、それらの方々に読んでいただくには、一刻も早く出版すべきであろう。ところが、私の身辺に生じていた自動車騒音がかなり生活の規範を乱して仕事に制約を加え、当初の予定より成稿が約八—九ヶ月遅れてしまった。現時点でもすでに亡くなられた方が少なくない。そうした方には大変申し訳なく思っている。

最後の最後になったが、妻真利子へも謝意を表したい。私は調査・研究のためフランスへ毎年夏にでかけた時代と同様、例によってしばしば函館にでかけた。現職の時代は大学から研究旅費がついたが、退職後は自弁である。にもかかわらず、いやな顔ひとつせず送りだしてくれた。自由に研究させてもらい有難いと思っている。

二〇一六年九月吉日　残暑厳しい相州の寓居にて

宮崎揚弘

［著者］
宮崎揚弘（みやざき・あきひろ）［本名：洋 ひろし］
1940年，東京都に生まれる。慶應義塾大学大学院文学研究科史学専攻博士課程修了。慶應義塾大学名誉教授。専攻は近世フランス史。著書『フランスの法服貴族―― 18世紀トゥルーズの社会史』（同文舘出版，1994年）『ヨーロッパ世界と旅』（編著，法政大学出版局，1997年），『続・ヨーロッパ世界と旅』（編著，法政大学出版局，2001年），『災害都市，トゥルーズ―― 17世紀フランスの地方名望家政治』（岩波書店，2009年），『ペストの歴史』（山川出版社，2015年）。訳書に，アーサー・ヤング『フランス紀行―― 1787，1788 & 1789』（法政大学出版局，1983年），同『スペイン・イタリア紀行』（同，2012年）など。

函館の大火　昭和九年の都市災害

2017年1月25日　初版第1刷発行

著　者　宮崎揚弘
発行所　一般財団法人　法政大学出版局
〒102-0071 東京都千代田区富士見2-17-1
電話03（5214）5540　振替00160-6-95814
印刷：三和印刷　製本：積信堂

ISBN978-4-588-31623-4